VIE
DE
MARIE-MARGUERITE DE LÉZEAU
FONDATRICE DE LA CONGRÉGATION DE LA MÈRE DE DIEU

PARIS. — IMP. SIMON RAÇON ET COMP., RUE D'ERFURTH, 1.

VIE
DE
MARIE-MARGUERITE DE LÉZEAU

FONDATRICE DE LA CONGRÉGATION DE LA MÈRE DE DIEU

HISTOIRE
DES
ORPHELINES DE LA LEGION D'HONNEUR

PAR

M. L'ABBÉ DE VERDALLE

AUMÔNIER DE LA MAISON DE LA LÉGION D'HONNEUR A ÉCOUEN

TOME PREMIER

PARIS
AMBROISE BRAY, LIBRAIRE-EDITEUR
82, RUE BONAPARTE, 22

1869

La Congrégation de la Mère de Dieu et les anciennes Orphelines de la Légion d'Honneur conservent, comme un héritage aussi cher que sacré, le souvenir des vertus héroïques dont madame de Lézeau leur donna, pendant de longues années, le continuel exemple.

Ce culte de reconnaissance, animé d'une vivacité de sentiment que le temps n'a pas diminuée, nous impressionna singulièrement dès l'époque où nous fûmes appelé par la Providence à exercer le ministère que nous remplissons, depuis des années déjà nombreuses, dans la Maison de la Légion d'Honneur, à Écouen. Aussi cherchâmes-nous à étudier le caractère et à connaître la pieuse vie de la fondatrice que vénèrent la Congrégation de la Mère de Dieu et les Orphelines de la Légion d'Honneur.

Nos investigations, quoique superficielles d'abord, eurent bientôt un double résultat : nous fûmes, nous aussi, pénétré d'admiration pour madame de Lézeau, et en même temps vivement intéressé par l'histoire peu connue des Orphelines de la Légion d'Honneur. Alors regrettant que ce qui avait fait jusque-là l'édification d'un petit nombre ne servît pas d'encouragement à beaucoup d'autres, nous nous demandâmes si, de même que c'est un devoir de donner autour de soi le bon exemple, ce n'est pas aussi une obligation de dévoiler, quand on le peut, ces grandes existences qui, pour avoir craint le regard des hommes, n'en furent que plus belles au regard de Dieu, et plus utiles à la société.

L'entreprise était difficile : elle demandait, pour être menée à bonne fin, un long travail et de minutieuses recherches; mais, espérant qu'il en résulterait quelque bien, nous nous mîmes à l'œuvre.

Si madame de Lézeau avait pu être consultée au moment où nous prenions la plume pour écrire l'histoire de sa vie, assurément son humble modestie en aurait été vivement affectée. Cependant, c'est sans scrupule et sans crainte que nous livrons ces pages à la publicité, car, si l'humilité et la modestie sont deux vertus chrétiennes précieuses devant Dieu, il est bon cependant de faire connaître ces natures, à la fois tendres et fortes, pieuses et entreprenantes, dont le courage et la générosité, le dévouement et l'abnégation sont en même temps un utile exemple et un grand enseignement.

Madame Marie-Marguerite de Lézeau était religieuse en 1789. Elle vit grossir et monter autour d'elle le flot des événements jusqu'au jour où, persécutée, chassée de son monastère et poursuivie par la Révolution, elle échappa providentiellement à la prison et à l'échafaud.

Née pour le silence et pour la paix du cloître, madame de Lézeau se trouva ainsi rejetée au milieu du bruit et des agitations du monde; mais Dieu, qui lui avait donné un grand cœur, lui donna aussi de savoir faire un saint usage de l'adversité et de la persécution.

Elle devint mère adoptive d'une nombreuse famille d'orphelines ; elle leur consacra son temps, sa fortune, sa vie, jusqu'au jour où le Conquérant qui dictait alors des lois à l'Europe, prenant sous sa protection puissante l'œuvre qu'elle avait fondée, la transforma en l'absorbant dans la grande institution nationale des Orphelines de la Légion d'Honneur, à la tête de laquelle madame de Lézeau fut placée et qu'elle dirigea pendant vingt-huit ans.

Ce livre, en racontant la vie de la fondatrice de la Congrégation de la Mère de Dieu, retrace donc en même temps l'histoire des Orphelines de la Légion d'Honneur, auxquelles depuis soixante ans cette congrégation se consacre sans réserve. Cette histoire trop peu connue est cependant d'un véritable intérêt, souvent même elle est pleine de charme. Les plus grands noms s'y mêlent aux récits des vertus les plus humbles et des dévouements les plus inébranlables dans leur confiance en Dieu et leur persévérance.

Aussi nous espérons que le lecteur trouvera dans ce livre l'intérêt qu'inspirent les faits se rattachant à l'histoire des années, fertiles en événements, qui s'écoulèrent de 1789 à 1815, et en même temps de nombreux et touchants exemples de vertu, qui peut-être encourageront quelquefois à souffrir, à travailler, à combattre pour Celui qui, du sein de son immensité, suit du regard nos épreuves, les compte et les pèse pour le ciel.

On verra suffisamment, sans qu'il soit besoin de l'expliquer ici, que les documents les plus circonstanciés, puisés à des sources aussi diverses qu'authentiques, ainsi que les témoignages les plus sûrs, recueillis de personnes qui connurent madame de Lézeau et qui vécurent avec elle, ont servi à la composition de cet ouvrage. Puisse l'emploi qui en a été fait servir à mettre dignement en lumière la grande et sainte existence que nous avons entrepris de raconter !

MARIE-MARGUERITE

DE LÉZEAU

MARIE-MARGUERITE DE LÉZEAU

CHAPITRE PREMIER

Naissance de Marie-Marguerite de Lézeau. — Sa famille. — Sa première enfance. — Mort de son père. — Elle entre comme pensionnaire au premier monastère de la Visitation de Rouen. — Madame Marie-Claude de Flers. — Sa vie édifiante et sa sainte mort. — Lettre de la Mère Catherine-Angélique de la Haye. — Marie-Marguerite de Lézeau atteint sa dix-septième année. — Elle quitte la Visitation et rentre dans sa famille. — Quelques mots sur son caractère et ses rares qualités.

Marie-Marguerite de Lézeau naquit à Rouen, le 29 novembre 1755, et fut le lendemain baptisée dans l'antique église de Saint-Laurent. Elle eut pour père Charles-Joseph Ango de Lézeau, baron d'Écouché, et pour mère, Marie-Marguerite-Sophie Hébert de la Plaignière [1].

La famille Ango de Lézeau était un type d'honneur

---

[1] Écouché est une petite ville du département de l'Orne, à neuf kilomètres d'Argentan. Elle compte seize cents habitants, et est située sur la rivière de l'Orne.

sur sa tête plus de quatre-vingts ans ; et, autour d'elle, s'accomplir des événements, comme aucun historien n'en avait encore enregistré dans les annales de l'antique royaume de France. Elle devait, au milieu de ces événements, poursuivie par les persécutions, montrer en toutes circonstances une fermeté d'âme toujours inébranlable. Elle devait ensuite, après ses adversités, retrouver le calme au milieu d'une nombreuse famille adoptive, respectueusement dévouée ; et enfin, préparer à sa vieillesse une pure auréole de gloire religieuse et sainte, résultat de son mérite et de ses hautes vertus. Elle avait donc besoin d'être formée, dès son jeune âge, pour les grandes choses de l'avenir.

M. de Lézeau était un homme de forte trempe, et en même temps un bon et tendre père ; il aimait à consacrer à sa famille le temps que ses occupations lui laissaient libre, et se plaisait à développer dans le cœur de ses filles les doux sentiments de la religion, qui sourit si suavement à l'enfance. Il cultivait aussi avec soin leur intelligence, et Marie-Marguerite, toute jeune encore, montrait une rare vivacité d'esprit à profiter des leçons de son père. Il était touchant de voir cette enfant recevant de cette sorte, ces premières notions de l'étude et des sciences, et surtout celles de la religion et de la piété, qui devaient laisser dans son âme une si profonde empreinte. C'est ainsi que sainte Françoise de Chantal, privée dès son bas âge de sa mère, avait reçu sa première éducation de son père, le président Frémyot, homme de foi et d'énergie, capable de l'initier à cette vie de générosité et de sacrifices, dont elle devait être au dix-septième siècle un si bel exemple.

Marie-Marguerite cependant n'était pas, comme madame de Chantal, privée de sa mère; mais elle ne trouvait auprès d'elle aucune des joies qui font d'ordinaire le bonheur de l'enfance. Il faut, pour remplir dignement le ministère sublime que la Providence confie à la mère de famille chrétienne, avoir à la fois, douceur, patience, jugement et fermeté; madame de Lézeau avait des qualités, mais elle manquait de celles qui font la mère de famille douce, patiente et ferme, et, quoique Marie-Marguerite fût aimée de sa mère, il n'était pas rare qu'elle eût à en souffrir. Cela n'empêchait pas cependant la jeune enfant d'être affectueuse et dévouée, car, avec l'âge et la raison, les plus aimables qualités se développaient en elle, et déjà sa douzième année s'approchait à grands pas.

La première enfance de Marie-Marguerite à cette époque de la vie, où l'on ne comprend pas encore ce que c'est que la douleur, avait vu couler les larmes de son père et de sa mère, parce que la mort les avait visités et leur avait enlevé leur fils, leur enfant premier-né. Sa première jeunesse devait voir couler et répandre elle-même des larmes bien autrement amères : M. de Lézeau, encore à la fleur de l'âge, fut enlevé par une courte maladie à sa famille désolée.

Madame de Lézeau était inconsolable, mais aussi vivement, aussi profondément qu'elle, Marie-Marguerite, avec ses sentiments et sa raison déjà si développés, sentit la perte qu'elle faisait par la mort de son père. Dire les larmes et la douleur de cette jeune enfant serait chose impossible. Elle avait prié souvent auprès du lit de son père pendant les jours de sa courte et douloureuse maladie. Elle pria longtemps aussi, auprès de son lit funèbre, lorsqu'il n'était plus. Ces heures de larmes et de méditation, passées en présence de la mort, firent en elle une impression que les années n'effacèrent pas, et qui influa sur toute sa jeunesse et, par suite, sur toute sa vie.

Marie-Marguerite s'était accoutumée de bonne heure à aimer son père comme le meilleur des pères ; puis, en grandissant, elle l'avait vu toujours entouré de respect et d'honneurs. Elle avait compris qu'il était un des premiers dans la société de la ville et de la province ; et elle s'était prise, avec sa jeune imagination, d'une profonde admiration et d'une vénération dont elle ne se rendait pas compte, pour ce père qu'elle voyait toujours si bon, si indulgent avec ses enfants, et si grave et si digne avec tous les grands personnages qu'il recevait chez lui. M. de Lézeau était pour sa fille, Marie-Marguerite, l'idéal le plus parfait de la bonté, unie à la sagesse, à la science et à la dignité. Elle ne se figurait pas que l'on pût voir quelqu'un de plus imposant que son père, ni quelqu'un de meilleur que ce père, justement sévère quelquefois, mais bon et indulgent, même dans sa sévérité, et qui lui apprenait, sur ses genoux, à lire et à prier!...

Cette mort fit dans la famille un vide inexprimable; l'âme, le bonheur et la vie semblaient en être partis en même temps. Marie-Marguerite souvent pleurait en silence. Mais la Providence veille sur les orphelins : madame de Lézeau comprit qu'elle n'était pas à la hauteur des difficultés de sa nouvelle position ; et, se reconnaissant incapable de continuer seule l'éducation de ses enfants, elle se décida à mettre la seconde de ses filles en pension. Elle tourna naturellement pour cela ses regards vers le couvent de la Visitation, où une cousine de M. de Lézeau était religieuse, et dont une de ses tantes avait été bienfaitrice pendant longues années, avant d'y finir, dans la paix et la piété, ses jours pleins d'édification.

Rien ne pouvait être plus conforme aux goûts sérieux de Marie-Marguerite que la nouvelle vie qui allait commencer pour elle. Aussi ce fut sans peine qu'elle apprit la décision de sa mère. Elle y adhéra avec empressement, et promit de se rendre digne des soins et des leçons des religieuses de la Visitation, qu'elle avait vues plusieurs fois, en allant visiter la vénérable Mère Marie-Claude Ango de Flers, sa tante, et que déjà elle aimait.

Le couvent, loin de lui inspirer de l'effroi par ses grilles et par son air d'austérité, lui inspirait de l'attrait par la bonté de celles qui l'habitaient. Il lui semblait aussi que là, derrière ces grands murs et ces grilles, elle pourrait mieux penser à son père, prier pour lui ; et, quand elle le voudrait, aller pleurer toute seule, silencieuse et recueillie, dans la chapelle du couvent. Marie-Marguerite avait fait sa première communion ; et, en même temps qu'elle commençait à souffrir, elle commençait aussi à comprendre ce que la prière peut donner de consolation, dans les pertes les plus douloureuses comme dans les épreuves les plus sensibles.

Marie-Marguerite fut reçue au pensionnat du premier monastère de la Visitation, par la vénérable Mère Catherine-Angélique de la Haye, que nous retrouverons plus tard économe de la Communauté, en l'année 1792, et que nous verrons ensuite, durant les plus mauvais jours de la Terreur, emprisonnée comme suspecte dans ce même monastère, dont elle était alors supérieure [1].

---

[1] Le monastère de la Visitation, où Marie-Marguerite de Lézeau fut élevée, est désigné sous le nom de *Premier monastère*, parce qu'il y avait alors deux couvents de la Visitation à Rouen. L'un avait été fondé en 1630, du vivant de sainte Chantal; et l'autre ne s'était

L'accueil fait à la nouvelle pensionnaire fut si affectueux de la part de toutes les religieuses, et si empressé de la part des enfants qui devenaient ses compagnes, qu'il ne lui fut pas difficile de s'accoutumer à l'existence du couvent. On la plaignait à cause de la mort récente de son père. On l'aimait à cause de son charmant caractère ; de toutes parts, ce n'était qu'empressement autour d'elle, et Marie-Marguerite n'aurait pas versé une seule larme, si elle n'eût souvent pensé à sa famille. Le caractère difficile de madame de Lézeau n'empêchait pas sa fille de l'aimer ; et l'absence de sa mère était un chagrin très-sensible pour cette enfant tendrement affectueuse, mais cette peine était la seule qui vînt assombrir les jours de paix que la Providence ouvrait devant elle.

Deux années se passèrent ainsi ; et mademoiselle de Lézeau eut sous les yeux, durant ce temps, les plus touchants exemples de vertu religieuse. Ces exemples lui venaient de la Communauté tout entière : l'esprit de sainte Chantal, l'amour de la règle, la charité de saint François de Sales y étaient en honneur, comme aux jours primitifs de la fondation même de l'ordre de la Visitation.

Les compagnes de Marie-Marguerite étaient aussi un sujet d'édification pour elle : le pensionnat du

---

formé que quelques années plus tard, en 1642, par une colonie de sept religieuses sorties du premier monastère.

1.

premier monastère de la Visitation de Rouen était composé des enfants des familles les plus chrétiennes et les plus distinguées de la province. La direction en était confiée à des mains habiles et expérimentées, et il avait une réputation méritée de piété, de bonnes études et de parfaite éducation ; mais c'était surtout auprès de sa tante, la vénérable Mère Marie-Claude de Flers, religieuse depuis vingt-sept ans dans le monastère, que mademoiselle de Lézeau trouvait un continuel sujet d'admiration et d'édification.

La Providence, toujours admirable dans ses voies, semblait se plaire à veiller d'une manière toute spéciale sur cette jeune enfant, qui devait acquérir une grande force d'âme, et s'élever à une haute vertu, pour être capable un jour des grandes choses que lui réservait l'avenir.

C'était cette Providence attentive, dont on ne sait pas assez reconnaître la main dans les événements d'ici-bas, qui avait remis le soin de l'intelligence et du cœur de Marie-Marguerite de Lézeau, dans sa première enfance, à son père, cet homme profondément chrétien, dont les soins avaient gravé d'une manière ineffaçable, dans le cœur de sa fille, le sentiment du devoir et de son inflexible rigidité. C'était elle encore qui, sous l'influence de la perte la plus douloureuse, et par la mort même de ce père vénéré, avait développé dans l'âme de cette jeune enfant un détachement anticipé du monde.

C'était elle enfin, qui lui réservait le bonheur de passer auprès d'une tante admirable d'humilité, de patience et de vertu, deux années pendant lesquelles elle devait jouir de ses exemples, recevoir ses conseils, et commencer à comprendre ce que vaut la vie religieuse, et combien de délices elle réserve à qui l'embrasse pour Dieu seul, par amour et par vocation.

Ce fut au mois d'octobre 1769, que la pieuse et douce Mère Marie-Claude de Flers mourut, dans le plus parfait abandon à la volonté divine, et dans la plus sainte union avec son Dieu. Depuis longtemps, elle allait toujours en s'affaiblissant, et elle répétait avec le sourire sur le visage : « Je meurs peu à peu, mais je n'en ai point de peine. » Et, quand on la plaignait, elle répondait avec douceur : « Non, non, je ne suis pas à plaindre ; c'est autant de gagné pour le Ciel ! » Sa mort fut si calme, que l'on ne remarqua son dernier soupir que par un air de sérénité et de béatitude qui, en un instant, se répandit sur son visage.

Quelques mots sur cette vie, écoulée et finie si saintement, ne seront pas de trop au commencement de l'histoire de la vénérable Mère Marie-Marguerite de Lézeau, qui, tout enfant et jeune pensionnaire, trouva près de sa tante des leçons et des exemples, dont le souvenir imprima son influence sur sa vie entière.

Ainsi s'exprimait la Mère Catherine-Angélique de la Haye, supérieure du monastère de la Visitation de Rouen, dans une lettre-circulaire du mois d'octobre 1769, faisant part aux autres monastères de l'ordre de cette précieuse mort, et du parfum d'édification qu'elle laissait après elle.

LETTRE DE LA MÈRE CATHERINE-ANGÉLIQUE DE LA HAYE [1]

« C'est avec la plus vive douleur, que nous venons demander vos prières pour notre très-honorée Sœur Marie-Claude de la Motte-Ango de Flers. Quoique, depuis longtemps, nous dussions être préparées à sa perte, nous n'y sommes pas moins sensibles.

« C'est avec justice que nous pouvons lui appliquer ces paroles du Psalmiste : *J'ai choisi d'être la dernière dans la maison du Seigneur, plutôt que d'habiter les palais des grands.* Elle les a vérifiées dans toute la suite de sa vie.

« Elle était née d'une famille illustre, rendue recommandable surtout par sa vertu, et qui se glorifie principalement de compter saint François de Paule parmi ses ancêtres. Elle entra à cet égard dans les sentiments de ses pieux parents ; et cet honneur

---

[1] Cette lettre est conservée dans les archives du Couvent de la Visitation de Rouen, ainsi que beaucoup d'autres écrits remontant à la fondation du monastère ; et qui sont aujourd'hui de précieux et authentiques documents, comptant déjà plus de deux siècles d'existence.

d'avoir un saint dans sa famille, lui a paru toujours infiniment plus précieux que la gloire de porter un nom illustré par la pourpre romaine et les premiers emplois de l'État.

« Deux oncles de notre chère sœur, fils du marquis de la Motte-Lézeau, après avoir signalé leur valeur au service du Roi, touchés de l'honneur de servir uniquement le premier et le plus grand de tous les maîtres, sans s'être communiqué l'un à l'autre leur dessein, entrèrent tous deux en même temps dans l'ordre célèbre des Chartreux, où ils ont rempli avec distinction leur sainte carrière. M. le comte de Flers et madame de Pellevé, ses père et mère, eurent de leur mariage trois fils et deux filles ; la cadette mourut chez nous fort jeune, avec tous les présages d'une prédestinée. Messieurs ses frères, établis avec honneur, sont des exemples de vertu et de religion ; leur piété peu ordinaire a engagé le général de l'ordre des Chartreux à les associer, ainsi que notre respectable défunte, à toutes les prières et bonnes œuvres de ce saint ordre. Deux de mesdames ses tantes, religieuses bénédictines, à l'abbaye royale d'Almenèches, y ont vécu avec autant de distinction que d'édification, tandis qu'une de leurs sœurs était carmélite, et qu'une autre, ayant refusé tout établissement dans le monde, a pratiqué jusqu'à la fin de ses jours des vertus peu communes. Nous avons eu le bonheur de posséder longtemps cette dernière, en qualité de pensionnaire perpétuelle, elle nous a constamment édifiées par la vie la plus chrétienne, que Dieu a couronnée par une sainte mort [1].

« Notre chère Sœur entra chez nous à l'âge de neuf à dix ans, et son excellent naturel fit bientôt fructifier les précieuses semences de bonne éducation, qu'elle avait déjà reçues de sa pieuse famille. Dès cette tendre jeunesse, l'action de la grâce dont elle avait été prévenue, se faisait sensiblement connaître. Un jour, qu'elle priait la Sainte Vierge avec un air de dévotion qui frappa sa maîtresse, et la porta à lui demander quelle prière elle faisait, la jeune enfant répondit avec l'aimable candeur et la simplicité de son âge : Je la prie de m'obtenir la grâce de faire mon salut. Une prière si chrétienne fut sans doute exaucée par cette Mère de bonté, avec d'autant plus d'avantage qu'elle partait d'un cœur plus innocent. Dès lors, notre chère sœur, encore bien enfant, commença à se combattre et à se vaincre elle-même. Elle devint le modèle de ses compagnes, et sa maîtresse l'appelait ordinairement sa petite consolation. Son bon esprit, son édifiante piété, et son excellent naturel la firent admettre de bonne heure à sa première communion, et l'on ne peut dire combien elle sut en profiter.

« De si solides fondements étaient nécessaires pour protéger sa candeur au milieu de l'air du grand

---

[1] Voy. aux Pièces justificatives la note A.

monde, et pour la soutenir dans les chagrins qui se préparaient pour elle. Madame la comtesse de Flers rappela sa fille auprès d'elle, à l'âge de quinze ans. Mais à peine notre chère pensionnaire commençait-elle à jouir du bonheur de la maison paternelle et des douceurs de la vie de famille, qu'elle en éprouva l'inconstance. Son père, allant prendre possession du comté de Flers, qui lui était échu par succession, fit une chute si funeste qu'il en mourut peu de jours après; et sa mère ne survécut que d'un an à cet affreux malheur.

« Notre chère Sœur, trop jeune pour vivre seule dans le monde, fut remise au couvent pour quelques années encore. On lui choisit l'abbaye du Cherche-Midi à Paris; c'est là qu'elle devait attendre l'époque de son établissement. A peine fut-elle entrée dans cette retraite, qu'elle s'y fit admirer par sa régularité et par sa modestie. Elle dit adieu pour toujours au monde qu'elle avait vu, où même elle avait brillé quelque temps, car elle avait tout pour cela : avantages de l'esprit et agréments de la personne, mais elle était résolue, désormais, à le quitter pour toujours.

« Pendant une année entière elle s'affermit dans sa résolution; puis, s'étant assurée que nous consentirions à la recevoir dans notre maison, elle déclara à ses frères la résolution invariable qu'elle avait prise. Ils s'y opposèrent d'abord, suivant en cela les sentiments de l'amitié, et lui dirent que jamais ils ne se prêteraient à lui faire faire ce voyage : « Eh bien, « leur répondit-elle, avec une généreuse constance, « si vous ne voulez pas me conduire, je partirai sans « vous... » Une réponse si ferme détermina M. le comte de Flers, son frère aîné, à nous l'amener lui-même.

« Arrivée dans la maison, malgré les instances de sa tante, mademoiselle de la Motte-Ango, qui craignait pour le faible tempérament de sa nièce, elle désira n'avoir qu'une simple cellule sans feu, et voulut être traitée en tout comme la communauté. Elle ne commença cependant son noviciat que six mois après. Quand elle y fut admise, elle en accomplit les exercices avec la plus grande ponctualité. Elle devint un modèle de simplicité, d'obéissance et d'humilité, que l'on proposait à ses compagnes du noviciat. Elles en étaient très-édifiées, quelquefois même presque déconcertées, n'osant se promettre de parvenir à l'imiter.

« Il est facile de concevoir avec quelle satisfaction elle fut reçue au saint habit ; mais il est impossible de dire dans quelles saintes dispositions, et avec quelle joie, elle consomma son sacrifice. Un écrit trouvé après sa mort, et datant de l'époque où elle avait prononcé ses vœux, portait, entre autres choses, ces mots : « Je veux livrer mon cœur à l'amour de « mon Dieu, mon esprit à l'obéissance, et mon corps

« à la souffrance, me rappelant que la Croix nous a
« ouvert le ciel. »

« On peut dire que ces trois lignes ont été, depuis lors, le résumé de sa vie et de ses sentiments.

« Notre chère Sœur avait eu, dès son enfance, une santé très-faible; cependant elle suivit longtemps, avec une régularité parfaite, les exercices de la communauté. Mais sa faiblesse prit progressivement, et sans que l'on pût s'en apercevoir, un tel accroissement qu'elle se trouva hors d'état de suivre les exercices de la Communauté. Elle ne pouvait même que rarement se transporter à l'infirmerie pour y prendre ses repas. C'est dans cette solitude, au pied de la croix, qu'entre son Dieu et elle, s'est consommé le très-pur sacrifice d'une vie passée dans une longue et continuelle souffrance.

« Au milieu de ses infirmités, elle sut conserver jusqu'à la fin les vertus aimables de bonne société qu'elle avait, dès son enfance, puisées dans sa famille, et qui en avaient fait le charme de la communauté. Elle était compatissante, officieuse, obligeante, prévenante et gracieuse, cherchant les occasions d'être agréable, elle se faisait toute à tous. Elle s'informait de ce qui pouvait regarder chacune de nous, et s'y intéressait comme si cela lui eût été personnel. Au sujet d'elle-même et de sa respectable famille, on ne pouvait être plus circonspect, de même qu'il était bien difficile de se montrer plus détaché de toutes choses.

« L'humilité, l'esprit de pauvreté étaient pour elle des vertus particulièrement chères ; il semble qu'elle ait voulu accomplir à la lettre les saints avis qu'elle avait reçus, peu après son engagement, du saint directeur qui l'avait conseillée à l'époque où elle avait quitté sa famille pour entrer dans la religion. « Vous « ne devez jamais oublier, lui écrivait-il, que vous « avez fait vœu de pauvreté, et que vous devez vous « regarder comme la dernière converse de la maison « pour toutes les choses qui vous concernent dans « cette vie. Cachez-vous dans votre humilité, goûtez « votre bonheur, et ayez celui d'en jouir pour Dieu. » Cette vierge fidèle s'est toujours montrée exacte à régler sa conduite selon ces admirables avis ; et, quoique notre bienfaitrice, elle voulut toujours être la dernière... « A moi seule, écrivait-elle un jour, à « moi seule, toutes mes misères ; pour le reste, tout « à Dieu et rien à moi... m'abandonner à l'amour « de mon Dieu, aimer ardemment et constamment, « voilà ma devise ! »

« Quoique, depuis plusieurs mois, la faiblesse de cette respectable Sœur fût beaucoup augmentée, nous ne nous attendions pas à la voir sitôt terminer son passage en ce monde. Elle pouvait encore communier souvent ; et, soutenue du Pain des forts, elle se mettait souvent devant les yeux le bonheur, les richesses, la vertu de la Croix et des souffrances. Pour ne perdre de vue, en aucun temps, durant les souffrances, l'esprit d'humilité, qui a été jusqu'à la fin l'âme de sa conduite religieuse, elle se rappelait, et se faisait souvent rappeler cette belle sentence de notre saint fondateur : « Soyons vaillamment humbles pour « l'amour de Celui qui porta le merveilleux coup « de la puissance dans l'humiliation de la Croix! »

« Ses maux augmentaient à vue d'œil, elle reçut le saint Viatique avec un grand calme, dans toute sa présence d'esprit, et avec la plus sainte édification pour nous. Quelque temps après, comme elle nous entendait parler de la mort, et de l'ignorance où nous sommes de notre dernière heure, elle dit : *J'en aime l'incertitude!* paroles qui venaient assurément de son parfait abandon à la volonté divine et de son intime union avec Dieu. La mort, en effet, peut-elle être redoutable, quand on est tout à Dieu, et qu'on a vécu pour lui seul?

« Elle expira le 17 octobre, après la récitation de nos matines, ayant reçu l'extrême-onction, et pendant les prières de la recommandation de l'âme, mourant dans la paix du Seigneur, sans avoir eu d'agonie. Nous ne nous aperçûmes qu'elle nous avait quittées que par un air de sérénité et de béatitude, qui, en un instant, se répandit sur son visage, couvert auparavant des ombres et des pâleurs de la mort. »

Tel est l'abrégé du long récit, que, dans sa lettre circulaire, adressée aux autres monastères de l'ordre, la Mère Catherine-Angélique de la Haye, Supérieure du premier monastère de la Visitation de Rouen, faisait de la sainte vie et de la mort de la Mère Marie-Claude Ango de Flers.

On comprend aisément l'impression profonde que cette sainte existence et cette bienheureuse mort durent faire sur mademoiselle de Lézeau. Elle finissait seulement sa quatorzième année, mais son jugement, sa raison et son cœur étaient développés bien au-dessus de son âge, par les leçons autrefois reçues de son père, et par l'expérience prématurée qu'elle avait faite de la douleur et des déceptions de la vie. Aussi elle appréciait les événements, les hommes et les choses, avec une droiture de jugement vraiment rare, et une justesse d'intelligence qui dénotait déjà ce que pourrait être un jour cette jeune enfant. Son père lui avait appris à aimer le devoir, à en accepter, partout et toujours les obligations; transiger avec sa conscience était, depuis son enfance, à ses yeux un déshonneur. La mort lui avait dit, auprès du lit funèbre de son père, enlevé à sa famille avant que l'âge eût blanchi son front et courbé sa tête, que rien n'est stable sur la terre; que les affections les plus chères, comme les plus saintes, sont exposées aux séparations les plus cruelles, aux afflictions les plus vives. Le caractère de sa mère lui avait appris que, dans la famille même, et auprès de ceux que l'on aime le plus, il se rencontre quelquefois des épreuves et des peines. La vie de sa tante, pleine d'un calme joyeux, et d'une résignation toujours souriante, malgré de continuelles souffrances, lui avait fait comprendre que le bonheur peut se trouver au pied de la Croix... La fin bienheureuse dont elle venait d'être témoin lui dévoilait combien il est bon et consolant de mourir dans le calme d'une âme dont le passé est sans nuages, et le présent sans regrets, après une vie toute consacrée au service et à l'amour de son Dieu !

Mademoiselle de Lézeau demeura encore, après la mort de sa tante, quelque temps à la Visitation, qu'elle quitta vers sa dix-septième année pour revenir auprès de sa mère. Elle emportait du couvent un esprit bien formé, une éducation complète, et une profonde affection pour les religieuses qui avaient pris soin de sa jeunesse.

Sa taille était au-dessus de la moyenne, son maintien plein de naturel et de modeste dignité ; le regard de ses yeux, d'un bleu clair et transparent, était doux et spirituel ; il laissait entrevoir une volonté ferme et décidée, mais l'expression qui y dominait par-dessus tout était celle d'une incomparable bonté. Son sourire respirait, comme son regard, la franchise et la bonté. Sa conversation était, à l'occasion, enjouée selon son âge, mais toujours pleine de sens et de jugement ; elle tournait volontiers vers les choses sérieuses, et laissait facilement comprendre que les années passées à la Visitation avaient fait sur cette jeune âme une impression profonde, que rien ne pourrait contre-balancer jamais. Au total, l'extérieur de mademoiselle de Lézeau dénotait un délicieux et indéfinissable assemblage des qualités les plus opposées : c'était une expression générale de douceur et de fermeté, d'enjouement et de gravité, unis et dominés par la bonté la plus parfaite. On sentait qu'il y avait des trésors d'énergie, de dévouement et de charité, dans cette jeune personne, que la Providence semblait s'être plu à enrichir de tous ses dons.

Beauté des plus remarquables, esprit supérieur, bonté inépuisable, tels étaient les avantages avec lesquels Marie-Marguerie de Lézeau se présentait dans le monde; aussi, la haute société, où la plaçait le rang de sa famille, l'entourait des avances les plus flatteuses ; on pourrait même dire, des hommages les plus sincères. Mais elle n'était pas faite pour le monde : Dieu lui avait préparé une autre voie pour traverser les longues années de sa laborieuse existence, et pour parvenir, après avoir fait beaucoup de bien, au terme bienheureux d'une vie abondante en mérites et en bonnes œuvres

CHAPITRE II

Vocation religieuse. — Esprit de l'ordre de la Visitation. — Quelles furent les intentions de saint François de Sales et de sainte Jeanne de Chantal en le fondant. — Marie-Marguerite de Lézeau le choisit pour s'y consacrer à Dieu. — Fondation du monastère de Rouen. — Noviciat. — Derniers adieux à la famille. — Vœux solennels. — Marie-Marguerite reçoit le nom de Sœur Arsène-Angélique. — Années de paix et de bonheur.

Il y avait déjà deux ans que mademoiselle de Lézeau était sortie du pensionnat de la Visitation pour revenir auprès de sa mère. Sa famille l'avait accueillie avec affection. Le monde lui avait souri et l'avait admirée. Elle avait brillé, partout où elle s'était présentée, du pur éclat de sa beauté modeste et de sa vertu. Mais, malgré tous les avantages qu'elle trouvait dans sa famille et dans la société, d'autres aspirations avaient traversé son âme ; ses pensées avaient pris leur essor vers des régions supérieures. Elle sentait en elle cette sorte de frissonnement mystérieux qu'éprouvent quelquefois, dans la jeunesse, certaines natures ardentes et généreuses : le monde leur paraît trop étroit, l'infini les attire. Alors, poussées par un secret et indéfinissable besoin de solitude, de recueillement et de contemplation, elles voudraient pouvoir diriger leurs pas vers ces montagnes élevées et solitaires où l'âme, plus rapprochée du Ciel, se dilate pour jouir en paix, du silence, de la limpidité de l'air, du calme et de l'immensité.

Mademoiselle de Lézeau, poursuivie, tourmentée par ces secrètes pensées, s'était demandé souvent ce que Dieu réclamait de sa jeunesse. Semblable à cet enfant dont l'Écriture raconte l'histoire, et à qui le Tout-Puissant faisait entendre sa voix dans le silence de la nuit : Parlez, Seigneur, avait-elle dit bien des fois ; parlez, votre fille vous écoute !... Et, agenouillée, dans une prière silencieuse, aux pieds de Celui qui est venu apporter au monde l'esprit religieux en même temps que l'Évangile, elle avait souvent répété, comme autrefois cet homme qui demandait au Sauveur la lumière : Mon Dieu, faites que je voie ! Et Dieu, touché de sa prière, lui avait donné de voir... Elle avait compris que ses aspirations vers un bonheur que tout au monde semblait impuissant à lui procurer, et qu'elle sentait ne pas se trouver pour elle, même dans les saintes affections de la famille, n'étaient autre chose que la vocation religieuse ; c'est-à-dire cet appel de Dieu, qui, s'adressant à une âme, la détache d'elle-même et de tout, avec promesse d'être, à Lui seul, son héritage, son trésor, sa récompense, son bonheur et sa vie.

Mademoiselle de Lézeau était donc décidée à se consacrer à Dieu. Sa résolution était invariablement arrêtée, et elle l'avait fait agréer à sa mère. Il ne faut pas croire que cette décision eût été prise sans combats. Son imagination lui avait souvent présenté, sous les couleurs les plus vives, toute l'étendue des sacrifices que la vie religieuse allait exiger d'elle. Souvent, il lui avait fallu faire taire son cœur et refouler ses larmes.

Ces déchirements d'un cœur qui s'arrache à soi-même pour se donner à Dieu seul, ont été connus de toutes les grandes âmes : une sainte Thérèse, une sainte Jeanne de Chantal ne les ont pas ignorés, les vocations les plus humbles et les plus cachées n'en sont pas exemptes : on ne s'élève jusqu'à Dieu que par le renoncement et le sacrifice. C'est là le premier degré à franchir pour entrer dans le sanctuaire. C'est le premier pas à faire pour marcher dans la vie religieuse, à la suite de Celui qui a dit que ceux qui veulent l'aimer doivent, à son exemple, porter la croix.

La détermination de mademoiselle de Lézeau étant prise, deux ordres se présentaient à elle et l'attiraient chacun par des motifs différents : c'était la Visitation et la congrégation des Sœurs de la Charité, nées, l'une et l'autre, au dix-septième siècle pour consoler l'Église et prouver à ses ennemis l'éternelle jeunesse du catholicisme, qui peut, aux temps modernes comme aux premiers siècles, enfanter sous l'inspiration des saints, des ordres religieux, pratiquant, à l'édification du monde, la perfection des conseils évangéliques.

La Visitation était née la première (1610). Son caractère distinctif était ce qu'il est encore aujourd'hui : la douceur et le recueillement intérieur de l'âme vivant dans la pensée de Dieu. Ses saints fondateurs avaient vu, comme le dit le pieux historien de la Visitation, une foule de personnes très-généreuses, capables des plus grands sacrifices, qui, voulant quitter le monde, ne savaient où se réfugier; les unes parce qu'elles n'avaient pas le goût des austérités corporelles, telles qu'on les pratiquait dans les cloîtres; les autres qui en auraient eu l'attrait, mais qui n'en avaient pas la force. Colombes plaintives qui erraient autour de l'arche sans pouvoir y entrer. Saint François de Sales et sainte Chantal, pénétrés de ces pensées, avaient créé, dans l'ordre de la Visitation, la douceur de vie dont ces âmes avaient besoin; ils y avaient joint la contemplation et l'amour, et avaient ainsi composé un type nouveau, inconnu aux âges précédents, et dont la beauté et l'héroïsme aimable avaient séduit le dix-septième siècle [1].

La Congrégation des filles de saint Vincent de

---

[1] M. l'abbé Bougaud, *Vie de sainte Chantal.*

Paul était née après la Visitation (1634). Son illustre fondateur ne lui avait donné ni voile, ni clôture, voulant, disait-il, que le monastère de la Sœur de Charité fût la maison des malades, sa clôture l'obéissance, sa chapelle l'église paroissiale, et son voile sa modestie.

Entre ces deux ordres fondés par des saints, le choix, pour mademoiselle de Lézeau, pouvait être difficile. Son caractère expansif, sa charité, et sa bonté naturelle qui était le trait distinctif de son âme, mettaient en elle un fonds inépuisable de compassion pour tout ce qu'elle voyait souffrir, et devaient l'incliner vers les dévouements et les fatigues du soin des pauvres. Elle devait se sentir naturellement portée vers la voie, où se rencontrerait pour elle un contact journalier avec des souffrances à soulager, des larmes à sécher, et des maux à guérir.

La Providence avait d'autres vues : cette jeune fille de dix-neuf ans, riche de belles qualités, entourée d'estime et d'affection, devait devenir un jour la fondatrice d'une Congrégation enseignante, demi-cloîtrée et dévouée aux orphelines, se rapprochant beaucoup plus, par son but et par ses œuvres, des religieuses de la Visitation que des Sœurs de la Charité, et c'était dans un monastère de sainte Chantal que Dieu lui réservait de s'initier à la vie et aux vertus religieuses. Et puis, c'était à la Visitation que sa tante, la vénérable Mère Marie-Claude de Flers, avait sanctifié ses souffrances pendant une vie de peu d'années, mais de grand mérite, écoulée dans l'amour de la croix et de l'humilité. C'était là aussi que, jeune enfant, elle avait passé, après la mort de son père, les paisibles années de son éducation. C'était là enfin, et là seulement, qu'elle pouvait retrouver ses anciennes maîtresses qu'elle avait aimées, et qu'elle aimait encore comme de secondes mères, et dont la vie lui avait semblé le modèle de toutes les vertus. Naturellement donc, c'était de ce côté que devaient se tourner ses pensées, s'arrêter ses regards, et se fixer son choix.

Une raison d'un grand poids, qui aurait suffi à elle seule pour déterminer ce choix, se joignait à toutes les autres. Mademoiselle de Lézeau, malgré ses dix-neuf ans, n'avait qu'une très-faible santé. Son frêle tempérament n'aurait pu supporter les fatigues de la vie laborieuse de la Sœur de Charité. Tout se réunissait donc pour lui désigner le monastère de la Visitation, où elle avait déjà coulé d'heureuses années, comme le lieu où devait se passer, dans le service de Dieu, le reste de sa vie.

Ce fut en 1774 que mademoiselle de Lézeau entra au couvent de la Visitation. Elle y fut accueillie par ses anciennes maîtresses avec la plus grande satisfaction. La vénérable Mère de la Haye, la même qui, huit ans auparavant, avait reçu la petite Marie-Marguerite comme pensionnaire, se trouvait encore supérieure, réélue cette année-là, et était tout heureuse de la recevoir, cette fois, comme novice aspirant à la vie religieuse.

Le monastère de la Visitation datait, à Rouen, de plus d'un siècle. De touchants souvenirs se rattachaient à sa fondation. Une pieuse demoiselle de noble famille, Anne-Catherine de Lamotte-Labbé, était, vers 1625, dangereusement malade. Elle eut un songe où elle vit la Reine du ciel couverte, par-dessus ses vêtements, d'un grand manteau sous lequel s'abritaient des Religieuses d'un costume très-humble et très-pauvre. Il lui fut dit, par une voix intérieure, d'entrer dans l'ordre de ces religieuses au costume sévère, et d'y vivre en humilité et simplicité ; par ce moyen, qu'elle agréerait à Dieu et à sa sainte Mère, et que la Reine du ciel la protégerait et la défendrait de l'ennemi de son salut.

Jusque-là Catherine de Lamotte n'avait eu aucun goût pour la vie religieuse. Ses penchants, comme sa famille, la portaient vers le monde. Mais, dès lors, elle se rendit docile à la grâce qui la prévenait avec tant de bonté. Elle confia ses pensées à un ecclésiastique aussi pieux qu'éclairé, qui la dirigea de ses conseils, et l'éprouva longtemps pour s'assurer si elle était conduite par l'esprit de Dieu ou par l'illusion. Ce prêtre vertueux, persuadé que la vocation de mademoiselle de Lamotte venait du Ciel, s'en ouvrit à la vénérable supérieure du couvent de la Visitation de Dijon, fondé, depuis peu d'années, par sainte Chantal ; et, ayant fait un voyage à Paris, il en parla à la Mère Anne-Catherine de Beaumont, supérieure du monastère tout récemment établi dans la capitale. Il entrevoyait déjà de quelle édification et de quelle utilité serait, pour le bien des âmes, un monastère, selon la règle de saint François de Sales, dans la principale ville d'une des plus grandes et des plus religieuses provinces de France.

Mademoiselle de Lamotte, charmée de tout ce qu'elle entendait dire de la vertu et de l'humilité des nouvelles religieuses de la Visitation, conçut un grand désir de les connaître. Elle fut présentée au couvent de Paris. Une surprise, bien douce et bien imprévue, vint alors lui causer la plus vive joie. Elle reconnut les religieuses de la Visitation pour les avoir vues dans ce songe qui l'avait si vivement impressionnée quelques années avant, et dont elle avait conservé un très-présent souvenir. Elle pria avec instance sa mère de lui permettre d'embrasser, sans plus de retard, la vie religieuse, et de lui obtenir la permission de son père. Tout lui fut accordé ; et la vénérable Mère de Beaumont, cette première supérieure du couvent de Paris, nommée par sainte Chantal elle-même, trouva dans cette jeune novice de grandes dispositions pour l'acquisition des vertus religieuses et une grande vocation.

L'entrée de mademoiselle de Lamotte en religion

fut comme la pierre fondamentale de l'établissement de la Visitation en Normandie. Des difficultés considérables cependant retardèrent cette fondation. Les obstacles ne furent levés qu'en 1629. Au mois d'octobre de cette année, une petite colonie de Visitandines, qui avaient appris la règle et l'obéissance sous la Mère Favre, cette première compagne de sainte Chantal, et sous la Mère de Beaumont, se dirigea vers Rouen. De nombreuses et belles promesses avaient été faites pour l'établissement du nouveau monastère. Par une permission de Dieu, tout manqua, et les confiantes Religieuses, venues sans ressources, s'établirent dans une complète pauvreté. Leur dénûment était extrême. Elles n'avaient même pas d'ornements sacerdotaux pour la célébration des saints Mystères dans leur pauvre chapelle. Le pain du lendemain était souvent pour elles une chose fort incertaine. Mais rien ne découragea leur persévérance; elles priaient, elles travaillaient, et la Providence ne les abandonna pas.

Quand l'épreuve eut assez duré, Dieu envoya des temps plus doux. Les vocations abondèrent, et les ressources vinrent un peu de tous côtés. A la place des bâtiments insuffisants, où s'était d'abord casée, comme elle avait pu, la petite colonie visitandine, il s'était élevé un beau et vaste monastère, d'une architecture sévère et de belles proportions. Ce nouveau couvent avait été construit par madame de

Préchonnet, supérieure des Visitandines, et religieuse d'un haut mérite. Elle était issue d'une grande et noble famille d'Auvergne. Elle avait été mariée, et avait porté le titre de comtesse d'Alet. Sa fortune était considérable. Elle en consacra à Dieu une partie, en même temps que son veuvage, et l'employa à la construction du monastère où madame de Lézeau allait entrer, jeune postulante, pour y charmer ses supérieures et ses compagnes par ses vertus, comme autrefois mademoiselle de Lamotte, cette première fleur cueillie par l'Institut de sainte Chantal, dans l'antique et chrétienne Normandie [1].

Le monastère de la Visitation possédait une belle église. Un chœur cloîtré y était réservé aux Religieuses, et une assez vaste nef permettait aux fidèles du dehors d'y venir prier et assister aux offices. La cour intérieure du couvent était entourée de magnifiques cloîtres de style ogival, qui donnaient au monument tout entier un air grave et monacal, convenant parfaitement à l'esprit de la Visitation. Marie-Marguerite de Lézeau, enfant, avait joué sous les arcades de ces cloîtres. Elle avait fait retentir leurs voûtes des éclats joyeux de ses plaisirs innocents. Maintenant, mûrie par l'âge, et bien plus encore par

[1] Anne-Catherine de Lamotte-l'abbé mourut au monastère de la Visitation de Rouen, à l'âge de quarante ans, après avoir édifié, pendant quatorze années ses compagnes par sa sainte vie et son humilité.

la réflexion et la prière, elle allait habiter ces mêmes lieux, pour y pratiquer, dans toute la joie de son âme, et avec tout l'enthousiasme de sa généreuse nature, les vertus de la vie religieuse.

Le couvent, où mademoiselle de Lézeau entrait comme novice en 1774, existe encore ; jusqu'ici le temps n'en a pas renversé les murailles. Après 1792, lorsque les paisibles Visitandines en eurent été chassées, il devint, sous le règne de la Terreur, une vaste prison révolutionnaire. Quatre cent vingt-sept religieuses d'ordres divers, poursuivies comme suspectes, et coupables de refus de serment, y furent entassées. Ces généreuses femmes, martyres pour la foi de Jésus-Christ et pour l'Église, y eurent à souffrir, durant une longue captivité, toutes les angoisses de la misère et de la faim, ainsi que les plus mauvais traitements. Après la Terreur, ce couvent, sanctifié comme l'étaient autrefois les prisons de l'ancienne Rome, par les larmes, le sang et les souffrances des confesseurs et des martyrs, resta longtemps sans destination. Il était là, debout, silencieux, solitaire et morne, comme une muette protestation, comme un douloureux regret du passé. C'est qu'il était, en effet, fort difficile de trouver un emploi utile à ces vastes demeures, destinées à servir de séjour à la pénitence et à la prière, mais désormais pour toujours vides de leurs habitants et légitimes propriétaires.

Aujourd'hui, cet ancien monastère est devenu, depuis déjà nombre d'années, le principal Musée de la ville de Rouen ; une Diane chasseresse en décore l'entrée, l'ancienne porte qui conduisait autrefois de la cour intérieure à l'église. Cette sculpture païenne contraste avec ces vieux murs comme un anachronisme sans goût. On dirait une peinture grotesque et peu décente, qu'une main bouffonne aurait placée dans un cadre gothique, noirci par les siècles, et destiné primitivement à protéger parmi les lambris de quelque vieux château, ou auprès de l'autel d'une église, le buste d'un chevalier ou la tête d'une Madone.

A l'intérieur, dans les anciens cloîtres, des antiquités romaines et gauloises sont rassemblées, ainsi que beaucoup d'autres objets fort remarquables et savamment classés. Mais, chose étrange ! en se promenant sous ces voûtes, qui semblent protester contre leur destination présente, comme les siècles et la justice protestent contre la spoliation et la violence, on éprouve au fond de l'âme un sentiment de tristesse. La pensée se détourne involontairement de toutes ces curiosités que l'on coudoie. Quelque chose vous dit que l'on foule aux pieds une terre qui fut sainte, et l'on cherche sur la poussière des dalles la trace des pas de ces vierges consacrées au Seigneur, que pendant cent cinquante ans la ville de Rouen vénéra. On prête l'oreille, comme pour saisir l'écho lointain des cantiques sacrés ou le murmure de la prière.

Quant à l'ancienne église, elle a été transformée en vastes salles, où se donnent des cours publics, et l'on parle sciences et médecine, là, où autrefois les religieuses Visitandines chantaient les psaumes, et répétaient les louanges du Seigneur. Ainsi va le monde, tout y change, tout s'y transforme... Dieu seul est immuable ; aussi, heureux et sage est celui qui sait trouver dans sa foi un point d'appui plus ferme que les choses si peu stables d'ici-bas. Telle fut Marie-Marguerite de Lézeau : elle devait au jour de l'épreuve être plus forte que la tempête, et rester inébranlable sous le coup des plus amères déceptions.

Heureusement que, dans sa bonté prévoyante, Dieu n'a pas donné aux hommes de connaître l'avenir. Grâce à cette bienfaisante ignorance, nous pouvons sourire à la vie et espérer le bonheur. Parmi les religieuses du monastère de la Visitation, il n'en était pas une qui eût jamais pensé que des jours viendraient, et n'étaient pas éloignés, où elles seraient chassées de leur couvent et poursuivies comme coupables de désobéissance aux lois, et dangereuses pour le repos de la nation. L'horizon pour elles était sans nuages, et rien ne leur semblait devoir troubler jamais la paix séculaire de la Visitation. C'était donc dans toute la sécurité de son âme, que mademoiselle de Lézeau entrait au couvent, pensant bien y vivre et y mourir dans l'humilité et la pauvreté, comme sa tante, de pieuse et sainte mémoire..

Le noviciat de Marie-Marguerite se fit, non-seulement sans difficultés, mais encore avec toute édification, tant pour ses compagnes que pour ses anciennes mères. Un écrit, trouvé parmi les papiers du monastère de la Visitation, et tracé par elle à cette époque de son noviciat, exprime les sentiments qui animaient alors sa ferveur. Autrefois, il avait été dit à la mère Marie-Claude de Flers, qu'elle devait se cacher dans son humilité, n'oublier jamais qu'elle avait fait vœu de pauvreté, et se regarder toujours comme la dernière converse de la maison. Mademoiselle de Lézeau, novice, se disait à elle-même :

« Je veux que Dieu le Père soit mon Seigneur et maître, Dieu le Fils mon modèle, et l'Esprit-Saint mon guide. Je m'appliquerai à contempler toujours au-dessus de ma tête, et dans les sentiments d'une respectueuse docilité, Dieu le Père me manifestant ses vues et m'intimant ses ordres, bien plus par une disposition d'amour que par les droits de sa suprême autorité. Je me tiendrai toujours prête à l'écouter, toujours prête à lui obéir.

« Je considérerai souvent aussi le Fils de Dieu, le Fils unique de mon Seigneur et maître, l'objet chéri de ses divines complaisances, condamné, et volontairement soumis à être humilié jusqu'à la mort. Ce divin Pasteur ouvre et parcourt une carrière qu'il laisse après lui baignée de ses larmes. D'un côté, il trace par ses exemples, en caractères de sang, des maximes de renoncement, d'abnégation, de destruction. De l'autre, par ses œuvres. Il en enseigne la pratique, au milieu des contradictions, des opprobres, des délaissements, des croix, des peines de toute espèce.

« Comme à Lui, Dieu le Père me commande d'entrer dans cette carrière, et je me souviendrai qu'Il n'exige de moi rien qu'Il n'ait exigé de son propre Fils.

« Comme Lui, j'obéirai donc. J'obéirai jusqu'à la mort; jusqu'à l'anéantissement physique et moral de moi-même, par l'immolation quotidienne dans la soumission et l'obéissance religieuse; et par l'acceptation volontaire et joyeuse de la destruction de mon être, quand pour moi viendra la mort au jour marqué par la Providence. Si ma nature se révolte, l'Esprit-Saint, l'Esprit d'amour, fort comme la mort, plus fort même que la mort, me fera triompher. Je le laisserai maître de toutes les facultés de mon âme. Je lui demanderai de m'éclairer de ses lumières et j'espère que, par l'onction de sa grâce, Il me rendra supérieure à tout. »

Ne semble-t-il pas que la pieuse novice, qui traçait ces lignes, les achevait sous une inspiration prophétique; et que Dieu, qui les lui avait dictées par sa grâce, avait en même temps soulevé pour elle un coin du voile épais qui, pour tous, tient l'avenir caché ? Jeune novice de la Visitation, elle devait en effet, après avoir appris à suivre, par le renoncement, le Sauveur crucifié dans les saintes voies de la Croix, devenir par l'onction de la grâce et sa fidélité à y correspondre, supérieure à tout ; aux événements comme à l'infortune, aux persécutions et même à la souffrance.

Après les délais prescrits par la règle, mademoiselle de Lézeau fut admise à prendre l'habit religieux ; et son temps de probation étant achevé, ses supérieures lui permirent de se préparer à ses vœux. Vœux solennels, qui devaient consommer cette immolation d'elle-même, à laquelle, depuis son entrée au monastère, elle n'avait cessé de travailler ; vœux perpétuels, qui devaient fermer à jamais entre elle et le monde où elle avait momentanément brillé du pur éclat de sa vertu, les portes de son cloître, seul témoin désormais de sa vie de mérite et d'abnégation.

On était au mois d'octobre, et le temps de la profession approchait. M. l'abbé Terrisse, vicaire général de l'archevêque de Rouen, s'étant rendu à cet effet au monastère, eut, à la grille du parloir, une conférence avec la jeune novice, au sujet de sa vocation. Il lui recommanda d'examiner encore si c'était bien de son choix, et sans aucun motif humain qu'elle allait embrasser pour toujours la vie religieuse. Mademoiselle de Lézeau n'hésita pas à lui répondre affirmativement, en lui donnant l'assurance que ce serait dans toute la joie de son cœur qu'elle se donnerait à son Dieu, n'ayant d'autre ambition que de se consacrer à Lui pour le servir jusqu'à son dernier soupir dans l'ordre de la Visitation.

Quelques semaines après, elle eut une entrevue avec sa famille, et confirma à sa mère, à ses sœurs, et aux autres parents qui les avaient accompagnées pour la voir encore une fois avant le grand jour des vœux, que sa détermination restait la même. On ne s'en étonna pas, et nulle instance ne fut faite pour tenter de l'ébranler. Mais ce ne fut pas sans émotion, de part et d'autre, qu'on se dit adieu : il y a toujours quelque chose de solennel dans une détermination qui est irrévocable, dans un moment suprême qui décide d'une vie entière ! [1]

---

[1] La date de ces deux entrevues devait rester ineffaçable pour le cœur et la mémoire de la jeune novice jusqu'au terme des longues années que la Providence lui réservait de passer sur la terre. Elle voulut cependant en conserver le souvenir écrit jusqu'à la fin de sa vie. Un papier trouvé après sa mort parmi ceux auxquels madame de Lézeau tenait le plus, portait ces mots : « L'an mil sept cent soixante-seize, le trente et un octobre, j'ai été examinée par M. l'abbé Terrisse, haut-doyen de la cathédrale, grand vicaire de ce diocèse, et Père spirituel de ce monastère. Pour cet effet j'ai été laissée seule avec lui pour lui dire en liberté tout ce que bon me semblait. Dans le mois suivant, j'ai eu la même liberté de parler à mes parents, lesquels rendront témoignage que c'est de ma franche et libre volonté que j'ai fait la sainte profession, M. l'abbé Terrisse ayant reçu mes vœux avec la permission de Mgr l'archevêque. »

« Sœur Arsène-Angélique Ango d'Écouché de Lézeau. »

Quelques semaines après cette double entrevue, le grand jour arriva, et les vœux solennels furent prononcés au pied de l'autel, avec la fermeté d'une âme qui déjà ne s'appartient plus. Le soir de ce jour mémorable, Sœur Arsène-Angélique, noms sous lesquels mademoiselle de Lézeau avait fait profession, écrivait, sur le registre des vœux de la Communauté, les lignes suivantes, qui y figurent encore, tracées d'une main ferme et d'une belle écriture :

« Moi, Arsène-Angélique Ango d'Écouché de « Lézeau, j'ai par la grâce de Dieu, ce jourd'hui « 27 décembre 1776, célébré mes vœux pour vivre et « mourir en la Congrégation de Notre-Dame de la « Visitation. Veuille mon Seigneur bénir cette jour-« née, et me la rendre profitable pour l'éternité ! »

Mademoiselle de Lézeau était donc religieuse ; ses vœux avaient été prononcés, sa profession avait été célébrée au lendemain des fêtes de Noël de l'année 1776. Le monastère était alors sous le gouvernement de la Mère de Goderville, et la Sœur Arsène-Angélique de Lézeau était âgée de vingt et un ans.

Des années de paix s'écoulèrent après ces vœux, et Sœur Arsène-Angélique occupa divers emplois dans le monastère. Celui qu'elle conserva le plus longtemps, et dont elle parlait encore volontiers à la fin de sa vie, soixante-deux ans après ce premier jour de profession religieuse, que le Seigneur avait béni et rendu profitable, selon le souhait qu'elle en avait exprimé et écrit sur le livre des vœux du couvent de la Visitation, fut l'emploi d'infirmière. Sa charité trouva, dans les devoirs multipliés de cet emploi, l'occasion désirée d'exercer son dévouement. Rien ne pouvait mieux convenir à son zèle. Ses chers malades, soit pensionnaires, soit religieuses, étaient ses enfants; elle se constituait mère de tout ce qui habitait son infirmerie, et elle était chérie des enfants et religieusement aimée de ses sœurs, qui appréciaient, chaque jour de plus en plus, tout ce qu'il y avait de bonté et d'amabilité dans sa riche et belle nature. Sœur Arsène-Angélique ne se plaignait jamais des fatigues de son emploi tout de dévouement et de charité ; sa faible santé la faisait cependant souvent souffrir, mais elle oubliait ses souffrances pour ne songer qu'à celles des autres. Elle acquit, dans la connaissance des malades, une grande expérience, qui, jointe à son tact exquis et à sa délicatesse toute maternelle, donnait à ses soins quelque chose d'aussi doux et salutaire qu'elle était elle-même gracieuse et bonne.

Nous verrons, à bien des années de cette première époque de vie religieuse, la Supérieure générale des Orphelines de la Légion d'honneur retrouver tout son zèle d'infirmière auprès du lit de ses enfants atteintes du choléra, lors de la première invasion du redoutable fléau à Paris. Nous la verrons aussi puiser dans son cœur, avec une touchante et persuasive éloquence, des accents inspirés par la foi la plus vive, par la plus tendre charité, pour aider ses sœurs, ses enfants et même ses serviteurs à mourir. Alors, malgré de nombreuses occupations et d'importantes correspondances, elle prodiguera à ses chers malades tous les soins réclamés par leur état. Elle ne les quittera plus à l'approche de l'heure suprême, et, tout attentive à leurs moindres désirs, elle profitera à la hâte de leur sommeil, pour écrire sur ses genoux les lettres impérieusement réclamées par les affaires de ses maisons.

Dans cet emploi d'infirmière, des années se passèrent. C'était la vie calme et recueillie du cloître. Rien de saillant, rien qui marque et qui distingue les jours entre eux : ils se succèdent avec une sainte et douce uniformité, qui abrége le temps et fait paraître la vie plus courte. C'était, pour la Sœur Arsène-Angélique, le calme de la paix et l'uniformité du bonheur. Jours qu'elle n'oublia jamais, et dont, à la fin de sa longue carrière, elle parlait encore avec les plus vifs sentiments d'émotion et de reconnaissance.

CHAPITRE III

Les années de paix sont écoulées. — La Révolution approche. — Convocation des États-Généraux. — Les élections à Rouen. — Impression que ces événements produisent au couvent de la Visitation. — Année 1790. — Les persécutions commencent. — Premier interrogatoire des religieuses. — Leur constance pleine de courage. — Fermeté de Sœur Arsène-Angélique de Lézeau. — Elles refusent toutes de quitter leur monastère. — Les temps deviennent plus sombres — 1791. — Nouvelles persécutions. — 1792. — Une émeute menace de mort madame de Lézeau et ses compagnes. — Leur chapelle est fermée. — Les vases sacrés sont portés à la monnaie. — Les religieuses de la Visitation sont chassées de leur monastère. — Dispersion. — Sœur Arsène-Angélique de Lézeau rentre dans sa famille.

Tandis que la Sœur Arsène-Angélique de Lézeau coulait, dans son monastère, des jours paisibles sanctifiés par la prière et la charité, il se préparait, au dehors, des événements qui allaient ébranler la France, renverser son antique monarchie, et agiter l'Europe et le monde. Déjà, de même qu'en des jours d'orages les nuages amoncelés font présager la tempête, des signes avant-coureurs annonçaient les événements comme devant être tout proches.

Le dix-huitième siècle avait vu grandir l'impiété

sous le nom trompeur de philosophie, et une attaque formidable se préparait en même temps contre l'Église du Christ et contre la monarchie. Louis XVI semblait l'avoir pressenti le jour où, apprenant le trépas de Louis XV, qui le faisait roi, il s'écria, en levant les mains au ciel : « Ah ! quel malheur pour moi !... »

Depuis ce moment, une sorte de fatalité mystérieuse semblait s'être attachée à ce prince doux et vertueux, qui voulait ardemment le bonheur de son peuple, et se voyait sans cesse dans l'impossibilité de le réaliser selon les désirs de son cœur paternel. Tout semblait s'armer contre lui ; on aurait cru que la nature entière conspirait avec les hommes.

Les cruels fléaux de l'hiver de 1788 fournirent à Louis XVI une nouvelle occasion de faire éclater sa sollicitude à l'égard des malheureux. Néanmoins, la charité seule ne suffisait pas pour conjurer les orages qui s'amoncelaient sur sa tête. L'impiété s'affichait avec orgueil ; le besoin de réformes politiques se faisait impérieusement sentir ; le pouvoir était confié à des mains inhabiles, et les calamités qui désolaient le peuple le disposaient à la révolte. Ce fut dans ces tristes circonstances que furent convoqués, au commencement de 1789, les États-Généraux.

A la nouvelle de cette prochaine convocation, une indicible agitation avait pénétré partout, jusque dans les endroits les plus reculés du royaume. La ville de Rouen, grand centre de population, eut naturellement sa large part d'émotion politique. On s'y souvenait encore de la célèbre assemblée des notables, que, deux siècles avant, Henri IV y avait réunie. Toutefois les élections s'y accomplirent sans troubles.

Le 15 avril, avant le commencement des opérations, le cardinal-archevêque de Rouen célébra la messe en présence des trois ordres : le tiers-état, la noblesse et le clergé assemblés. Le lendemain, huit cents prêtres siégeaient dans l'église des Cordeliers. Le cardinal leur exposa, en peu de mots, la douleur du Roi, les plaies de la Religion et de la Patrie, en les pressant de leur venir en aide.

Les élections du Clergé se firent avec calme et dignité. Le nom, le grand âge du vénérable et bienveillant archevêque inspiraient un si profond respect, que son neveu, l'abbé de Pradt, jeune docteur qu'il avait fait son vicaire général, et que nous verrons, vingt-six ans plus tard, devenu momentanément grand chancelier, se trouver en rapport avec Sœur Arsène-Angélique de Lézeau, devenue elle-même Supérieure générale des Orphelines de la Légion d'honneur, n'eut qu'à exprimer le vœu de son oncle pour être, malgré une certaine défiance, porté à la présidence d'un collège électoral dans la province [1].

[1] Voy. aux Pièces justificatives, note B.

Pendant que tous ces événements se passaient au dehors, le silence de la solitude et du recueillement régnait comme d'ordinaire au Couvent de la Visitation. On y priait pour la Religion, pour l'Église, pour la France, et la Mère Arsène-Angélique de Lézeau y continuait, à l'édification de ses sœurs, la vie de mérite qu'elle avait embrassée depuis déjà quatorze ans. Les agitations de la ville, le bruit et les émotions de la politique venaient se briser contre les grands murs du monastère, et s'arrêtaient aux grilles de ses cloîtres. Les religieuses étaient dans une paix profonde, bien loin de se douter qu'un an les séparait à peine d'une persécution qui devait en venir jusqu'à les chasser de leur couvent, pour les y renfermer ensuite, après l'avoir transformé en prison.

Le 5 mai de cette année 1789, les États-Généraux, dont les élections venaient de s'achever, se réunirent à Versailles, accompagnés des vœux de la France entière. L'anxiété régnait partout : on sentait devant soi l'inconnu ; on craignait de rencontrer sous ses pas des abîmes, mais de vastes espérances brillaient à l'horizon, et la confiance affermissait les cœurs les plus timides.

Les événements, à partir de ce moment, se précipitèrent avec une rapidité dépassant toute pensée. Le peuple de Paris manquait de pain ; la famine mêlait ses néfastes conseils aux émotions de la politique, et quelques mois seulement séparèrent l'ouverture solennelle des États-Généraux du jour où Louis XVI était assailli, à Versailles, jusque dans ses appartements, par des bandes de forcenés. Peu après, l'Assemblée nationale mettait, par un décret, énergiquement et éloquemment combattu, mais voté à une grande majorité, les biens ecclésiastiques à la disposition de la nation [1]. Ce n'était là qu'un premier pas, et cet acte de spoliation fut bientôt suivi d'un autre décret supprimant les ordres religieux et les vœux monastiques [2]. Ce nouveau coup porté à l'Église était plus redoutable pour elle que le premier : on ne saurait ruiner, en la dépouillant, une religion dont la pauvreté fut, pendant des siècles, la richesse, comme le martyre fut sa force et sa puissance ; mais on peut l'ébranler en lui enlevant ses vierges qui prient, ses apôtres qui prêchent, et en la livrant au schisme, frère et fauteur de l'hérésie.

L'Assemblée nationale ne s'arrêta pas sur la pente fatale où elle s'était engagée : elle décréta la constitution du clergé, menteusement appelée civile, et, en réalité, schismatique, impie, condamnée par la conscience et par l'Église. C'était en 1790 ; le moment approchait où la persécution allait remplacer la paix qui, depuis cent cinquante ans, régnait au Couvent de la Visitation, et donner à la Mère Arsène-

---

[1] 2 novembre 1789.
[2] 13 février 1790.

Angélique de Lézeau l'occasion de déployer son grand caractère.

On comprend facilement quel retentissement douloureux avaient eu partout les décrets de l'Assemblée nationale, et quelle émotion de profonde peine ils avaient apportée aux compagnes de madame de Lézeau. Elles allaient, pour y satisfaire, avoir à répondre en toute occasion à des perquisitions sans fin et à des interrogatoires sans cesse renouvelés, qui devaient aboutir à la proscription, après deux années d'agonie.

Des délégués de la commune de Rouen furent chargés par le directoire du district, de dresser l'inventaire des biens du monastère, d'examiner et d'arrêter le livre des vœux, afin qu'aucune nouvelle profession n'y fût inscrite; de recevoir la déclaration des religieuses, qui voudraient continuer de résider dans leur couvent, ou le quitter selon l'autorisation que leur en donnait la loi, et enfin de présider les élections d'une nouvelle Supérieure et d'une Économe, après avoir déposé celles qui étaient en charge.

La première visite de ce genre que reçurent les religieuses de la Visitation eut lieu le 2 septembre 1790. C'était le commencement des douleurs et des persécutions.

Deux administrateurs du directoire de Rouen, commissaires nommés à cet effet, assistés d'un secrétaire, se rendirent au monastère. Madame de

Belloy, nièce de Mgr de Belloy, évêque de Marseille, qui devait être plus tard archevêque de Paris, puis cardinal, était alors supérieure. Elle reçut les délégués du district avec une douleur profonde, mais pleine de calme, et leur laissa, sans essayer une résistance inutile, franchir les limites ordinaires de la clôture.

L'inventaire du mobilier du couvent fut dressé par eux. Le registre, où chaque nouvelle professe écrivait, depuis un siècle et demi, ses vœux, et où chaque année, au retour de la fête de la Présentation de la Très-Sainte Vierge, toutes les religieuses du monastère inscrivaient la rénovation de leurs premiers engagements, fut examiné, clos et arrêté. Il fut procédé ensuite à l'interrogatoire des religieuses. Pour cela, on se réunit à la salle ordinaire du chapitre, et chacune à son tour, selon la date de sa profession, dut répondre aux interpellations de la loi.

Qu'on se figure cette réunion étrange et douloureuse de ces religieuses timides, entièrement séparées du monde depuis longtemps, accoutumées à vivre dans la retraite, et présidées actuellement par deux délégués du district, accompagnés du secrétaire chargé de recevoir la déclaration de celles qui voudraient déposer l'habit religieux et quitter leur monastère... C'était là une profession religieuse, un renouvellement de vœux d'un nouveau genre, et auxquels le passé n'avait pas accoutumé les craintives Visitandines. C'était aussi un moment plein de cette émotion profonde, et de cette sublime grandeur, qui rayonne naturellement autour de tout ce qui tient à la religion de Jésus-Christ, surtout quand elle est persécutée. L'interrogatoire commença par la Supérieure, et si Messieurs du district espéraient avoir à inscrire des apostasies, ils durent être étonnés du résultat de la séance qu'ils présidaient.

Madame Madeleine-Anastasie de Belloy, Supérieure, âgée de quarante-quatre ans, ayant dix-sept ans de profession, parla la première. Sa déclaration fut courte, mais pleine d'une religieuse et ferme dignité qui disait plus en quelques mots, que n'eussent pu le faire bien des phrases. « Je déclare, dit-elle, ne vouloir profiter de la liberté que les décrets m'accordent, que pour me dévouer de plus en plus à la vie religieuse que j'ai embrassée, et dans laquelle je désire vivre et mourir. » Le secrétaire écrivit, et madame de Belloy signa.

La Mère Catherine-Angélique de la Haye, la bienveillante Supérieure, qui avait reçu mademoiselle de Lézeau, au moment où elle quittait le monde pour se donner à Dieu, parla ensuite. Elle était alors Économe, et avait quarante-quatre ans de profession. Sa réponse à l'interpellation des délégués fut celle-ci : « Je déclare vouloir continuer, dans la vie monastique, les vœux que j'ai prononcés, parce qu'on ne trouve pas de condition plus heureuse. Je souhaite y vivre et y mourir. Je désire que toutes celles qui pensent comme moi, puissent avoir la même facilité. » Le secrétaire, étonné peut-être déjà, écrivit; et la vénérable Mère de la Haye signa sa déclaration, comme avait fait sa Supérieure.

Quelques instants plus tard, la Mère Marie-Félicité Satis, ayant vingt-deux ans de profession, fut interpellée à son tour, et sommée de déclarer si elle voulait profiter de la liberté que lui accordait la loi, ou continuer de résider dans son couvent. A cette demande, cette digne religieuse répondit : « qu'elle était très-persuadée qu'on n'avait pas le pouvoir de rompre les liens, qu'elle avait contractés avec le Seigneur son Dieu, à la face du Ciel et de la terre, mais, ajouta-t-elle, quand je serai assurée du contraire, voici ma déclaration : Je n'ai pris cet engagement qu'après cinq ans de délai dans le monde, et deux ans d'épreuve dans la religion. Je l'ai donc fait avec connaissance de cause, dans toute la joie de mon cœur. Présentement que j'ai éprouvé en toute manière la fidélité, l'amour et la magnificence de mon sauveur Jésus, au delà même de ce que je pouvais penser et espérer, je voudrais avoir dix mille vies, pour les lui sacrifier de nouveau et les consacrer à son service. Comme j'ai reçu toutes ces grâces, parce que j'ai le bonheur d'être membre de l'Église catholique, apostolique et romaine, j'ai aussi toute sorte de reconnaissance et de vénération pour elle, et je veux lui être attachée jusqu'au dernier soupir de ma vie. » Le secrétaire du district écrivit fidèlement, et la Mère Marie-Félicité Satis signa cette déclaration, si claire, si positive et si catholique.

La Communauté entière approuva cette dernière déclaration qui, de concert avec celles des supérieures, résumait les sentiments de toutes les religieuses du monastère. Les autres réponses, tout aussi fermes, purent être beaucoup plus courtes : on sentait, sans doute aussi, le besoin d'abréger le martyre de cette douloureuse séance, bien cruelle et bien longue à ces âmes religieuses, indignées de voir la vocation qui avait fait le bonheur de leur vie, mise en doute, et examinée au nom de la loi, par une autorité toute séculière et profane.

La Sœur Arsène Angélique de Lézeau fut interrogée la vingt-troisième. Ses compagnes, depuis la réponse si explicite de la Mère Marie-Félicité, s'étaient presque toutes bornées à dire qu'elles voulaient vivre et mourir dans l'état qu'elles avaient embrassé, et dans la communauté qu'elles avaient choisie. La réponse de la Mère de Lézeau fut plus laconique encore : « *Je ne veux pas*, dit-elle, *de la liberté que les décrets m'accordent !* »

C'est ainsi que les martyrs des premiers siècles, lorsqu'ils étaient interrogés en présence des supplices, par les juges païens, se bornaient à dire : Je suis chrétien ! Leur inébranlable courage et leur héroïque fermeté renfermaient dans ces deux mots l'explication de leur conduite, et l'apologie de la religion pour laquelle ils se préparaient à mourir. Madame de Lézeau, par les quatre mots de la déclaration qu'elle venait de dicter au secrétaire du district, et qu'elle avait signée ensuite, de même qu'en un jour de fête, quatorze ans auparavant, elle avait joyeusement signé ses premiers vœux, inscrits par elle sur le registre du monastère, disait d'une manière aussi sublime qu'éloquente : Je suis religieuse ; comme telle, j'appartiens à Dieu seul ! l'injuste loi, au nom de laquelle vous parlez, n'a aucun pouvoir sur moi, et je ne veux pas de la fausse liberté qu'en son nom vous venez m'offrir !

Après que madame de Lézeau eut fait sa déclaration, il restait encore quatorze religieuses de chœur, neuf sœurs converses et deux tourières à interroger. Pas une n'hésita. Toutes eurent l'honneur de renouveler, en ce jour glorieux et mémorable pour elles, les vœux qu'elles avaient une première fois prononcés au pied des autels.

Une seule religieuse fut privée de ce bonheur ; elle était dangereusement malade, et réduite à la dernière extrémité. Dieu l'appelait à venir confirmer au Ciel les vœux, par lesquels elle s'était consacrée à Lui, tandis que ses sœurs étaient appelées à y rester fidèles au milieu des persécutions.

Les commissaires consentirent à ne pas interroger cette religieuse agonisante, et, remettant à une autre fois à l'entendre, pour le cas où elle reviendrait à la santé, ils constatèrent l'absence de sa réponse sur le procès-verbal de la séance.

La sœur Marie Chalmette, tel était le nom de la mourante, eut le bonheur de rendre, deux jours après, dans une grande paix, son âme au Seigneur. Elle allait recevoir au Ciel la récompense d'une sainte vie, que sa compagne et sa douce infirmière, Sœur Arsène-Angélique de Lézeau, malgré sa frêle santé, ses travaux et ses épreuves, ne devait recueillir que quarante-neuf ans plus tard [1].

Lorsque fut terminée la longue séance, durant laquelle le secrétaire du district avait écrit les déclarations des Visitandines ; la lecture du procès-verbal étant faite ; les religieuses ayant signé de nouveau pour attester une seconde fois leur persévérance dans la volonté qu'elles venaient d'exprimer, les commissaires se retirèrent, et le calme se fit de nouveau dans l'asile de la prière. Calme trompeur, qui ne devait pas être de longue durée [2] !

Quatre mois s'écoulèrent à peine, et les vexations recommencèrent avec un caractère plus persécuteur que les premières. L'antique chapitre de la cathédrale de Rouen venait d'être dissous. C'était le 28 dé-

[1] Cette religieuse avait vingt-cinq ans de profession. Elle mourut le 4 septembre 1790.
[2] Voy. aux Pièces justificatives, note C, le procès-verbal de cet interrogatoire, conservé aux archives de la préfecture de Rouen.

cembre 1790. Le moment approchait où l'on allait demander à tous les prêtres le serment de fidélité à la constitution civile du clergé, et le 5 janvier 1791, madame de Lézeau et ses compagnes eurent à répondre à un nouvel interrogatoire. Le résultat fut le même que la première fois. Les réponses varièrent dans leur forme, mais non dans la volonté très-expresse qu'elles exprimaient. La déclaration de la Sœur Arsène-Angélique de Lézeau se trouve cette fois inscrite au procès-verbal des administrateurs du district dans les termes suivants :

« Marie-Marguerite Ango, dite en religion Arsène-Angélique, religieuse de ladite communauté, où elle a fait profession le 27 décembre 1776, alors âgée de vingt et un ans, a déclaré que son intention est de vivre et mourir dans la règle qu'elle a embrassée et la maison qu'elle a choisie ; et après lecture faite a signé : Sœur Arsène-Angélique Ango de Lézeau[1]. »

Le lendemain, les officiers municipaux revinrent au couvent, déclarèrent déposées de leurs fonctions la Supérieure et l'Économe du monastère, et présidèrent l'élection d'une nouvelle Supérieure et d'une nouvelle Économe. Les religieuses remirent tristement leurs bulletins de vote entre les mains des délégués présidant leur réunion. Toute protestation contre la violence qui leur était faite était inutile ;

---

[1] Voy. aux Pièces justificatives un extrait de ce procès-verbal, conservé aux archives de l'hôtel de ville de Rouen. Note D.

elles prirent le seul moyen qui fût en leur pouvoir, de prouver qu'elles regardaient comme tyrannique la mesure qui leur était appliquée, et qu'elles étaient heureuses sous le gouvernement de leurs supérieures. Tous les suffrages se réunirent sur la Mère de Belloy et la Mère de la Haye, qui furent proclamées par les officiers municipaux Supérieure et Économe [1].

Les jours suivants furent pour Rouen des jours d'agitation. Le 16 janvier fut désigné pour le serment du clergé à la constitution civile. Quelques prêtres donnèrent le signal de la défection catholique, mais leur exemple ne fut suivi que d'un petit nombre. Le chapitre de la cathédrale sur quatre-vingts membres ne compta qu'une désertion ; tous les autres restèrent inébranlables dans leur devoir. Celui qui seul l'abandonna, il faut le dire à son excuse, était un vieillard de quatre-vingt-sept ans, affaibli par l'âge. Peu de temps après un évêque constitutionnel vint prendre possession du siége épiscopal occupé depuis longues années par le vénérable cardinal de la Rochefoucauld, et le schisme s'établit dans la province. L'horizon, on le voit, s'assombrissait de plus en plus.

L'installation solennelle de l'évêque intrus, et le débordement d'écrits et de pamphlets qui s'ensuivit, mirent le comble à l'effervescence des esprits.

---

[1] Voy. aux Pièces justificatives le procès verbal de cette élection conservé, comme le précédent, à l'hôtel de ville de Rouen. Note E.

L'archevêque légitime, Mgr de la Rochefoucauld, voyant le danger que courait la religion dans son diocèse, avait élevé la voix. Deux lettres de lui démontrèrent à ses diocésains que l'autorité schismatique qu'on allait exercer sur eux était souverainement illégitime, et que les actes qui en découleraient seraient invalides aux yeux de l'Église. Par une ordonnance, en date du 5 avril, il déclara l'élection de l'évêque constitutionnel radicalement nulle, et incapable de lui conférer aucun droit sur l'administration spirituelle du diocèse; et il défendit à cet ecclésiastique, sous les peines portées contre les intrus, de prendre possession du siége de Rouen et d'y exercer aucune fonction [1].

Les rigueurs contre les prêtres fidèles à leur devoir commencèrent. Il leur fut interdit de célébrer les saints offices, et l'ordre fut donné par la commune de Rouen à tous les couvents de la ville de fermer

---

[1] Il faut dire à l'honneur, ou au moins à l'excuse de l'ecclésiastique qui avait eu le malheur d'accepter le titre d'évêque constitutionnel, qu'il ne resta pas longtemps à ce poste coupable. Averti par sa conscience, et attristé de voir le désordre augmenter chaque jour, il songea bientôt à se retirer. Au mois d'octobre 1791, les patriotes envahirent sa demeure, et y organisèrent un banquet dans l'ancienne salle des états. « Cette salle, dit un journal du temps, où jadis on délibérait comment on riverait les fers du peuple, a été purifiée par de nombreuses libations à la nation et à la liberté. » Peu de jours après ce banquet, l'évêque envoya sa démission au département; c'était le 26 octobre, et il alla s'ensevelir dans la retraite à Lyon, pour n'en sortir qu'après le concordat, en 1802, réconcilié avec l'Église.

leur chapelle. Ce fut le 17 juin, à cinq heures et demie du soir, que cet ordre fut signifié au monastère de madame de Lézeau. Un officier municipal, s'y étant rendu, donna lecture de l'arrêté de la commune à la Supérieure, assistée de la Mère de la Haye, la vénérable Économe, et leur ordonna de s'y soumettre. Elles déclarèrent qu'elles n'obéiraient pas à cet ordre, et refusèrent formellement de fermer leur église, ne voulant pas s'exposer par cet acte de faiblesse à ce que l'on pût croire qu'elles adhéraient en quelque chose à la constitution civile du clergé, condamnée par l'Église.

Il y avait plus de courage dans ce refus qu'il n'en avait fallu pour les interrogatoires du mois de septembre 1790 et du 5 janvier 1791. La révolution avait marché, et le danger était plus grand. Des prêtres avaient été traînés en prison ; la populace, ameutée, avait insulté, sur la place publique, des femmes ayant refusé de se rendre aux cérémonies constitutionnelles. Une émeute pouvait, d'un moment à l'autre, menacer un couvent dont toutes les religieuses, d'un accord unanime, refusaient l'obéissance à la loi révolutionnaire.

Cependant la Mère de Belloy et ses religieuses n'hésitèrent pas : leur refus fut formel. Il s'agissait pour elles de défendre l'honneur de leur foi catholique, et un chrétien, dans de semblables occasions, ne doit pas craindre de mourir s'il en est besoin.

L'officier municipal et le substitut du procureur de la commune de Rouen, ayant constaté par écrit le refus des religieuses du monastère de Sainte-Marie, firent venir un serrurier; deux solides chaînes de fer furent attachées avec des crampons à la porte extérieure de la chapelle, et il fut dressé procès-verbal de cette exécution.

C'est ainsi que la persécution devenait chaque jour plus violente, et que la révolution se préparait à renouveler, au nom de la liberté, la tyrannie païenne qui a donné à l'Église durant les premiers siècles, ses confesseurs et ses martyrs.

A partir de ce moment, le sanctuaire qui avait entendu les premiers vœux de Sœur Arsène-Angélique de Lézeau, et qui était depuis quatorze ans témoin de sa ferveur, ne se rouvrit plus[1].

La révolution cependant précipitait sa marche. Les questions de vœux religieux et de serment à la constitution civile du clergé allaient bientôt soulever, dans toute la France, des questions de vie ou de mort. Presque partout, les prêtres qui avaient refusé le serment étaient maltraités, expulsés à coups de sabre, de leurs églises et de leurs paroisses. Dans certains départements, on les enfermait dans des maisons communes; dans d'autres, on leur donnait une ville pour prison, en les soumettant à un appel journa-

[1] Voy. aux Pièces justificatives, le procès-verbal de cette exécution. Note F.

lier. A Rouen, au contraire, ils jouissaient d'une liberté relative très-grande pour l'époque. Tout ce qui a été raconté jusqu'ici était de la modération pour ces temps malheureux, et le Couvent de la Visitation avait conservé son chapelain, qui continuait à célébrer les saints mystères avec la permission des commissaires du district. La porte extérieure de la chapelle était fermée au public, mais les religieuses pouvaient encore, comme par le passé, se réunir et prier aux pieds du Dieu de l'Eucharistie, toujours présent dans le tabernacle de leur pieux sanctuaire.

De temps à autre, l'émeute venait se joindre aux mesures de persécution, et jeter l'épouvante dans le monastère, mais la main de la Providence prenait soin d'écarter les dangers. C'est ainsi que, un jour, une populace en délire vint frapper à la porte du couvent; que voulait-elle? On l'ignorait, mais on vivait dans la terreur et l'effroi ; les horribles scènes de massacres qui avaient ensanglanté Paris étaient présentes à toutes les pensées. Les religieuses, entendant les vociférations de la rue et les coups redoublés qui frappaient la solide porte du couvent, se crurent à leur dernière heure. Agenouillées, elles priaient et se préparaient à mourir, tandis que quelques-unes d'entre elles, cachées aux regards du dehors, derrière les contrevents des fenêtres fermées, suivaient d'un œil inquiet les progrès de cette scène de tumulte. Les coups cependant ne cessaient pas, mais la porte résistait toujours : les prières des religieuses, qui, derrière, imploraient la Providence et Marie, le secours des chrétiens, lui servaient sans doute de solide appui. Enfin le chef de la bande, que l'on remarquait par l'acharnement de ses coups, cessa de frapper, criant de sa plus forte voix que, *assurément, cette porte était ensorcelée, et que le diable lui-même ne l'enfoncerait pas.* Il n'en fallut pas davantage pour sauver le monastère et peut-être la vie de celles qui l'habitaient. Le flot populaire, entraîné par la mobilité qui conduit d'ordinaire la foule dans un jour d'émeute, passa, s'en allant porter le désordre ailleurs ; le calme se fit de nouveau autour du couvent. Les religieuses, revenues de leur terreur, remercièrent la Providence, qui les avait gardées, et ne purent s'empêcher, au milieu de leur tristesse, de sourire de l'à-propos des paroles du chef d'émeute, qui avait, de sa voix de stentor, proclamé que la porte de leur monastère était si bien close et fermée, que le diable n'y pourrait entrer [1].

Cependant la crise était parvenue à son plus haut degré. Les prêtres réfugiés à Rouen reçurent ordre de quitter la ville. Du 1er au 7 septembre, deux cent soixante-dix ecclésiastiques prirent leurs passe-ports pour l'étranger ; mais leur départ s'effectua dans

---

[1] Extrait d'un récit, écrit à l'époque de la révolution, et Conservé au couvent de la Visitation de Rouen.

les conditions les plus lamentables; tous coururent risque de perdre la vie, et l'effervescence des esprits monta jusqu'à son comble [1].

On comprend facilement le douloureux écho que trouvaient, au monastère de la Visitation, ces événements lamentables. Les compagnes de madame de Lézeau vivaient dans des transes continuelles. Tout était à redouter : d'un moment à l'autre elles pouvaient devenir victimes de quelque émeute populaire. Il était impossible de prévoir, la veille, les événements du lendemain. On s'attendait aux plus grands malheurs. Aussi ce fut sans étonnement, quoique avec une profonde douleur, que l'on reçut au monastère une dernière visite des délégués du district. Les commissaires du conseil général de la commune, s'y étant rendus, sommèrent la vénérable Supérieure, madame de Belloy, de leur livrer les vases sacrés de la chapelle, qui furent portés à la Monnaie. Cette spoliation cruelle, devant laquelle il fallait courber la tête sans se plaindre, fut accomplie le 28 septembre 1792. On était au moment d'une mesure plus douloureuse encore : l'ordre fut intimé aux religieuses de quitter, sous un bref délai, leur bien-aimé monastère.

Les préparatifs de départ se firent avec une inex-

---

[1] Voy. aux Pièces justificatives, note G, quelques intéressants détails sur le départ des malheureux prêtres chassés de Rouen, au mois de septembre 1792.

primable tristesse. Chacune dut se chercher un asile où l'on espérait, il est vrai, n'avoir à passer que quelques semaines, quelques mois au plus, en attendant le retour du calme dans les esprits ; trompeuse, mais naturelle illusion. On croit difficilement les maux que l'on redoute : la plus petite lueur dans l'horizon le plus obscur suffit au cœur humain pour espérer ; on se crée alors de chimériques illusions, auxquelles on s'attache dans l'adversité, comme le naufragé luttant contre les flots, qui cherche à saisir dans la nuit, les débris flottants de son navire brisé par la tempête.

Dieu permettait sans doute cette erreur pour adoucir le moment cruel du départ et de la séparation. La vénérable Supérieure multipliait à ses sœurs ses touchantes recommandations. La Mère de la Haye, en économe fidèle jusqu'à la fin à son devoir, veillait à ce que tout fût, au monastère, dans l'ordre le plus exact : telle une mère à famille, au moment de faire une absence, range sa maison afin de la trouver au retour, dans un ordre parfait. On se promettait de se donner mutuellement des nouvelles, de rester religieusement unies ; on pleurait, on priait, on espérait !

Enfin, peu de jours après cette date du 28 septembre, le départ se fit au milieu des larmes. Les religieuses avaient quitté leur habit de Visitandines. Elles s'en allaient séparément et sans bruit, pour ne pas attirer l'attention. Plusieurs rentrèrent dans leur famille. Quelques-unes se rendirent chez des personnes amies ; d'autres prirent de petits logements dans la ville. La Mère de Belloy se réfugia à la campagne, dans la famille d'une bonne sœur converse, qui lui donna asile tout le temps de la révolution. Madame de Lézeau revint auprès de sa mère, qui habitait Rouen ; elle emportait avec elle, comme un trésor, sa croix de religieuse et la formule de ses vœux, écrits de sa main le jour de sa profession, seize ans, moins trois mois, auparavant.

La Mère de la Haye quitta la dernière le monastère. Il était dix heures du soir. Tout était en bon ordre dans la maison et une voiture attendait à la porte. Après une prière de dernier adieu, on éteignit la lumière, l'obscurité comme le silence se fit sous les voûtes des cloîtres déserts, et il fallut s'arracher de cet asile tant aimé, d'où les autres avaient déjà fui. Au moment de franchir le seuil du monastère, la vénérable Mère de la Haye, âgée de soixante-six ans, et qui en avait quarante-six de profession religieuse, tomba entre les bras des sœurs qui l'accompagnaient, et perdit connaissance. Il fallut la porter à la voiture et l'y monter, sans qu'elle se rendît compte de ce que l'on faisait autour d'elle. Ensuite la voiture s'ébranla, prenant la direction du faubourg Saint-Sever, et ainsi fut abandonné de ses religieuses le premier monastère de la Visitation de

Rouen... Pendant un siècle et demi, il avait fait l'édification de la ville, et, depuis seize ans, madame de Lézeau y pratiquait, dans le silence et l'oubli de l'humilité, les vertus héroïques qui font les saintes religieuses et préparent les grandes âmes à accomplir l'œuvre de Dieu au moment marqué par sa Providence.

CHAPITRE IV

Le château de Lézeau est brûlé. — Visites domiciliaires. — Madame de Lézeau sauve sa mère. — Elle préserve de la profanation un ciboire et les hosties consacrées qu'il contient. — Les prisons de Rouen. — Vingt religieuses de la Visitation sont incarcérées. — Le monastère de Sainte-Marie devient une maison de détention. — Madame de Lézeau est providentiellement sauvée par un soldat républicain. — Elle quitte Rouen et se réfugie à Paris, où elle espère vivre plus facilement cachée.

Madame de Lézeau, en déposant l'habit religieux et en quittant son monastère, espérait trouver au moins par ce sacrifice, le calme et la sécurité, mais son espérance fut trompée : la persécution la suivit au sein de sa famille. Les événements se pressaient, l'Assemblée législative avait fait place à la Convention, la République avait été proclamée, le Roi était monté à l'échafaud, et la Terreur régnait sur la France. Un décret sanguinaire condamnait à mort dans les vingt-quatre heures, tout prêtre ayant refusé le serment révolutionnaire et saisi sur le territoire de la République. Un autre plaçait sous le coup de la peine de mort, tout citoyen soupçonné d'incivisme par un patriote ou un accusateur quelconque. Ce dernier décret s'appelait la loi des suspects, loi aussi cruelle qu'injuste. Mais, que devient la justice, quand le délire s'est emparé d'un peuple en révolution? Sa voix n'est pas plus entendue que celle de l'enfant qui, sur les bords de l'Océan, commanderait aux flots soulevés par la tempête, de respecter les caractères qu'il vient de tracer sur le sable mouvant.

Des désordres sanglants répondirent, jusqu'au fond des provinces les plus reculées, aux excitations de ces lois iniques. Le mot de liberté se trouvait partout, mais il n'y avait plus de liberté que pour le crime, qui partout restait impuni. C'est ainsi que dans le cours de l'année 1793, l'antique et beau château de Lézeau fut saccagé par une populace ameutée, venue de la ville voisine. Il appartenait à la famille de la Motte-Ango, depuis qu'en 1655 le premier marquis de Lézeau avait épousé la petite-nièce de saint François de Paule. Le régisseur du marquis de Lézeau voulut courageusement s'opposer aux excès qui livraient au sac et au pillage la demeure de son maître. Il fut impitoyablement massacré, et l'emeute triomphante brûla, dans la cour même du château, tous les papiers, tous les parchemins et tous les titres qui tombèrent sous sa main sanglante, pendant le pillage du vieux manoir féodal.

Le marquis de Lézeau, tandis que ces scènes de désordre se passaient dans l'antique et paisible demeure de ses pères, n'était pas là pour en être témoin. Il avait cru, comme tant d'autres gentilshommes d'alors, mieux servir le Roi et son pays qu'il aimait, en allant en émigration se joindre aux princes français pour sauver Louis XVI. Noble illusion devant laquelle on ne peut s'empêcher de gémir de tristesse, puisque le plus généreux et le plus libéral des souverains fut, dans ses jours de malheur, privé par elle de ses meilleurs amis et de ses plus fermes soutiens. Le dévouement du marquis de Lézeau resta inutile comme celui de l'émigration entière. Chacun aurait voulu se faire, au prix de sa vie, le bouclier de son Roi, et nul ne put sauver l'illustre captif du Temple.

Madame de Lézeau était religieuse; elle avait refusé comme toutes ses Sœurs de la Visitation, de se soumettre aux lois qui prohibaient les vœux monastiques, et décrétaient la constitution civile du clergé; de plus, elle portait un des noms les plus distingués de sa province, nom inscrit sur la liste des émigrés; le château de ses ancêtres venait d'être livré au pillage. Il en fallait moins pour tomber sous le coup de la loi des suspects. Les persécutions recommencèrent donc plus redoutables qu'au monastère de la Visitation, car tout, en ces jours néfastes, pouvait aboutir à l'échafaud.

Les administrateurs du district et de la commune de Rouen auraient bien encore voulu peut-être conserver un reste de cette modération première, qu'ils avaient, à leur grand honneur, plus d'une fois montrée dans les commencements, mais ils en furent repris par la Convention. La redoutable assemblée les accusa de faiblesse et de tolérance, accusation redoutable pour l'époque, et délégua successivement deux de ses membres, les citoyens Sautereau et Siblot, représentants du peuple, pour activer le zèle trop peu ardent des autorités rouennaises, et presser les arrestations.

Les poursuites furent d'abord dirigées contre les prêtres inassermentés, et la famille de madame de Lézeau fut accusée d'avoir donné asile à quelques-uns d'entre eux. Rien n'était plus fondé que cette accusation. Chaque jour, depuis plusieurs mois, malgré l'arrêté qui déclarait coupable de trahison quiconque cachait un prêtre réfractaire, quelques-uns de ces confesseurs de la foi venaient dans la maison, et y célébraient dans le plus grand secret les saints mystères. C'était la nuit, dans une chambre reculée, au milieu d'un profond silence, avec les volets soigneusement fermés, sur un meuble transformé en autel, que le sacrifice de la rédemption du monde était offert. Le Dieu du Calvaire, mort sur la croix, en disant : Mon Père, pardonnez-leur, car ils ne savent ce qu'ils font! s'immolait encore, et s'offrait en victime, en pardonnant comme au jour de sa première immolation.

Dans cette chambre, devenue un oratoire sanctifié

par la célébration des saints mystères, une cachette avait été soigneusement préparée et servait de tabernacle. Le prêtre, après le saint sacrifice et la communion des personnes qui y avaient assisté, déposait dans cette cachette les hosties consacrées, renfermées dans un ciboire de petite dimension. Le Dieu du tabernacle, chassé de ses temples, était persécuté comme ses ministres, et forcé de se cacher comme eux.

Madame de Lézeau venait chaque jour passer de longs moments, tout près de cette cachette mystérieuse. Ce n'était plus le pieux sanctuaire de la Visitation, mais c'était toujours, dans l'adversité comme dans le bonheur, le Dieu du Ciel visible pour sa foi, sous les voiles transparents du sacrement de son amour. Le comité de surveillance ne se trompait donc pas, en dirigeant ses perquisitions vers la famille de Lézeau.

En ces temps d'inquiétude générale, chacun vivait autant que possible chez soi. On évitait de sortir, on craignait toujours quelque alerte. Quand les envoyés du comité arrivèrent, la porte de la maison qu'habitait la famille de Lézeau était soigneusement fermée, et force leur fut, malgré leurs sommations au nom de la loi, d'attendre qu'on vînt la leur ouvrir. Tandis qu'ils attendaient, ils laissèrent comprendre, par des paroles qui furent entendues de l'intérieur, qu'ils venaient pour arrêter, *non la religieuse, mais sa mère*. Madame de Lézeau en entendant la force armée à la porte de sa demeure, s'était sentie comme percée de deux poignards, par la pensée du danger que couraient sa mère et le ciboire de la mystérieuse cachette de l'oratoire, qui pouvait être découvert et sacrilégement profané. Quant à elle-même, elle n'y songea même pas.

Le danger, quand il est subit, imminent, et qu'il menace de mort, renverse les natures faibles, il terrasse les âmes ordinaires et leur enlève, avec leur présence d'esprit, le peu d'énergie qui pourrait leur rester encore, et dont peut-être elles pourraient se servir pour conjurer, le péril. Les âmes fortes grandissent au contraire au moment du danger ; elles sentent alors une fermeté, un calme, une présence d'esprit, dont elles-mêmes auparavant, ne se seraient pas crues capables.

Telle était madame de Lézeau : sans un seul instant de retard, elle fit cacher sa mère; courant ensuite au tabernacle de l'oratoire, elle l'ouvre d'une main tremblante d'émotion, et se prosterne à genoux comme pour demander pardon de sa filiale témérité au Dieu qu'elle adore et qu'elle aime. Puis, sans hésiter, mais avec le plus profond respect, elle prend dans le tabernacle ouvert, le ciboire qui renferme l'hostie consacrée la veille, le place sur sa poitrine, du côté de son cœur, et le tenant appuyé de sa main droite, elle ramène les plis de son châle, qu'elle serre et noue solidement autour de sa taille. Elle était, pendant ces quelques instants, restée à genoux, mais elle se releva rapidement, car les coups accompagnés de sommations redoublaient à la porte; et, avec un calme parfait, avec une sérénité presque souriante, elle alla au-devant des hommes armés qui venaient envahir la maison et arrêter sa mère.

Madame de Lézeau était dans sa jeunesse d'une remarquable beauté; par un rare privilége, les années, en passant sur sa tête, ne lui avaient rien enlevé de cette beauté d'autrefois. Ses traits, il est vrai, avaient pu perdre de leur première fraîcheur, mais ils s'étaient, en revanche, empreints dans la retraite et le silence de la Visitation, d'une dignité calme et majestueuse qui les faisait resplendir comme d'une auréole, et qui étonnait d'abord pour subjuguer bientôt de tout l'empire que donnent aux grandes âmes l'ascendant de la vertu et la force du caractère.

Ce fut ainsi, dans le calme de sa sérénité ordinaire, portant sur sa poitrine le Dieu qui autrefois soutenait les martyrs dans l'arène, qu'elle se présenta aux envoyés du comité de surveillance. Elle leur assura qu'il n'y avait pas de prêtre dans la maison, ce qui était vrai : il n'y avait que le souverain prêtre Jésus, entouré de ses anges, caché dans son ciboire, et reposant sur son cœur; ce n'était pas celui-là qu'ils cherchaient. Quant à sa mère, elle se contenta de répondre qu'elle allait leur ouvrir toutes les portes et les conduire partout.

Les perquisitions commencèrent; tout fut fouillé,

et, de chambre en chambre, on finit par arriver à l'alcôve où, derrière quelques robes et un manteau suspendu à la muraille, celle que l'on cherchait était cachée. Madame de Lézeau accompagnait dans leurs recherches les envoyés du comité révolutionnaire ; les voyant si près de sa mère, elle se place devant la porte de l'alcôve, comme pour en défendre l'entrée, ou au moins en détourner l'attention... Mais le moment fatal est arrivé, il faut ouvrir et la première chose que voit madame de Lézeau, sont les deux pieds de sa mère, mal cachée derrière le manteau trop court, qui la couvre, mais qui ne descend pas jusqu'à terre. A cette vue tout son sang fut glacé, elle faillit pousser un cri et tomber sans connaissance ; mais elle se contint en sentant sous sa main le ciboire placé sur son cœur. Elle le serra violemment sur sa poitrine, disant par cette étreinte, comme autrefois les apôtres au Sauveur dans une nuit de danger suprême : *Salva nos, perimus!*.... Sauvez-nous, car nous périssons !...

Le Sauveur exauça la prière de celle qui le sauvait lui-même des outrages de la profanation. Il plaça, sans doute par la main de ses anges, un bandeau sur les yeux de ces hommes qui avaient soigneusement jusque-là tout examiné, tout fouillé dans la maison, et qui étaient au moment de saisir celle qu'ils cherchaient. Ils furent pris comme d'une involontaire et incroyable distraction. Ils entr'ouvrirent à peine la porte de l'alcôve, se contentèrent de frapper quelques coups contre la muraille pour constater qu'elle n'avait pas d'issue secrète, et se retirèrent sans avoir découvert la mère de madame de Lézeau, qu'ils touchaient presque de la main, et qu'un mouvement, qu'un souffle pouvait trahir et perdre.

Quelques moments après, les émissaires du comité de surveillance quittaient la maison, et madame de Lézeau et sa mère purent se féliciter de la protection providentielle par laquelle Dieu les avait gardées. Ces félicitations furent courtes et presque silencieuses, par respect pour le ciboire que madame de Lézeau portait encore sur sa poitrine. Elle se demandait avec anxiété ce qu'elle allait faire de ce précieux mais redoutable trésor. Allait-elle le replacer dans le tabernacle qu'avaient fouillé de leurs mains profanes les inquisiteurs dont les pas retentissaient encore dans la rue, et qui pouvaient revenir? allait-elle prendre sur sa responsabilité de le placer ailleurs? Dans ces perplexités elle se décida à porter elle-même l'hostie sainte, toujours serrée sur sa poitrine, au prêtre qui l'avait consacrée la veille, et qui devait être averti des soupçons attirés sur la maison, et du danger qu'il y courrait désormais pour ne pas s'y exposer de nouveau sans les plus grandes précautions.

Elle attendit pour sortir jusqu'aux heures du soir; pendant tout le jour, par respect pour la présence de son Dieu, elle ne voulut prendre aucune nourriture. Quand le soleil eut baissé et que l'ombre commença à se répandre dans les rues étroites et tortueuses de la ville, elle se dirigea, seule en silence, vers la demeure à elle connue, du prêtre réfractaire aux lois de la Convention, mais fidèle à celles de l'Église et de l'Évangile. Bientôt arrivée, elle frappe timidement et entre. En peu de mots elle explique sa visite inattendue. Puis entr'ouvrant son châle et à genoux, la religieuse chassée de son cloître remet au prêtre confesseur de la foi le ciboire que, depuis des heures, elle porte sur son cœur, et l'hostie sainte qu'il renferme. Le prêtre allait placer ce ciboire en lieu aussi sûr et convenable que possible, quand tout à coup, une soudaine inspiration lui vint. Madame de Lézeau n'avait pris aucune nourriture de la journée ; elle était donc dans toute la rigueur du jeûne nécessaire pour la sainte communion. Le confesseur de la foi lui fait signe de rester à genoux et de se préparer à la communion. Il ouvre ensuite le ciboire et récite quelques prières. Madame de Lézeau, les yeux mouillés de larmes, s'y associe à voix basse, et le cœur plein d'émotion, elle reçoit en communion, après ce jour de trouble et d'inquiétude, l'Hostie consacrée qu'elle a sauvée au péril de sa vie !... communion bien différente de celles que, tant de fois, elle avait eu le bonheur de faire dans le calme de ses premières années religieuses, mais qui dut être plus précieuse encore aux yeux du Seigneur, et plus digne d'admiration pour les anges qui en étaient les silencieux témoins.

Madame de Lézeau, après sa communion, revint seule à sa demeure. Le silence comme l'obscurité régnait sur la ville. Plus encore que le silence y régnaient l'inquiétude et la crainte. Le calme était dans l'air, dans la nature et le ciel étoilé ; le trouble était dans tous les cœurs. Étrange et douloureux contraste que celui de la méchanceté humaine, s'agitant dans le désordre, tandis que le calme et le silence des nuits redisent au ciel et à la terre la puissance et la majesté du Dieu qui est par excellence l'Ordre, la Justice et la Bonté.

Les prisons de Rouen se remplissaient rapidement de nombreux détenus. Quatre cent vingt-quatre prêtres étaient renfermés à la prison *François*. On désignait ainsi l'ancien couvent des pénitents de Saint-François. Le séminaire de Saint-Vivien était aussi changé en maison de réclusion pour les prêtres insermentés. La maison dite des Gravelines, couvent de religieuses Clarisses, venues primitivement de Gravelines, et que le peuple de Rouen désignait par le nom du lieu de leur départ, était destinée à recevoir les femmes suspectes d'*incivisme*, ayant fils ou frère émigré. Le monastère de Sainte-Marie, le cher monastère de madame de Lézeau, où, au prix de tant de persécutions, elle s'était si longtemps maintenue avec ses sœurs, malgré la tourmente révolutionnaire, était, lui aussi, devenu une prison. Il était destiné à recevoir les religieuses inassermentées. Déjà de nombreuses détenues y étaient renfermées [1].

Pendant que les prisons se remplissaient ainsi de suspects, accusés du prétendu crime d'incivisme ou de trahison envers la République, la vénérable Mère Catherine-Angélique de la Haye vivait, avec les sœurs qui s'étaient attachées à elle, dans des transes continuelles, mais prête à tout souffrir pour la foi. Elle s'était établie dans un petit logement à l'extrémité du faubourg de Saint-Sever, formant alors un village fort éloigné du centre de la ville. Elle passa là un premier hiver, et fut bientôt exposée, elle aussi, à toutes les persécutions de la loi des suspects.

Des personnes charitables et distinguées de la ville lui firent offrir une retraite dans une maison à la campagne. Elle remercia, préférant, dit-elle, que la volonté de Dieu s'accomplît, s'il la jugeait digne de souffrir pour lui. Plusieurs des religieuses de la Visitation étaient déjà en prison, c'était pour la Mère de la Haye un sujet de grande peine, et elle aurait cru manquer à son devoir en fuyant la persécution, tandis que ses amies les plus chères, ses compagnes, ses sœurs, tombaient sous les rigueurs de la loi révolutionnaire.

[1] Voy. aux Pièces justificatives plusieurs détails sur les prisons de Rouen pendant la révolution. (Note II.)

Les derniers mois de l'hiver de 1793 à 1794, furent surtout durs à passer. Chaque jour la vénérable mère et ses filles croyaient qu'on allait venir les saisir pour les conduire à la maison de détention. Ce fut seulement le 25 avril, à cinq heures du matin, qu'arriva le moment prévu, et depuis longtemps attendu, de cette arrestation. Dix ou douze hommes armés de fusils et de piques étaient à la porte de la petite maison qu'occupaient la Mère de la Haye et ses sœurs. Cette vénérable Mère rassura alors ses compagnes par quelques mots prononcés avec la tranquillité d'un cœur tout à Dieu, et qui ne craint ni la prison ni la mort. « Du courage ! leur dit-elle ; ces hommes ne peuvent rien sur nos âmes : elles sont à Dieu ! c'est un bon père, il prendra toujours soin de nous ; ne craignons rien ! »

Cependant ces hommes, ayant forcé la porte, avaient pénétré dans la maison. Ils contraignirent les huit religieuses qui l'habitaient à en sortir à la hâte. En vain voulurent-elles prendre quelques effets, on ne leur en donna pas le temps. Il fallut partir, sans le moindre sursis, pour se rendre à la prison, et cette prison, étrange vicissitude des choses humaines, était leur ancien monastère !

Pendant le trajet, ces femmes courageuses, dignes de souffrir pour la foi, s'encourageaient mutuellement, se félicitant de leur sort, qui leur donnait quelque ressemblance avec le Sauveur persécuté.

La Mère de la Haye semblait oublier ses soixante-dix ans pour marcher d'un pas aussi ferme que ses sœurs, et disait gaiement : « Quelque noir que soit notre cachot, pourvu que je puisse seulement voir le ciel par un petit trou, je serai contente[1]... »

De dures épreuves attendaient, à la maison de détention, ces religieuses ramenées par la force armée à leur ancien monastère. Quelle différence pour elles entre le séjour qu'elles vont faire dans cette triste prison et les années heureuses qu'elles ont autrefois passées dans ces lieux, jadis si pleins de charmes et maintenant si changés! Tout était douleur dans ce contraste navrant ; mais, plus la croix est lourde, plus elle est conforme à celle du divin Roi, qui, pour nous acheter la gloire, a souffert le premier. Le serviteur n'est pas au-dessus du maître : il doit se souvenir, au moment de l'épreuve, que la couronne d'épines valut toujours mieux devant Dieu que la couronne de roses, et que les peines de la terre sont la semence des joies du ciel.

Le nombre des détenues fut bientôt de quatre cent vingt-sept au couvent de Sainte-Marie, presque toutes religieuses, parmi lesquelles on en comptait vingt du premier monastère de la Visitation. L'air, l'es-

---

[1] Ces détails et les suivants sont extraits d'un récit écrit par une des religieuses compagnes de la Mère de la Haye, et incarcérée en 1794. Ce récit est conservé au Couvent de la Visitation de Rouen.

pace leur manquaient. Une livre à peine d'un pain noir et grossier était la seule nourriture qu'on leur distribuât, et encore souvent arrivait-il qu'il n'y en avait pas pour tout le monde. Quand le pain manquait, les dernières arrivées à la distribution ne recevaient de la gardienne que des insultes, des menaces, et quelquefois même des coups. Cette gardienne, du nom de Françoise, s'était enrôlée comme soldat et avait quelque temps servi comme tel parmi les volontaires de la Seine-Inférieure. Elle avait été choisie par l'autorité révolutionnaire, qui lui avait donné là un poste de confiance. Elle était parfaitement à la hauteur de sa mission de geôlière ; c'était un cerbère. Sans cesse grommelant, souvent furieuse, elle était toujours prête à faire sentir aux malheureuses placées sous sa dure surveillance toutes les rigueurs de leur captivité [1].

Madame de Lézeau, tandis que ses sœurs de la Visitation étaient ainsi traitées, échappa providentiellement à la prison et à la mort, que certainement elle y aurait trouvée. Dieu la réservait pour accomplir plus tard une grande œuvre ; et si elle eût été, comme la Mère de la Haye et ses compagnes, ren-

---

[1] On peut voir aux Pièces justificatives (note 1) les noms des religieuses de la Visitation détenues au couvent de Sainte-Marie, d'après les registres des prisons, conservés aux archives de l'hôtel de ville de Rouen, ainsi que le nombre des suspects renfermés dans les autres maisons de détention.

fermée au monastère de Sainte-Marie, elle n'aurait pu supporter les privations et les peines de la captivité. Sa faible santé et les maux d'estomac qu'elle endurait depuis longtemps déjà auraient eu bientôt terminé ses souffrances; une sainte mort, digne des anciens confesseurs de la foi, aurait couronné sa généreuse vie, comme il arriva pour plusieurs de ses sœurs, qui terminèrent leur carrière dans cette maison de détention. Mais Dieu ne le voulait pas : c'était trop tôt, selon les vues de la Providence, qui avait d'autres desseins. Aussi la Providence la garda.

Un jour que les émissaires du Comité de sûreté générale avaient cerné la maison où elle se trouvait, madame de Lézeau se crut, malgré son sang-froid et sa présence d'esprit, inévitablement découverte. Déjà elle se résignait à son sort; en ces temps malheureux on ne tenait plus à la vie, et elle se réjouissait de la pensée qu'au moins sa mère était en lieu sûr. Cependant elle voulut essayer de fuir, et, s'esquivant par un étroit passage, elle parvint à une porte de derrière, qui pouvait la mettre en sûreté si elle la franchissait sans être vue. Elle ouvre rapidement et sans bruit cette porte de salut; mais un homme, appuyé sur son fusil de munition armé de sa baïonnette, était en travers, l'oreille attentive au bruit de la serrure et au grincement des gonds.

Madame de Lézeau effrayée, et se croyant perdue, fit un pas en arrière, et allait refermer vivement la porte, quand cet homme lui dit à demi-voix, mais d'un ton clairement accentué : « Passez ! sauvez-vous ! »

Madame de Lézeau ne pouvait croire à ce qu'elle entendait. Un mouvement d'hésitation la retint sur le seuil de la porte entr'ouverte : elle n'osait avancer et ne savait s'il fallait reculer. Pendant ce court instant, qui ne fut que de quelques imperceptibles secondes, ses grands yeux bleus, aussi persuasifs que bons et pénétrants, étaient fixés sur ce soldat républicain qui exposait sa vie en lui conservant la liberté. Elle semblait l'interroger du regard avec un sourire de doute, et lui demander, par ce muet langage de la physionomie, souvent si expressif, si ce n'était pas une amère plaisanterie qu'il voulait lui faire, pour se jouer de son malheur. Cet homme comprit et répondit au regard interrogateur de la fugitive, dont il tenait la liberté et la vie entre ses mains, en lui disant, dans son rude et grossier langage : « Passe et cache-toi, tu es trop belle pour être mise en prison ! » Involontaire hommage, rendu par la grossièreté brutale à la noblesse et à la vertu, dont le rayonnement brillait dans le regard et sur le beau visage de madame de Lézeau : cet homme, venu pour la saisir, avait été subjugué et lui sauvait la vie ! Madame de Lézeau franchit le seuil de la porte ; d'une rapide parole et d'un regard, elle remercia son libérateur. Un instant après, elle était à l'abri des recherches, qui restèrent inutiles ; elle était sauvée et rendait grâces à Dieu, qui sait, quand il le veut, adoucir les cœurs les plus féroces et sauver ce qui était perdu.

Peu de jours après cette providentielle préservation, madame de Lézeau quittait Rouen pour venir se réfugier à Paris, où, plus que partout, régnait la terreur, mais où elle espérait vivre plus facilement ignorée et inconnue. Elle avait, sous un nom supposé, arrêté une place à la voiture qui faisait, avec la lenteur des véhicules d'alors, aujourd'hui devenue proverbiale, le trajet de la capitale de la Normandie à Paris. Les voyageurs étaient réunis dans la cour du bureau de la lente et lourde voiture, qui ne s'appelait pas encore une diligence ; ce nom, dû au progrès moderne, n'était pas alors connu. Chacun se préparait à occuper sa place retenue à l'avance. Le conducteur vint, au moment du départ, faire, comme d'ordinaire, l'appel des voyageurs, avec l'autorité et l'emphase d'un homme qui sent toute son importance, et qui comprend que le sort et le bien-être de plusieurs vont dépendre de lui.

Tout était cause d'inquiétude en ces jours de terreur et d'effroi ; on vivait partout dans une perpétuelle défiance, chacun aspirait à rester inconnu, à passer sans être remarqué. Aussi l'appel se faisait rapidement et sans commentaires : chacun prenait à la hâte, et sans faire de réclamations, la place qui lui était indiquée.

Le conducteur appela à son tour madame de Lézeau, et, la voyant s'avancer grave et digne, comme toujours, il lui dit qu'assurément elle était une aristocrate, qu'il suffisait de la voir pour en être certain, mais qu'à Paris on tranchait la tête aux gens de sa sorte. Puis, avec un rire grossier, qu'il cherchait vainement à rendre jovial, il lui proposa de se faire passer pour sa femme et lui promit, à cette condition, de la protéger pendant le voyage.

Madame de Lézeau, d'ordinaire si calme, se sentit, à ces mots inattendus, saisie d'une vive indignation. Son émotion fut telle, qu'elle oublia toutes les bornes de la prudence. D'un geste de commandement, où se retrouvait toute la fierté de sa vieille race, elle imposa silence à l'insolent voiturier, et, d'un ton qui rendait la réplique impossible, elle lui dit qu'elle était, en effet, aristocrate comme il le pensait et, de plus, religieuse, mais qu'elle préférait la mort à la honte de passer un seul instant pour sa femme.

Les voyageurs stupéfaits écoutaient en silence, et semblaient se demander avec effroi quelle était cette personne étrange qui se dénonçait ainsi elle-même, comme pour en finir plus promptement avec la vie. Quant au conducteur, frappé d'étonnement par cette réponse et par l'énergie qui l'inspirait, il salua respectueusement, balbutia quelques mots d'excuses, aida madame de Lézeau à prendre sa place, et, peu après, la voiture partit.

Le voyage s'effectua sans difficultés, et le conducteur fut, tout le temps, plein de respect et de convenance : tant il est vrai que la fermeté commande et impose presque toujours le respect, même à ceux qui sont incapables de comprendre les nobles sentiments !

CHAPITRE V

Époque de la Terreur. — Madame de Lézeau se fixe à Paris. — Elle y rencontre le vénérable abbé Duvey. — Le général Ango de Flers, commandant en chef l'armée des Pyrénées-Orientales. — Son arrestation. — Il est mis à mort. — Dévouement de son frère. — M. Lefèvre d'Ormesson est aussi condamné à mort. — Quelques détails sur la dure captivité des religieuses de la Visitation. — Un confesseur de la foi à Rouen. — Madame de Lézeau passe les mauvais jours à Paris. — La Providence veille sur elle. — Retour de temps meilleurs. — Charité de madame de Lézeau. — Filature de la rue des Saints-Pères.

Madame de Lézeau, à son arrivée à Paris, se fixa dans une maison de l'ancienne rue des Saints-Pères, portant le numéro 52, et précédemment appelée le petit hôtel de Pont. Cette maison appartenait à une famille de ce nom, qui était de Normandie, et que connaissait madame de Lézeau.

Un bon prêtre du diocèse de Rouen, homme simple et pieux, y habitait. C'était M. l'abbé Duvey, curé de la paroisse de Pont; chassé par la persécution, de son presbytère et des lieux qu'il avait longtemps évangélisés et édifiés par ses vertus, il était venu à Paris pour s'y dérober aux recherches, et avait trouvé refuge dans la demeure des anciens seigneurs de son village. Là, il était parvenu à vivre inconnu, et continuait à faire le bien, comme autrefois en des jours plus prospères. La France, par un bouleversement qui n'eut jamais son pareil chez aucune nation, était devenue un pays sans religion. La prière était un crime, la croix un signe de trahison ; partout, le silence, la solitude et le deuil régnaient dans les églises dévastées ; ce n'était plus qu'au péril de sa vie, qu'un prêtre pouvait baptiser les nouveau-nés, ou fortifier des derniers sacrements le mourant près de descendre dans la tombe. On était condamné à entrer dans la vie sans Dieu, à mourir sans espérance. On aurait voulu arracher au peuple le dernier vestige de la foi, lui persuader que la vie est un jour sans lendemain, et la mort un sommeil éternel ; mais, tandis que la guillotine tranchait les têtes pour établir le règne de ces idées ; tandis que les prisons regorgeaient de captifs, soupçonnés de ne pas s'y soumettre, un grand nombre de prêtres fidèles, apôtres de ces jours de malheur, protégés par l'amitié, ou cachés par la piété, exerçaient encore leur ministère sacré entre la prison et l'échafaud, et la foi restait au cœur de la France.

M. l'abbé Duvey était du nombre de ces prêtres généreux : il confessait, il administrait les sacrements ; et dans une chambre du petit hôtel de Pont, il célébrait, aussi souvent que possible, le saint sacrifice, exposant ainsi chaque jour sa vie avec simplicité et sans ostentation, pour le salut du prochain et pour le bien des âmes.

Le voisinage de ce saint prêtre fut une grande consolation pour madame de Lézeau : elle se trouvait avoir, dans la maison même, malgré la terreur et la proscription, un oratoire, où elle pouvait toujours aller prier, et un tabernacle, au pied duquel elle pouvait épancher son cœur. Ce fut dans cet asile, sous la protection de la Providence qui veillait sur elle, que madame de Lézeau passa le reste des mauvais jours de la révolution.

Cependant à Paris, la terreur était à son comble, ainsi que dans la plupart des villes de France. Les malheurs et la persécution avaient, de mois en mois, grossi et monté comme les flots en un jour de naufrage. Nul ne pourra jamais dire tout ce qu'il y eut d'inquiétudes, d'angoisses et de douleurs, dans le printemps et les premiers mois d'été de cette année 1794. On ne vivait plus que sous le coup d'une mort imminente. Les beaux jours semblaient trop longs aux malheureux, qui leur préféraient les ténèbres de la nuit, pour échapper plus facilement aux impitoyables pourvoyeurs des prisons et de l'échafaud. Nulle part ne se trouvait la sécurité. Des cachettes, pratiquées dans les profondeurs des caves ou dans l'épaisseur des murs, servaient de retraite aux suspects, et tandis que madame de Lézeau échappait sous l'aile de la Providence à la mort qui menaçait tout le monde, un membre de sa famille tombait victime des sanglantes hécatombes de la terreur. Ce fut le général Louis-Charles de la Motte-Ango, vicomte de Flers.

On arrête volontiers son regard, en ces jours de désolation, sur ces jeunes armées républicaines, où semblait s'être réfugié l'honneur de la France. Tout manquait à ces soldats généreux qui, sans vêtements, sans souliers, et quelquefois sans pain, forts de leur patriotisme, défendaient les frontières par des prodiges de valeur. Le Rhin, les Alpes, la Méditerranée, les bords de l'Océan retentissaient de leurs exploits.

Le général de Flers commandait une des armées de la République dans les Pyrénées-Orientales, et résistait aux Espagnols. Il avait à peine trente-huit ans ; ses grades avaient été rapidement conquis dans les brillantes campagnes des armées du Nord. Mais, rien en ces jours n'était sacré, pas même la gloire. Le général de Flers fut accusé d'incivisme, déclaré suspect, et destitué par le représentant du peuple, délégué de la Convention à l'armée des Pyrénées-Orientales. D'abord mis en prison, le général fut ensuite conduit à Paris pour y être jugé ; mais il n'y avait plus alors de jugements : les tribunaux ne savaient prononcer que des condamnations. Le vicomte de Flers fut incarcéré au Luxembourg ; et, bientôt après, il fut condamné à mort, comme ayant pris part à une conspiration, ourdie dans les prisons contre la sécurité du gouvernement et la vie de Robespierre. Cette conspiration fut une affreuse invention, au moyen de laquelle d'infâmes délateurs, accoutumés au mensonge, prêtaient aux détenus des projets d'évasion, les chargeant au gré de leur caprice des accusations les plus invraisemblables. Cela suffisait au tribunal, qui condamnait toujours. Les preuves étaient inutiles.

Le vicomte de Flers, âgé de trente-huit ans, ex-noble, ex-général en chef de l'armée des Pyrénées, fut donc accusé de s'être déclaré l'ennemi du peuple, en participant aux complots de la maison d'arrêt du Luxembourg, en entretenant des intelligences avec les ennemis de l'État, en participant aux crimes du tyran, en obtempérant aux ordres du tyran de Prusse, en violant la souveraineté du peuple, et comme tel condamné à la peine de mort. (Ces lignes sont extraites du *Moniteur* de l'époque, rapportant la condamnation des accusés du 4 thermidor.)

Pas une des accusations portées contre le général de Flers n'était prouvée, mais il importait peu au tribunal révolutionnaire, tribunal d'assassins, qui voulait tuer, et qui tuait, sans preuve, sans discussion, sans examen, s'appuyant sur des accusations évidemment fausses, sur des faits impossibles.

Le général de Flers avait, on ne sait comment, ce

jour-là même du 4 thermidor, trouvé le moyen de faire prévenir son frère, l'abbé de Flers, qui devait, lorsque la révolution vint tout renverser, faire partie du chapitre noble de la cathédrale de Lyon ; et qui vivait caché à Paris, sous le coup de la mort, comme tous les prêtres non assermentés. L'abbé de Flers, au risque de sa vie, se rendit à la prison pour tenter de voir une dernière fois son frère. Il voulait, sans doute, lui procurer la consolation de recevoir à sa dernière heure, en même temps que l'embrassement d'un frère, cette bénédiction suprême, cette absolution sainte, que, seul, le prêtre catholique peut faire descendre du ciel sur une âme, au moment où elle entre dans son éternité. Cette joie d'un dernier adieu en présence de la mort fut refusée aux deux frères : quand l'abbé de Flers arriva, le général était parti pour l'échafaud.

Un autre parent de madame de Lézeau, à un degré il est vrai, plus éloigné que le général de Flers, perdit comme lui la vie sur l'échafaud pendant la terreur. Anne-Louis-François-de-Paule Lefèvre d'Ormesson, conseiller au parlement, puis président, bibliothécaire du roi, député aux états généraux de 1789 par la noblesse de Paris, fut arrêté en 1793, et condamné à mort, le 20 avril 1794, trois mois avant le général de Flers. La famille Lefèvre d'Ormesson et la famille Ango de Lézeau étaient alliées depuis 1655. C'était par les d'Ormesson que la famille de Lézeau comptait saint François de Paule parmi ses ancêtres[1].

Peu de jours après la mort du général de Flers, Robespierre tombait lui-même sous le poids de ses forfaits. Ses collègues de la Convention, épouvantés de son audace, et menacés par son ambition féroce, le précipitèrent sous la hache qu'il tenait levée contre la société entière, et la France respira. La nouvelle inattendue de cette mort se répandit rapidement, et alla chasser le désespoir des prisons. Elle parvint bien vite jusqu'à Rouen, et pénétra comme un rayon d'espérance au monastère, ou pour mieux dire, à la prison de Sainte-Marie.

Il ne faudrait pas croire cependant que les verrous tombèrent, et que les portes s'ouvrirent devant les détenus, aussitôt après la révolution du 9 thermidor. La terreur eut encore ses partisans et même ses solennités : les restes de Marat furent triomphalement portés au Panthéon ; aucune des lois contre les prêtres ne fut abrogée, on continua même à agir contre eux avec autant de rigueur que par le passé, et Rouen, où rarement l'échafaud s'était dressé durant les plus mauvais jours, vit couler le sang d'un confesseur de

---

[1] On peut voir aux Pièces justificatives quelques intéressants détails sur la séance dans laquelle le tribunal révolutionnaire condamna à mort le vicomte de Flers, en même temps que la maréchale de Noailles, la duchesse d'Ayen, la vicomtesse de Noailles et une quarantaine d'autres accusés. (Note J.)

la foi. Un prêtre vénérable, l'abbé d'Anfernet de Bures fut condamné à mort par le tribunal révolutionnaire de cette ville sous la pression du représentant du peuple, délégué par la Convention, et fut exécuté sur la place publique, le 7 du mois de septembre. Le délégué de la Convention, principal auteur de cet homicide sacrilége, portait le nom de Sautereau, et était député de la Nièvre; son souvenir se conserve encore avec exécration parmi le peuple de Rouen.

L'abbé d'Anfernet de Bures était issu d'une des plus anciennes familles de Normandie. Il fut arrêté le 3 septembre 1794, et condamné par le tribunal révolutionnaire, pour avoir refusé le serment à la constitution civile du clergé, et pour avoir exercé le saint ministère, malgré les lois de la République.

Son jugement fut rendu un dimanche vers dix heures, moment où d'ordinaire ce bon prêtre avait coutume d'offrir le saint sacrifice. Son Dieu souvent s'était offert en victime par ses mains; à son tour, il allait offrir à son Dieu le sacrifice de sa vie. La sentence fut exécutée le jour même. Dans le cours de son interrogatoire, l'abbé d'Anfernet avait dit à ses accusateurs qu'il avait vécu, et qu'il voulait mourir en prêtre; il tint parole. La foule, émue et silencieuse, fut frappée et saisie d'admiration par son grand air de dignité et de recueillement, tandis qu'il se rendait au lieu de l'exécution. Il était monté sur une charrette où il était debout, pâle, mais le visage illuminé du sourire de la foi. Il tenait entre ses mains un crucifix, et sur son passage, beaucoup de personnes pleuraient.

Il monta à l'échafaud d'un pas ferme, dit son historien, le visage serein, les yeux au ciel, comme les martyrs s'avançaient autrefois dans l'amphithéâtre, puis il se livra en silence aux exécuteurs, humble et doux devant la mort comme il l'avait été dans la vie.

Le sang de ce généreux confesseur de la foi devait être le dernier versé à Rouen, et ferma pour cette ville l'ère de la terreur. Mais cette exécution n'en renouvela pas moins toutes les anxiétés des captives de la prison Sainte-Marie. Elles crurent que les mauvais jours allaient revenir. On était habitué depuis longtemps à se voir trompé dans toutes ses espérances, on ne comptait plus sur rien de prospère ; on ne croyait plus qu'au malheur. Ces craintes, cependant, ne se réalisèrent heureusement pas : les anciennes sœurs de madame de Lézeau virent, quatre mois plus tard, cesser leur réclusion. Elle avait duré neuf mois, pendant lesquels plusieurs étaient mortes de misère. Ce temps de douleur avait été, pour les survivantes, un véritable triomphe de religieuse et sainte résignation. Elles en étaient venues, par leur inaltérable patience, jusqu'à adoucir leur impitoyable gardienne. Françoise la geôlière, ne pouvant toujours s'irriter contre des femmes qui n'avaient que des paroles de mansuétude, prit le parti de les admirer et presque de les aimer.

Un jour que des bruits alarmants s'étaient répandus, et qu'on craignait une tentative d'émeute contre la prison, et peut-être de massacre, Françoise montra à la Mère de la Haye et à ses sœurs le lieu où elle tenait cachée la clef d'une porte de derrière, par laquelle elles pourraient fuir au moment du danger. Une autre fois on vint au milieu de la nuit frapper à la porte de la prison. C'étaient des hommes de la police, conduisant des femmes reprises de justice, et arrêtées dans la rue. La geôlière répondit, sans ouvrir, qu'il n'y avait pas de place; comme on frappait encore, elle protesta qu'elle n'ouvrirait pas; enfin, pressée d'instances et d'invectives, elle cria au travers de son guichet entr'ouvert qu'on eût à s'en aller et à bien savoir qu'il ne pouvait y avoir de place pour des femmes de cette sorte, avec les saintes dont elle était gardienne.

Ce fut le 26 nivôse an III, 16 janvier 1795, que fut signifiée aux détenues du couvent Sainte-Marie leur mise en liberté.

La Mère de la Haye et quelques-unes de ses compagnes manquant de tout, et n'ayant pas d'asile où se retirer, obtinrent comme une faveur, de prolonger quelque temps encore leur séjour dans ce lieu de détention, témoin depuis dix mois de leur patience et de leurs douleurs. Aussitôt qu'elles le purent cependant, elles quittèrent leur prison, et alors eut lieu la seconde et définitive dispersion des religieuses du premier monastère de la Visitation. Madame de Belloy, la dernière Supérieure, habitait, dans les environs de Rouen, la maison d'un cultivateur, frère d'une sœur converse. La Mère de la Haye était épuisée par ses épreuves, et devait mourir peu après sa captivité. Des religieuses passèrent en Espagne, d'autres en Angleterre, une en Suisse, d'où elle fut rappelée plusieurs années après, par l'évêque de Dijon, son oncle, pour rétablir dans la capitale de la Bourgogne, berceau de sainte Chantal, un monastère de son ordre. Enfin madame de Lézeau était à Paris, où elle commençait à répandre autour d'elle les bonnes œuvres, malgré la rigueur des temps, qui ne devaient que plus tard accorder pleine liberté à son zèle et à sa charité.

La vénérable Mère de la Haye, l'ancienne et vigilante économe du monastère de la Visitation, la première Supérieure de madame de Lézeau, resta, à sa sortie de prison comme à sa sortie du couvent, entourée de plusieurs de ses sœurs; ces fidèles compagnes ne voulurent pas la quitter jusqu'à sa dernière heure qui, du reste, approchait à grands pas. Ses forces étaient épuisées par les souffrances de la captivité, et par le chagrin que lui causaient les malheurs de l'Église et de la France, plus que par le nombre de ses années. Le terme de l'exil et la fin des douleurs allaient donc bientôt venir pour elle.

A la fin de l'hiver 1795, elle tomba gravement malade, et sentit que son heure était proche. Elle eut, pendant cette dernière maladie, le bonheur d'être visitée par un prêtre, comme Rouen en possédait un grand nombre. Ce généreux confesseur de la foi, resté fidèle pendant les plus mauvais jours, exerçait, malgré la rigueur des lois, le saint ministère pour le bien des âmes. La vénérable Mère put ainsi recevoir plusieurs fois les sacrements qui électrisaient son courage et portaient jusqu'au Ciel ses espérances. Elle bénissait Dieu d'avoir été trouvée digne de souffrir, et de devenir ainsi conforme au Sauveur crucifié.

Quand l'heure suprême fut proche, le prêtre lui apporta une dernière fois le viatique, et de plus, l'huile sainte des mourants; mais grande fut alors l'anxiété des religieuses dévouées, qui se pressaient autour de leur vénérée Mère, en l'entourant des soins de leur tendresse filiale : un pénible et délirant sommeil s'était emparé d'elle. Plongée comme dans une profonde léthargie qui lui enlevait le sentiment, et dont rien ne pouvait la tirer, elle répétait, avec une voix entrecoupée par le râle de la mort, les prières et les psaumes de son office. Quand ses sœurs lui disaient : « Mère, vous vous fatiguez... reposez-vous!... » si, avec beaucoup de peine, elles parvenaient à se faire entendre, la pauvre malade, sans ouvrir les yeux, sans sortir de son sommeil, leur répondait : « Une bonne religieuse ne se repose qu'au Ciel ! » Et elle continuait ses prières et la récitation des psaumes avec un accent et une fatigue qui navraient à entendre.

Cependant le prêtre était à peu de distance, portant caché sous ses vêtements le Dieu de l'Eucharistie ; déjà ses pas retentissaient à la porte, et les religieuses se demandaient si leur Mère pourrait recevoir cette visite de divine consolation. L'une d'elles alors, se penchant vers le lit de la mourante, prit sa main, et la serrant doucement, elle prononça tout bas deux mots, qui semblèrent opérer un prodige : « Mère, lui dit-elle, voici le doux Jésus qui vient ! » et aussitôt, comme si elle n'avait pas été à l'article de la mort, avec la même énergie et la même promptitude qu'autrefois aux jours de sa jeunesse, quand la cloche du monastère sonnait l'heure du réveil, la Mère de la Haye se souleva sur sa couche de douleurs, où depuis longtemps elle ne pouvait plus remuer sans l'aide de ses sœurs ; et, adorant son Sauveur, elle dit avec l'accent de la foi la plus vive : « *Dominus meus et Deus meus !* Vous êtes mon Seigneur et mon Dieu ! »

A partir de ce moment, ayant recouvré toute la présence de son esprit, la bienheureuse malade s'unit à toutes les prières du prêtre, puis elle communia et reçut l'extrême-onction, non-seulement avec toute la plénitude de son intelligence, mais encore avec la dévotion la plus tendre : la présence de son Dieu l'avait comme ressuscitée. « C'était beau, c'était imposant, dit dans son simple récit, la religieuse de la Visitation, témoin de cette fin de prédestinée, et qui en a conservé les détails : on voyait que c'était une sainte qui allait passer à son Dieu. »

Après avoir reçu les sacrements, la Mère de la Haye remercia avec effusion le prêtre qui les lui avait apportés, promit de prier pour lui, et fit dans un profond et immobile silence, une longue action de grâces. Après, elle retomba dans son pénible sommeil ; puis bientôt, sans combat, sans agonie, elle rendit le dernier soupir et mourut, comme la lampe du sanctuaire, qui, après avoir longtemps brûlé devant le tabernacle, s'éteint dans le silence de la nuit.

Ce fut ainsi que la première Supérieure de madame de Lézeau termina sa carrière : c'était le 31 mars 1795 ; cette vénérable Mère avait alors soixante et douze ans d'âge, et cinquante moins un mois de profession religieuse, dont six avaient été passés dans la persécution, la misère et la captivité.

Qui pourra redire jamais ce qu'éprouve une âme prédestinée, au sortir de la vie, quand elle entrevoit après les jours pénibles de son pèlerinage, le Ciel, désormais sa patrie, et Dieu, son éternelle récompense? Tel un captif, en touchant le sol de sa patrie, en respirant l'air de la liberté, oublie les maux de son esclavage, et laisse sans regret sur la rive, la barque à demi brisée par la tempête et les écueils, qui lui a servi à fuir loin des rivages de la captivité : ainsi, laissant sans regret son corps usé par les souffrances et brisé par la mort, l'âme de la vénérable Mère de la Haye dut s'élancer dans le sein de son Dieu. Elle avait été humble et pieuse dans sa vie religieuse; ferme, courageuse, intrépide en présence du danger, douce, patiente, résignée dans les épreuves, et souriante devant la mort. Oh ! combien triomphante et joyeuse ne dut pas être l'acclamation des anges venant à sa rencontre, lui disant comme à une sœur depuis longtemps connue et aimée : Venez, fidèle épouse du Christ, recevez la couronne que Dieu vous a préparée de toute éternité! Et, ce jour-là, fut encore une fois vérifiée la parole évangélique, qui nous assure que tous les maux d'ici-bas ne sont rien en comparaison de la gloire et du bonheur que Dieu réserve à ses élus.

Cependant, tandis que la Mère de la Haye s'en allait recevoir au Ciel la récompense de ses vertus, et pendant que madame de Lézeau commençait la vie de bonnes œuvres et de charité qui devait, après de longs travaux, aboutir au même triomphe, la Convention approchait du moment où elle devait se séparer. Cette terrible assemblée, qui avait fait périr tant de monde, et qui s'était décimée de ses propres mains, voulut, avant de se dissoudre, adoucir son gouvernement. Elle prononça l'abolition de la peine de mort à partir de la paix générale ; mais elle laissa suspendue sur la tête des prêtres fidèles toute la colère et toute la vengeance de ses lois les plus dures. Le pouvoir qui succéda à la Convention, le Directoire, hérita de ses idées, et essaya même d'une recrudescence de persécution contre les prêtres insermentés. M. l'abbé Duvey, caché sous l'habit laïque, continua cependant à exercer en secret le saint ministère. Il ne fut pas inquiété, et madame de Lézeau put continuer à jouir en paix du petit oratoire, connu seulement de quelques amis, où le bon prêtre offrait toujours, aussi régulièrement que possible, le saint sacrifice.

Le moment approchait où bientôt une ère nouvelle allait commencer pour la France. Pendant les troubles de la Révolution, un jeune général avait grandi sous la main de la Providence. Sa renommée avait commencé à Toulon, la gloire l'avait accompagné dans sa campagne d'Italie. Son génie l'avait ensuite conduit en Égypte, où il rêvait peut-être de ressusciter un empire d'Orient. Là, il avait combattu au pied des Pyramides et du Thabor ; il avait parcouru les anciens champs de bataille des conquérants dont l'antiquité a conservé les noms. Il avait foulé la terre de Sésostris et d'Alexandre, parcouru la Judée et la Syrie, ces lieux sanctifiés par le Sauveur et sa Mère, ces contrées arrosées du sang des croisés. Partout il avait été vainqueur ; la peste seule avait pu arrêter son armée, sans arrêter son génie, et il n'avait pas craint ses coups plus que ceux de la mitraille. Il se sentait l'homme de la destinée, ou, pour parler un langage plus chrétien, l'homme de la Providence. Ce général, c'était Napoléon Bonaparte, qui, après avoir traversé la Méditerranée, sillonnée par les escadres anglaises, revenait à Paris au mois d'octobre 1799, pour y changer le gouvernement de la France et la situation de l'Europe ; pour y clore le dix-huitième siècle et en commencer un autre.

Quand Napoléon parvint au pouvoir, la France était dépouillée de ses plus glorieuses conquêtes, repoussée sur ses frontières et menacée de la plus formidable coalition. Tout changea bien vite devant le génie du Premier consul, la victoire revint sous les drapeaux de la France, et il se fit, dans les affaires de l'État une véritable résurrection administrative et législative. Les prêtres ne furent plus persécutés, les inscriptions païennes qui déshonoraient les portiques des églises furent effacées, et, le 25 décembre de l'année 1800, les fêtes de Noël furent solennellement célébrées à Rouen par un prêtre catholique non assermenté, dans la chapelle de l'ancien couvent des religieuses anglaises, dites de Gravelines, qui avait été une prison durant la Terreur [1].

La liberté des cultes était déjà un bien inappré-

---

[1] Ce couvent est aujourd'hui occupé par les religieuses du premier monastère de la Visitation.

ciable après les mauvais jours que l'on venait de traverser, mais elle ne suffisait pas au génie de Napoléon. Il sentait la nécessité de rendre à la France son culte et ses églises, depuis si longtemps fermées et déshonorées. C'était une belle pensée à la fois catholique et française. Elle rencontra des difficultés, mais la grandeur de l'idée triompha des obstacles. Le 15 août 1801, jour de l'Assomption de la Très-Sainte Vierge, le Concordat, d'abord signé à Paris, fut ratifié à Rome. Enfin, le jour de Pâques 1802, l'Église de France put, après dix années d'une effroyable persécution, célébrer sa propre résurrection en même temps que celle du Sauveur. Le Concordat fut proclamé à Notre-Dame de Paris. Vingt évêques, nouvellement élus, assistaient à cette solennité ; parmi eux on remarquait Mgr de Belloy, vieillard vénérable de quatre-vingt-douze ans, ancien évêque de Marseille, et oncle de madame de Belloy, supérieure du premier monastère de la Visitation de Rouen. Comme sa nièce, il avait passé les mauvais jours caché en Normandie. Mgr de Belloy avait été promu à l'archevêché de Paris, et il était déjà entouré de la vénération de ses nouveaux diocésains.

Le Concordat changea la face de la France ; les Églises sortirent de leurs ruines ; les prêtres fidèles, jusque-là exilés, déportés, emprisonnés, reparurent plus fidèles encore ; les institutions de bienfaisance ne tardèrent pas à renaître; la Sœur de Charité retourna à ses malades, le frère d'école à ses enfants, et madame de Lézeau se vit portée par la main de la Providence à la tête d'un grand établissement, destiné à réparer, dans de nombreuses familles, les malheurs des années écoulées, en donnant à leurs enfants du travail, des vêtements, du pain, et surtout une éducation chrétienne.

Cet établissement était situé rue des Saints-Pères, non loin du domicile de madame de Lézeau. C'était une filature où étaient occupés de jeunes enfants, en nombre considérable, tant filles que garçons, sous le patronage d'une société de bienfaisance, dirigée par le maire du dixième arrondissement. Il fallait à ces enfants une direction maternelle et chrétienne; madame de Lézeau fut leur mère; M. l'abbé Duvey leur instituteur et leur aumônier. Madame de Lézeau soutenait l'établissement par des aumônes. Elle était sans fortune : la révolution n'avait laissé à sa famille, comme à beaucoup d'autres, que les ruines de son ancienne splendeur, mais le peu qu'elle avait se multipliait entre ses mains par sa charité et son industrie. Quand elle n'avait plus, elle demandait, et était sûre de recevoir toujours.

Là ne se bornaient pas ses bonnes œuvres. Dans ces années qui suivirent la Révolution, on rencontrait à chaque pas de nobles infortunes, des grands noms réduits à la pauvreté et cachant leur misère. Madame de Lézeau avait pour ces sortes d'indigences le culte du respect. Pour elles plus que jamais sa charité savait se multiplier, afin de les secourir. Elle conserva ces sentiments jusqu'à ses derniers jours; et, parvenue au terme de sa longue carrière, elle envoyait encore secrètement avec la délicatesse la plus exquise, des sommes relativement considérables à d'anciennes familles ruinées. Des dames charitables, distinguées dans la société, l'aidèrent puissamment au commencement de ses bonnes œuvres, soit en partageant son zèle, soit en la soutenant de leurs offrandes. Telles étaient mesdames de Saisseval, de Rougé, madame d'Ormesson sa parente, madame du Gravier, son amie, et beaucoup d'autres encore.

A ce zèle de charité, madame de Lézeau en joignait un autre : le zèle pour tout ce qui tenait à la religion et au culte : sa paroisse la compta dans toutes ses bonnes œuvres. Madame de Lézeau rêvait même en secret, dès ces premiers temps qui suivirent le Concordat, à la possibilité de fonder à Paris un couvent de son ordre; de nombreuses raisons s'y opposèrent.

L'une de ces raisons, mais non la plus sérieuse, était sa santé. Ses forces chancelantes dès son expulsion du monastère de la Visitation, étaient désormais pour le reste de ses jours, si affaiblies et si délabrées, que la prudence semblait devoir lui interdire absolument les rigueurs de la vie cloîtrée; c'était là un premier obstacle. Le second était l'établissement de charité dont elle s'était constituée la mère, et qui grandissait, prospérait, et lui faisait entrevoir de grands et beaux résultats pour la gloire de Dieu, le bien des âmes et le soulagement du pauvre et de l'orphelin. Le troisième empêchement se rencontrait dans les difficultés que trouvaient encore les congrégations religieuses à reprendre leur règle, leur clôture, leur costume. La loi, malgré le Concordat, ne les approuvait pas encore. Ce ne fut que plusieurs années plus tard, que les religieuses hospitalières purent se reconstituer selon leurs anciennes règles sous le patronage de la mère du Premier consul, devenu Empereur.

Madame de Lézeau dut donc se résigner, renoncer à la pensée de fonder un Couvent de la Visitation, et se laisser conduire par la Providence. Elle fit bien d'agir ainsi. La Providence, qui avait veillé sur elle durant les mauvais jours, lui réservait pour des temps plus heureux et rapprochés, une œuvre dont les résultats devaient être tout aussi chers à Dieu, et bien plus vastes que n'auraient été ceux provenant de l'établissement d'un Couvent de la Visitation.

Quelques années devaient s'écouler encore, avant l'heure marquée par cette Providence qui conduit toutes choses, et se passer, pour madame de Lézeau, dans la pratique de toutes sortes de bonnes œuvres. C'était une dernière préparation que Dieu voulait après la persécution, pour mûrir celle qu'il avait choisie. C'est ainsi qu'en automne, après les soleils brûlants de l'été, il y a des jours où la chaleur plus tiède se mêle à la fraîcheur et au calme des nuits plus longues, pour donner aux fruits de l'arrière-saison, leur dernier développement, leur parfaite saveur et leur complète beauté. Madame de Lézeau resta donc directrice de son établissement de bienfaisance, mère des orphelins qui le composaient, se contentant de hâter par ses vœux et ses prières l'heure de la Providence, qui ne devait pas tarder.

CHAPITRE VI

Les Orphelins de la Mère de Dieu. — Fondation de cette œuvre par M. Olier en 1648. — Son histoire. — Elle fait le bien pendant un siècle et demi dans la paroisse de Saint-Sulpice. — L'Œuvre de la Mère de Dieu traverse la révolution de 93, et n'est dissoute que sous le Directoire. — Madame de Lézeau est mise en rapport avec la Supérieure de cette œuvre. — Elle l'assiste dans sa dernière maladie. — Elle reçoit son dernier soupir. — Elle adopte ses sœurs. — L'Œuvre de la Mère de Dieu va renaître et devenir une congrégation nouvelle, dont madame de Lézeau sera la fondatrice.

Il faut suspendre ici pour un moment l'histoire de la vie et le récit des bonnes œuvres de madame de Lézeau, et se transporter d'un siècle et demi dans le passé, pour parcourir avec quelques détails certains faits historiques, d'un haut intérêt pour la *Congrégation de la Mère de Dieu*. Bientôt madame de Lézeau consacrera sa vie entière à cette congrégation, avec une persistance et un courage dignes d'une héroïne, avec un dévouement, une patience et une abnégation dignes d'une sainte : il est donc nécessaire de bien en connaître l'origine, les développements et l'histoire.

Vers le milieu du dix-septième siècle, la paroisse de Saint-Sulpice, à Paris, avait pour pasteur un homme d'un grand caractère et d'une grande charité, dont le nom est resté célèbre dans les annales du clergé de France. C'était M. Olier, le fondateur de l'église et du séminaire de Saint-Sulpice, qui redisent encore, après plus de deux siècles écoulés, ce que peuvent, dans un cœur d'apôtre, le zèle pour les âmes et l'amour de Jésus-Christ.

Les grandes œuvres qui remplirent la vie de M. Olier n'absorbèrent pas cependant toutes ses sollicitudes : pendant les dix années trop courtes de son ministère, il n'y eut dans sa paroisse aucune misère qui lui restât étrangère. Il établit sur des bases durables plusieurs institutions de charité, destinées à secourir les pauvres, à visiter les malades et à catéchiser les enfants ignorants et délaissés. La contradiction ne lui manqua pas dans ses entreprises charitables : elle manque rarement aux œuvres de Dieu. Mais après la foi, l'espérance et la charité, fondements de toute justice, la force et la patience ont toujours été la vertu des saints, et M. Olier ne se laissa rebuter par aucune difficulté.

En 1648, touché de compassion sur le sort malheureux des enfants orphelins que la mort de leurs parents laissait sans ressources, il en réunit plusieurs dans une maison qu'il avait préparée pour eux. Il commença par recueillir les garçons. Il leur procurait, avec une éducation chrétienne, d'utiles états qui pussent fournir à leur existence; et, quand ils devaient quitter l'asile où sa charité leur avait donné les premiers soins, il veillait à ce qu'ils fussent placés, selon les goûts et les aptitudes de chacun, chez des maîtres dont il connaissait la religion et la probité.

En 1649, la misère fut extrême dans Paris. Le froid, la cessation du travail et du commerce, les émeutes, la guerre civile, tout contribuait à augmenter le nombre des malheureux. En temps ordinaire, M. Olier était généreux. Cet hiver, il fut, disent les historiens de sa vie, prodigue, téméraire, et, quand on lui observait qu'il passait les bornes d'une juste prudence, il répondait : « Vous n'avez pas de foi! Dieu peut-il nous manquer? »

Après ce long et douloureux hiver, M. Olier étendit aux filles orphelines le bienfait de l'asile charitable qu'il avait déjà ouvert aux garçons. Il fut aidé dans cette œuvre par madame Leschassier de l'illustre famille de Miron, mère de M. Leschassier, un des plus dévoués collaborateurs de M. Olier, et son successeur dans la charge de Supérieur du séminaire de Saint-Sulpice.

Madame Leschassier avait une charité si parfaite, que rien ne coûtait à sa vertu. Elle portait le dévouement jusqu'à faire elle-même les lits des pauvres les plus délaissés, et quelquefois les plus repoussants par leurs infirmités. Elle préparait leur nourriture, emportait leurs vieux haillons, qu'elle avait encore la force de nettoyer et de raccommoder de ses mains, dans quelque état qu'ils se trouvassent.

Dieu se plut à récompenser dès cette vie madame Leschassier, en lui donnant une fille digne d'elle, et son émule dans la grande œuvre du dévouement et de l'abnégation.

En 1646, mademoiselle Leschassier avait été recherchée en mariage par de riches partis; mais ne se sentant aucun attrait pour une vie qui fût autre qu'une vie toute à Dieu et à la charité, elle consulta M. Olier, qui était son directeur.

Ce zélé pasteur était fort opposé à la maxime, si universellement autorisée, qui prétend que la perfection n'est que pour les ecclésiastiques, ou pour les personnes consacrées à Dieu par les vœux de religion. Pensant qu'une si pernicieuse erreur ne peut venir que de l'esprit de ténèbres, il ne cessa pendant son ministère de la combattre et de s'y opposer; et, après avoir prié et imploré les lumières d'en haut, il conseilla à mademoiselle Leschassier, qui ne se sentait pas d'attrait pour la vie religieuse proprement dite, de se vouer néanmoins à Dieu, en renonçant pour toujours au mariage, et de pratiquer la vie parfaite dans le monde.

L'avenir fit voir combien il avait été inspiré de Dieu dans cette décision : mademoiselle Leschassier, après son vœu, avança d'un pas rapide dans les voies de la perfection. Elle se consacra tout entière au soulagement des malheureux, mais surtout au salut des enfants, et l'Œuvre des Orphelins, fondée par M. Olier, prit sous sa direction une extension qui lui permit de faire le plus grand bien.

Cette œuvre comprenait primitivement les enfants des deux sexes; mais elle ne tarda pas à se diviser en deux branches distinctes, et celle qui s'occupa spécialement des filles privées de leurs parents reçut le nom d'*Œuvre des Orphelines de la Mère de Dieu*.

Mademoiselle Leschassier en était le soutien et la vivante Providence; elle peut en être regardée comme la première Directrice et Supérieure. Après la mort de M. Olier, son zèle, bien loin de diminuer, lui inspira d'aller demeurer avec les pauvres orphelines dont elle était déjà la mère adoptive.

L'œuvre occupa d'abord une maison donnée par MM. de Baussancourt, hommes de foi et de piété, et paroissiens de Saint-Sulpice. Cette maison, située rue de Grenelle, devint bientôt trop étroite; les orphelines furent alors transférées rue du Petit-Bourbon, et ensuite rue du Vieux-Colombier, où l'Œuvre de la Mère de Dieu s'établit définitivement.

Les institutions fondées par les saints sont d'ordinaire animées d'un souffle de vie qui leur donne de traverser les épreuves et de résister au temps. C'est ce qui arriva pour l'Œuvre de la Mère de Dieu, fondée par M. Olier, continuée par ses successeurs, et dirigée dans ses commencements par mademoiselle Leschassier. Elle se soutint un siècle et demi ; c'est-à-dire jusqu'au moment où la révolution de 93 la renversa au milieu des débris dont le sol de la France était déjà couvert.

Mademoiselle Leschassier avait, pour la seconder dans sa tâche laborieuse et dans son dévouement, des personnes pieuses et dévouées comme elle, qui s'employaient au service des orphelines sans aucune rétribution, par amour pour Dieu seul, et en vue de cette parole du Sauveur, si consolante et si douce : « Ce que vous faites aux plus petits des miens, en vérité, je vous le dis, c'est à moi que vous le faites, et le verre d'eau que vous leur donnez en mon nom ne restera pas sans récompense. »

Les compagnes de mademoiselle Leschassier n'étaient pas des religieuses, se consacrant à Dieu par des vœux perpétuels, mais bien des personnes de piété et de vertu, ayant renoncé au mariage, à l'exemple de la directrice de l'œuvre, qu'elles nommaient leur Mère. Elles renouvelaient chaque année la promesse d'obéir à leur Supérieure, et de se dévouer au service et à l'éducation de l'enfance. Leur vêtement était noir, simple, modeste et uniforme. Il n'y avait entre elles, une fois admises dans l'œuvre, ni distinction, ni différence, quelle que pût avoir été leur condition sociale précédente. Les habitants de la grande paroisse de Saint-Sulpice les entouraient de respect, et les désignaient sous le nom de *Sœurs de la Mère de Dieu*.

Le règlement de la maison avait été rédigé par les prêtres de Saint-Sulpice, collaborateurs de M. Olier, ou par M. Olier lui-même, de concert avec mademoiselle Leschassier. Il était d'une prévoyance parfaite pour tout ce qui avait rapport à la santé, aux soins, et surtout à l'éducation et à la moralité des enfants. Les détails les plus attentifs, les plus maternels, y étaient notés. Les heures de la récréation, du travail, de la prière, sagement partagées, ne laissaient aucun moment à l'oisiveté et au désœuvrement. On y voit que la maison possédait une chapelle, sous l'invocation de la Sainte Vierge dans le mystère où l'Archange lui annonça, de la part du Très-Haut, qu'elle deviendrait Mère de Dieu. Chaque dimanche, les orphelines devaient se rendre à la paroisse, mais, durant la saison froide, de la Toussaint au mois de mars, les plus jeunes n'assistaient qu'à la messe dite à la chapelle.

Une sorte de noviciat était établi dans la maison même ; mais pour qu'une orpheline pût espérer devenir Sœur de la Mère de Dieu, il fallait qu'elle eût été d'une irréprochable conduite pendant toute la durée de son séjour dans la maison, et qu'elle fût d'une piété exemplaire.

L'éducation, quoique douce et maternelle, était ferme et justement sévère : on formait les enfants au travail. Le lever était matinal ; et souvent des charges et des emplois, qui pour un cœur égoïste et pour une âme sans énergie auraient semblé une peine, étaient à la maison de la Mère de Dieu une grande récompense. Ainsi, quand une orpheline était malade, il fallait, pour obtenir de la veiller avec la Sœur chargée du soin de l'infirmerie, l'avoir mérité de longue date, par une très-bonne conduite. Pouvait-on mieux faire que d'apprendre ainsi la charité à des orphelines, en leur accordant comme une récompense le bonheur de la pratiquer envers leurs compagnes ?

Le règlement, dans la partie qui regarde les Sœurs était, sans en avoir le nom, une sorte de règle religieuse. Il fixait les devoirs de la Supérieure, de l'économe et des maîtresses. La désignation de Sœurs y est constamment employée, et prouve que les femmes vertueuses et charitables qui, les premières, ont eu le mérite, on pourrait dire l'honneur, de se vouer aux Orphelines de la Mère de Dieu, avaient bien l'intention de vivre pieusement en communauté, et en vraies religieuses, autant qu'il leur était possible, sans prononcer de vœux.

Elles ne formulaient aucun engagement perpétuel, mais elles avaient dans le cœur la volonté d'être à Dieu, et elles le prouvaient par leurs œuvres et leur persévérance. Nous verrons bientôt comment devant la persécution elles comprendront ces engagements, et de quelle sorte elles sauront y rester fidèles. La terreur de 93 ne leur fera pas abandonner leurs orphelines; et quand, suspectes d'avoir donné refuge à des prêtres poursuivis par la Révolution, elles seront chassées de leur asile, elles emporteront comme un trésor, comme un titre de famille, comme un héritage sacré, ce règlement des jours de paix et de prospérité, durant lesquels le nom de la Mère de Dieu avait été l'espérance, la consolation et le refuge de l'orphelin et du pauvre. Elles le conserveront pendant les années mauvaises, comme un précieux souvenir, comme une relique d'un passé toujours cher. Puis, quand paraîtra l'aurore de jours meilleurs, dans une scène digne de la primitive Église, la dernière Supérieure des Orphelines de la Mère de Dieu remettra en mourant ce règlement à une femme héroïque, envoyée par Dieu pour recevoir et consoler son dernier soupir. A cette femme, d'une intelligence capable des plus hautes conceptions, d'un cœur tout rempli d'une charité tendre et compatissante, s'alliant à la volonté la plus ferme et la plus énergique; à cette femme, toujours religieuse, quoique chassée depuis dix ans de son cloître, il sera donné, sans autre appui que Dieu seul, de recueillir les débris épars de la fondation de M. Olier; à cette noble et sainte femme, qui n'est autre que madame de Lézeau, il sera enfin donné d'établir, sur des bases plus larges, plus solides et plus religieuses, une seconde, ou plutôt une nouvelle Congrégation de la Mère de Dieu, dont elle aura le bonheur et la gloire d'être la fondatrice et la mère.

Mais il ne faut pas devancer l'histoire ; il est nécessaire de ne parvenir que graduellement aux jours de la persécution comme à ceux de la renaissance. L'orphelinat devait avoir avant, toute une époque de prospérité, presque de splendeur : la splendeur des œuvres de Dieu, c'est de faire grandement, généreusement, le plus de bien possible.

En 1678, M. Ragnier de Poussé, successeur de M. Olier, ayant demandé l'autorisation de Mgr François Harlay de Chanvalon, archevêque de Paris, sollicita et obtint de Louis XIV des lettres patentes, qui approuvaient l'institut des Orphelins de Saint-Sulpice, et le nommaient, lui et ses successeurs, supérieur et administrateur de l'établissement, conjointement à d'autres administrateurs laïques, plus spécialement chargés des intérêts matériels de l'œuvre[1].

Les revenus de l'orphelinat s'élevaient alors à 52,000 livres environ ; cette somme, d'une valeur importante pour l'époque, était le produit des propriétés qui avaient été données par des personnes bienfaisantes aux Orphelines de la Mère de Dieu. Le

---

[1] Voy. aux Pièces justificatives (note K), les lettres patentes de Louis XIV, et un extrait du contrat par lequel MM. de Baussancourt donnèrent aux Orphelines de la Mère de Dieu la première maison qu'elles occupèrent, rue de Grenelle.

roi permettait, en outre, au curé de Saint-Sulpice et aux administrateurs de l'œuvre, d'accepter toute donation qui pourrait être faite à l'avenir, et les autorisait à bâtir une nouvelle maison qui devait porter, comme la précédente demeure des orphelines, le nom de maison de la Mère de Dieu. Cette maison est celle-là même où nous avons dit que mademoiselle Leschassier s'était établie avec ses orphelines, rue du Vieux-Colombier. Elle était, ainsi que tous les biens déjà possédés, et tous ceux qui pouvaient dans l'avenir être donnés à l'œuvre, ou acquis par elle, exempte à perpétuité de tout droit et de tout impôt, comme dédiée et appartenant à Dieu.

On voit, par les termes de ces lettres de Louis XIV, que les filles orphelines étaient admises dès le plus bas âge. Quand il était nécessaire, la Supérieure les plaçait en nourrice, en les confiant à des personnes sûres et chrétiennes, qui les gardaient jusqu'au moment où elles pouvaient être soignées à la maison avec les autres enfants de la Mère de Dieu. L'âge au delà duquel on ne pouvait être admise à l'orphelinat était quatorze ans.

Un siècle entier s'écoula sans changement notable, après ce décret de Louis XIV, qui réglait les droits et fixait les obligations de l'œuvre fondée par M. Olier. Durant cette période, le règlement primitif des Orphelines de la Mère de Dieu resta le même, gouvernant tout à l'intérieur de la maison par sa sagesse;

maîtresses et enfants, sœurs et orphelines y voyaient leurs devoirs, et l'on peut résumer en deux mots, pour ces cent années, l'histoire de l'orphelinat : sans éclat et sans bruit, mais sagement et persévéramment il fit le bien, protégé par des personnes riches et pieuses, aimé des pauvres, des orphelins et du peuple de la grande paroisse de Saint-Sulpice.

En 1778, précisément un siècle après les premières lettres patentes, M. Faidit de Tersac, alors curé de Saint-Sulpice, obtint de Louis XVI une nouvelle ordonnance en faveur de la communauté des orphelines, dans le but d'apporter plusieurs changements aux règlements approuvés précédemment. Jusque-là on n'avait reçu que des orphelins privés de leur père et de leur mère, désormais il fut permis de recevoir les enfants à qui la mort n'avait enlevé qu'un des auteurs de leurs jours, ou leur père ou leur mère. Mais l'âge d'admission cessa d'être retardé jusqu'à quatorze ans ; et il fut réglé, qu'après la dixième année, aucune orpheline ne serait reçue. Des inconvénients s'étaient plusieurs fois rencontrés dans l'admission trop tardive d'enfants, qui ne se formaient plus ensuite aux règlements de la maison, et pour lesquelles les sœurs se donnaient une peine que rendaient quelquefois presque inutile un caractère déjà formé et des habitudes déjà prises[1].

---

[1] Voy. aux Pièces justificatives les lettres patentes de Louis XVI, données à Versailles le 21 novembre 1778.

Le décret royal maintint pour l'orphelinat de la Mère de Dieu la condition expresse, qui avait existé dès le commencement, de ne recevoir que des enfants nés de légitimes mariages et d'honnêtes familles. La maison de la Mère de Dieu différait en cela complètement des institutions que saint Vincent de Paul avait fondées en même temps que M. Olier. Une des premières maisons de saint Vincent de Paul, si justement nommé l'apôtre de la charité, avait été établie sur le territoire de Saint-Sulpice, rue du Pot-de-Fer ; elle était ouverte et destinée à toutes les misères ; les enfants abandonnés, digne objet de pitié et de compassion, y étaient les premiers admis. La maison de la Mère de Dieu avait un autre but : M. Olier l'avait destinée à des enfants privés de famille, mais issus de parents recommandables. Elle resta jusqu'à la fin l'asile du malheur vertueux et chrétien.

Quelques années après le décret de Louis XVI s'écoulèrent encore dans le calme le plus parfait, dans la paix la plus profonde pour les Orphelines de la Mère de Dieu ; mais une époque fatale approchait où cette œuvre de bienfaisance et de charité allait, comme tant d'autres, s'écrouler sous les coups de la Révolution qui s'avançait, et qui devait chasser madame de Lézeau de son monastère. Le dimanche 9 janvier 1791, l'orphelinat perdit son protecteur naturel, M. le curé de Saint-Sulpice. Ce jour avait été fixé pour le serment du clergé de Paris à la constitution civile. Les quarante prêtres qui desservaient la paroisse, convoqués à cet effet, refusèrent unanimement le serment révolutionnaire. Leur curé, successeur de M. Olier, donna l'exemple de la fermeté et du courage. Après lui, pas un n'hésita, et tous préférèrent s'exposer à la déportation ou à la mort, plutôt que de trahir leur foi de chrétien et leur serment de prêtre.

Après ce premier jour de malheur, beaucoup d'autres devaient suivre encore ; mais, chose étrange ou plutôt providentielle, tandis que tant de sang et de larmes coulaient, tandis que les églises étaient fermées ou profanées, tandis que l'on égorgeait des évêques et des prêtres, à quelques pas de la rue du Vieux-Colombier, dans le couvent des Carmes et dans l'abbaye de Saint-Germain, les Orphelines de la Mère de Dieu habitaient, sans être troublées, leur paisible retraite ; l'orage grondait autour et semblait ne pas devoir l'atteindre. On eût dit que le retentissement douloureux de ces commotions sanglantes s'arrêtait à la porte du sanctuaire de la charité et de l'indigence. Sa pieuse chapelle, dont le tableau principal représentait la Très-Sainte Vierge saluée Mère de Dieu par l'Archange, conservait encore son autel et son tabernacle. Le Dieu de l'Eucharistie n'y résidait plus, mais il avait laissé en le quittant deux anges consolateurs à qui il semblait en avoir confié la garde : la Foi et l'Espérance. Aussi, au pied du tabernacle désert, comme si le Dieu du ciel y eût encore habité, les religieuses priaient, espéraient et attendaient.

Les jours les plus néfastes se passèrent ainsi ; les Sœurs de la Mère de Dieu n'avaient rien changé à leur costume, qui, sans être précisément religieux, les faisait cependant reconnaître pour servantes de Jésus-Christ et des pauvres. Une protection spéciale les entourait ; elles étaient respectées, et le peuple du quartier voyait en elles les mères de ses enfants orphelins. Quant à elles, réfugiées dans la prière, fortes de leur dévouement, elles continuaient leur œuvre avec le zèle et l'abnégation qu'elles y avaient apportés en des jours plus heureux.

Mais en l'an V de la République, c'est-à-dire en 1797, à un moment où pourtant il semblait qu'allait se faire un calme au moins relatif, comparativement aux années qui avaient suivi 93, une accusation fut portée contre la maison des Orphelines. Des prêtres, ayant refusé le serment à la constitution civile du clergé, y avaient, disait-on, trouvé refuge. Souvent, à l'époque des mauvais jours de la Terreur, il en avait fallu moins pour conduire à l'échafaud.

Des perquisitions furent faites, mais en vain, on ne trouva rien : il n'y avait pas de prêtres dans la maison. Cependant cette accusation suffit pour faire prononcer la fermeture de l'établissement, et un matin, ordre fut donné aux Sœurs de se retirer, et aux orphelines les plus âgées de retourner dans leur famille. Les malheureuses n'en avaient pas! Aussi les adieux furent-ils pleins de larmes, que l'on ne chercha pas à dissimuler. Les enfants pleuraient leurs mères, et les mères pleuraient leurs orphelines. Les plus jeunes d'entre elles furent conduites et placées dans un hospice peu éloigné et qui porte aujourd'hui le nom d'hospice de l'Enfant-Jésus. Les autres s'en allèrent où elles purent. Les Sœurs se réfugièrent dans leur famille ou chez des amis, et le soir la maison de la Mère de Dieu fut déserte. Le lendemain elle ne se rouvrit pas, et maintenant elle est une caserne.

Ce fut ainsi que la fondation de M. Olier finit dans un jour de deuil et de larmes; mais qui pouvait faire attention aux larmes de cent orphelines et de quelques femmes, à cette époque si proche de celle où tant de sang avait été répandu, et tandis que tant de larmes coulaient encore?

Après avoir été expulsées de leur retraite, ne pouvant plus s'occuper de leurs orphelines, les anciennes Sœurs de la Mère de Dieu restèrent unies entre elles par une charité toute fraternelle, par des liens vraiment religieux. Malgré les malheurs du présent, elles gardaient au fond du cœur l'espérance de voir se relever l'utile établissement qui avait été si longtemps une précieuse ressource pour la paroisse de

Saint-Sulpice. Mais des années se passèrent dans cette attente, et l'espérance des pieuses Sœurs ne se serait sans doute jamais réalisée, si Dieu, dont les voies sont incompréhensibles à nos faibles jugements, n'avait précisément à cette époque amené à Paris celle dont il voulait faire la fondatrice d'une nouvelle Congrégation de la Mère de Dieu, formée des débris de l'ancienne, mais tout animée d'une jeunesse et d'une force nouvelles.

Madame de Lézeau habitait le quartier Saint-Germain depuis sa venue à Paris. Nous l'avons vue, providentiellement préservée de la prison, venir chercher, à l'hôtel de Pont, rue des Saints-Pères, un asile où elle pût vivre inconnue. La même Providence, qui l'avait gardée à Rouen, se servit de ses bonnes œuvres et de sa charité pour lui faire rencontrer à Paris les anciennes Sœurs de la Mère de Dieu. Entre ces Sœurs hospitalières, mères d'orphelines, et la religieuse de la Visitation chassée de son cloître, il s'établit promptement et facilement des rapports, nés tout naturellement de la similitude du besoin d'aimer Dieu et de se dévouer au prochain qui les avait fait se connaître.

Madame de Lézeau les aima; il était facile à son cœur, aussi bon que généreux, d'aimer, et d'aimer jusqu'à un dévouement sans bornes : la bonté était une de ses plus belles et plus précieuses qualités. Cette bonté de madame de Lézeau, qui s'unissait merveilleusement à une grande fermeté d'âme, à une rare énergie de caractère et à un extérieur plein de noblesse, de charme et de dignité, attirait à elle sans que l'on pût s'en rendre compte, et lui donnait sur tous ceux qui l'approchaient une autorité aussi douce qu'irrésistible. Madame de Lézeau aima donc les Sœurs de la Mère de Dieu, mais en retour elle en fut vénérée, et put bientôt comprendre tout ce qu'elle trouverait, quand l'heure de Dieu serait venue, d'aide et de secours dans leur religieux dévouement.

Dès ce moment des projets encore vagues et indécis, comme le lointain d'un avenir incertain, commencèrent à se former dans son esprit ; peut-être même les communiquait-elle aux Sœurs, qui, sans doute, y applaudissaient et, d'un commun accord, sentant sa haute capacité et comprenant ses mérites et ses vertus, la proclamaient à l'avance dans leurs entretiens et leurs causeries, tout comme s'il se fût agi d'une réunion en chapitre solennel, leur Supérieure et leur Mère.

Cependant les années s'écoulaient, et dans leur cours elles avaient ramené des jours meilleurs : les églises fermées par la Terreur avaient été rouvertes par le Concordat. Le peuple, en s'y pressant en foule et avec enthousiasme, avait prouvé que la constitution civile du clergé ne l'avait pas fait schismatique, et que le culte de la Raison n'avait pu le rendre athée.

Des institutions de bienfaisance commençaient à renaître. Les Sœurs de Charité avaient fait revoir leur costume cher au peuple, et le respect les avait entourées. Madame de Lézeau avait trouvé des Orphelines à élever, et les espérances de voir se rétablir l'Œuvre de la Mère de Dieu, formées et entretenues en des jours où leur réalisation semblait impossible, commençaient à devenir presque une réalité.[1]

L'ancienne Supérieure de la maison des Orphelines ne devait cependant pas jouir du bonheur de voir renaître sa congrégation ; elle tomba gravement malade. Madame de Lézeau, autrefois douce infirmière de la Visitation, et qui avait été tant aimée dans cette charge de patience et de charité, se montra dans cette circonstance ce qu'elle avait été par le passé, et ce qu'elle resta toute sa vie : c'est-à-dire d'une bonté tendre et compatissante pour les douleurs des autres, tandis qu'elle était pleine de force et d'oubli pour ses propres souffrances. Souvent elle vint visiter la malade, et elle lui prodiguait ses soins, ses encouragements et ses consolations, avec ce charme au-delà de toute expression, dont tous ceux

---

[1] Les Sœurs de Charité reprirent leur ancien costume le 25 mars 1804. Il y eut à cette occasion, dans leur maison de la rue du Bac, une solennelle cérémonie, qui fut présidée par le cardinal Fesch, archevêque de Lyon et grand aumônier de l'Empereur. A cette cérémonie assistait Madame mère de l'Empereur, établie par son fils protectrice de tous les établissements de charité de l'Empire.

qui ont connu madame de Lézeau, et qui l'ont vue à l'œuvre, parlent encore avec admiration.

Cependant l'heure dernière approchait : rien n'arrête la marche de la mort. Le dévouement le plus religieux n'y réussit pas mieux que l'amitié la plus tendre. Madame de Lézeau était auprès du lit de la mourante. Quatre anciennes Sœurs de la Mère de Dieu, agenouillées avec elles, mêlaient leurs prières aux siennes.

Ces cinq femmes que le malheur et la religion avaient réunies, sentaient proche ce moment toujours redoutable et solennel où une existence va finir et une âme paraître devant Dieu. Alors la Supérieure mourante, par un dernier effort, se soulève sur sa couche ; montrant à madame de Lézeau ses Sœurs qui l'entourent et qui pleurent, elle les lui recommande, avec cet accent du moment suprême, qui semble ne plus être de la terre, mais déjà venir d'au delà du tombeau avec l'autorité que donne la mort. Puis demandant des papiers et un registre de moyenne dimension, soigneusement rangés dans une armoire qu'elle désigne, elle se les fait apporter, et les présente à madame de Lézeau. C'étaient les principaux papiers de l'établissement des Orphelines, et le règlement des Sœurs de la Mère de Dieu. « Prenez, dit la mourante, que mes Sœurs deviennent vos enfants ! Elles vous nommeront leur Mère. Je mourrai heureuse, et Dieu vous bénira ! »

Madame de Lézeau, profondément émue, accepta

le legs et la recommandation. Elle répondit aux demandes de la mourante par des paroles comme savent en inspirer la foi la plus vive, la confiance en Dieu la plus inébranlable. Peu après, souriant à un avenir qu'elle semblait entrevoir au travers des ombres de la mort, souriant aussi sans doute aux jugements de miséricorde et d'amour que Dieu lui préparait au ciel, la Supérieure aimée autrefois des Orphelines, et toujours chère à ses sœurs, rendit le dernier soupir... et l'Œuvre de la Mère de Dieu qui avait madame de Lézeau pour appui, à partir de ce jour, commençait à renaître!...

Mais quels moyens, quelles ressources pour opérer cette résurrection? Madame de Lézeau n'avait entre les mains que des débris, et elle était sans fortune; mais elle possédait un trésor, un trésor que les saints seuls savent apprécier. Elle avait une confiance en la Providence qui la mettait au-dessus de toute crainte et de tout événement, quand Dieu lui avait montré une infortune à soulager, ou une œuvre à entreprendre; et, le soir de ce jour où elle avait reçu le dernier soupir d'une religieuse expirante et accepté l'héritage d'une grande œuvre tombée en ruine à faire revivre, si on lui avait dit qu'il y avait eu de sa part imprudence et témérité à s'engager ainsi sans ressource et sans appui, elle aurait répondu, comme anciennement M. Olier : « Vous n'avez pas de foi! Dieu peut-il nous manquer! »

CHAPITRE VII

Le Souverain Pontife Pie VII vient à Paris pour le sacre de l'Empereur. — Madame de Lézeau a l'honneur de lui être présentée. — Ses hésitations, ses craintes et ses espérances. — Madame de Lézeau se décide à demander dispense d'une partie de ses vœux. — Départ de Sa Sainteté. — Impression profonde produite sur madame de Lézeau par la vue du Saint-Père. — Souvenir qu'elle en conserve.

Tandis que les faits si simples et si touchants, racontés à la fin du chapitre précédent, se passaient auprès du lit de mort de la dernière Supérieure des Orphelines de la Mère de Dieu, des événements capables d'étonner le monde remplissaient la France et l'Europe de leur retentissement.

Le Premier consul Napoléon Bonaparte venait d'être proclamé Empereur. L'un de ses premiers soins, après cette proclamation, avait été de donner à son couronnement, et au retour de la France à l'état monarchique une solennité capable de saisir les esprits et d'impressionner les peuples, en rendant plus extraordinaire encore son avénement au trône. Son intention pour cela était de se faire, comme un nouveau Charlemagne, sacrer par le souverain Pontife lui-même, avec cette différence toutefois que Charlemagne, proclamé empereur à Rome par l'enthousiasme des peuples, y avait été couronné sans que le Pape se fût éloigné de la ville éternelle.

Napoléon, lui, voulait être sacré à Notre-Dame de Paris, dans la capitale même de l'Empire dont il venait d'être fait le souverain.

Jamais rien de pareil ne s'était vu dans les siècles passés. Pépin avait été, mille années avant, couronné en France par le Pape Étienne; mais ce Pontife n'y était pas venu pour cette solennité : il ne s'y trouvait qu'occasionnellement, s'y étant rendu pour demander du secours contre les Lombards, qui avaient envahi les États de l'Église. Tous les empereurs d'Allemagne étaient allés se faire sacrer à Rome. C'était la première fois qu'un Pape allait être sollicité de quitter la capitale du monde chrétien, pour consacrer un nouveau monarque dans la propre capitale de ses États.

Cependant tel était le désir qu'avait l'illustre Pie VII de contribuer à tout ce qui pouvait affermir la religion dans cette belle France, fille aînée de l'Église, naguère si malheureuse, qu'il avait consenti, malgré tous les obstacles et toutes les objections, à la demande de l'Empereur. Le vainqueur de Marengo allait donc, selon le souhait qu'il en avait formé, recevoir des mains du Pontife suprême de l'Église les onctions saintes qui consacraient autrefois les anciens Rois très-chrétiens de la France monarchique.

Ce fut le 2 novembre que le Saint-Père quitta Rome. Il se rendit d'abord vers les sept heures et demie à l'église de Saint-Pierre, y entendit la messe, et y fit une longue prière. Quelques heures après, il se mit en marche entouré de son peuple fidèle, qui bordait toutes les avenues sur son passage, prodiguant au bien-aimé Pontife les témoignages du respect le plus touchant.

De ce moment du départ jusqu'à celui de l'arrivée, le voyage du Saint-Père fut comme une marche triomphale. Il traversa les États-Romains, la Toscane et le Piémont au milieu des peuples agenouillés sur son passage. En approchant des frontières de la France, il vit les vieux soldats de la république et les officiers de l'armée d'Italie respectueusement inclinés devant lui. Quand il eut franchi les Alpes et qu'il fut parvenu à Lyon, l'antique cité des martyrs, le Saint-Père fut accueilli, non plus seulement avec de l'empressement et du respect, mais avec un indicible enthousiasme : il fut entouré de flots de populations accourues de la Provence, du Dauphiné, de la Franche-Comté, de la Bourgogne, pour contempler le représentant de Dieu sur la terre.

Consolant spectacle pour le Pontife chef de la catholicité, que de voir ainsi, aux pieds du vicaire de Jésus-Christ, cette nation dont les mauvais jours avaient été si sanglants, mais où la foi était encore si vive! Il y avait une immense distance de ce triomphe à ces années de terreur, pourtant si peu éloignées, où les églises étaient sans prêtres et sans sacrifice. C'est que les chrétiennes populations de la France n'avaient pas voulu les excès de la Révolution, qui avaient proscrit la religion et profané ses temples; et puis on n'arrache pas facilement la foi du cœur d'un peuple. Les événements, la main des hommes, les égarements peuvent la refouler momentanément, la faire taire parfois, malgré les cris de la conscience; mais quand les populations se réveillent, elles expriment par leur enthousiasme la vivacité de cette foi que des prophètes de malheur avaient proclamée éteinte, et qui n'était qu'endormie. Ce fut, en toute vérité, que le saint Pape Pie VII put répondre, à son arrivée à Paris, lorsqu'un ministre de l'Empereur lui demandait comment il avait trouvé la France: « Béni soit le ciel! nous l'avons traversée au milieu d'un peuple à genoux. Que nous étions loin de la croire dans cet état!... »

Le 2 décembre, la solennité du Sacre eut lieu à Notre-Dame de Paris. Dans cette cérémonie qu'il était venu présider de si loin, il y eut, de la part du Souverain Pontife, un acte de grande condescendance envers le jeune Empereur qui tenait entre ses mains les destinées de la France. Mais il y eut aussi un grand hommage rendu par ce puissant Empereur, et par tout un peuple, à la religion, naguère tant attaquée, et appelée, au sortir de ses épreuves, à consacrer comme aux siècles antiques, comme au temps de Clovis et de Charlemagne, les destinées de la France. De grandes ruines avaient été faites ; des trônes s'étaient écroulés ; un nouvel ordre de choses avait surgi. Tout était changé! seule, avec cette immutabilité que lui a promise pour tous les siècles son divin Fondateur, cette religion bénie n'avait pas changé. Elle était la même après qu'avant l'orage, et la France et ses peuples avaient retrouvé leur antique foi pour l'entourer d'hommages, d'amour et de vénération.

Madame de Lézeau, comme il est facile de le penser, avait vivement partagé l'émotion universelle à l'arrivée du Saint-Père. Elle avait voulu le voir, être bénie par Sa Sainteté. Cela ne lui avait pas été difficile, car le vénérable Pontife parcourait avec une bonté paternelle infiniment touchante les principales paroisses de Paris, où il officiait même quelquefois, toujours au milieu d'une affluence extraordinaire. Mais ce n'était pas assez pour l'ancienne religieuse de la Visitation, qu'une bénédiction partagée avec la multitude : il fallait à sa piété quelque chose de plus. Elle voulait voir de près, elle voulait contempler à son aise ce saint Pontife, dont les vertus semblaient visibles, tant son extérieur et la touchante expression de sa physionomie inspiraient le respect et l'admiration. Elle sollicita donc une audience du Saint-Père, qui en accordait volontiers, et s'y montrait toujours d'une bonté affable, pleine de délicatesse autant que de dignité. Elle eut le bonheur de voir sa demande favorablement accueillie, et fut présentée à Sa Sainteté.

Dire l'impression qu'éprouva la religieuse chassée de son cloître et persécutée par la révolution, en se voyant en présence du souverain Pontife, chef visible sur la terre de cette religion pour laquelle elle avait souffert, serait chose absolument impossible. Elle se prosterna à ses pieds avec une foi vive et une tendre piété ; puis elle lui présenta à bénir sa croix de Visitandine. Les événements lui avaient fait déposer son vêtement religieux, lui avaient enlevé son voile, mais n'avaient pu lui ôter cette croix reçue au jour de ses premiers vœux, et gardée depuis comme une précieuse relique. Le Saint-Père daigna lui adresser quelques-unes de ces paroles qui ne s'oublient plus, une fois qu'on les a entendues ; et il sembla, en bénissant la croix qui lui était présentée, y mettre une attention particulière, comme pour demander à Dieu une grâce spéciale pour celle à qui elle appartenait[1].

---

[1] Madame de Lézeau fit graver la date du jour où elle avait été présentée au Saint-Père sur la croix que l'illustre pontife Pie VII avait daigné lui bénir. Cette croix était destinée à devenir bientôt le premier signe religieux des Sœurs de la renaissante Congrégation de la Mère de Dieu, et devait se trouver un jour, trente-quatre années

Madame de Lézeau se retira heureuse de l'audience que le Souverain Pontife lui avait accordée. Cependant d'autres pensées la préoccupaient et remplissaient son cœur d'hésitations et de perplexités. L'œuvre de bienfaisance à la direction de laquelle la Providence l'avait appelée prospérait par ses soins, donnant à espérer les meilleurs résultats pour l'avenir. L'ordre et l'économie en avaient doublé les ressources, et elle espérait établir cette œuvre sur des bases solides, la confier à la congrégation dont elle voyait déjà se ranger autour d'elle les premiers éléments. Mais pour faire quelque chose de stable, pour créer une œuvre qui pût se développer, grandir, vivre et durer, il fallait un plan embrassant d'une même vue le présent et l'avenir, et madame de Lézeau était, avant tout, religieuse de la Visitation. Ses vœux, inaliénables serments de sa jeunesse, subsistaient dans toute leur étendue malgré les années écoulées. S'y soustraire de sa propre autorité, le jour où elle aurait pu rentrer sous l'obéissance de ses Supérieures et sous la règle de saint François de Sales et de sainte Chantal, aurait été une action coupable, indigne de son grand caractère. Il n'y avait donc pour elle aucune œuvre à entreprendre sur des bases durables

---

plus tard, entre les mains et sur les lèvres de celle qui l'avait présentée à la bénédiction du Saint-Père, pour recevoir, à la dernière heure de son existence, un suprême baiser de foi, d'espérance et d'amour, résumé de sa vie tout entière.

pour l'avenir, puisqu'elle ne s'appartenait pas, pouvant, d'un jour à l'autre, être enlevée, par sa conscience et le devoir, à toutes ses entreprises.

Cependant le premier monastère de la Visitation de Rouen, fermé depuis douze ans, ne s'était pas encore rouvert. Il est vrai que madame de Belloy, l'ancienne et courageuse Supérieure, après avoir passé la révolution cachée à la campagne, dans la famille d'une de ses Sœurs converses, était revenue à Rouen. Elle avait réuni quelques religieuses et habitait avec elles une petite maison, où elles menaient ensemble une vie retirée et fervente; mais il y avait si loin de cette pieuse réunion à un couvent régulièrement établi, qu'on pouvait se demander si jamais le premier monastère de la Visitation de Rouen parviendrait à sortir de ses ruines pour réunir ses membres dispersés et reformer une communauté nouvelle.

La généreuse Mère des Orphelines du dixième arrondissement était donc en présence d'un avenir complétement incertain du côté de la Visitation, tandis que, du côté de l'œuvre qu'elle dirigeait, elle voyait au contraire un avenir, qu'elle était sûre de rendre fécond en heureux résultats pour la gloire de Dieu et pour le bien des âmes.

A cette cause d'anxiétés il s'en joignait une autre, celle d'une santé affaiblie et de forces chancelantes bien longtemps avant l'âge. Saint François de Sales, en établissant les règles de la Visitation, voulut en mettre les austérités à la portée de tous les tempéraments, pour ne pas éloigner du cloître beaucoup d'âmes énergiques, mais n'ayant qu'une frêle organisation. Cependant il faut, pour suivre la règle des couvents de la Visitation, et y vivre de la vie de communauté, une somme de forces et de santé que madame de Lézeau n'avait plus. De là perplexités profondes pour la religieuse Visitandine, entre son monastère, qui n'existait plus, et les orphelines, dont elle était devenue la Mère.

Madame de Lézeau hésita longtemps, consulta, réfléchit et surtout pria. Enfin, se croyant appelée par Dieu à l'Œuvre des Orphelines, elle déposa ses doutes aux pieds du Saint-Père, en lui demandant dispense de son vœu de pauvreté et de l'obligation de rentrer dans un couvent de la Visitation. Cette dispense ne fut pas immédiatement accordée. La demande de madame de Lézeau fut d'abord examinée selon les règles usitées par la cour romaine. Quand elle eut été approuvée, ce qui n'eut lieu que quelque temps après, la dispense concédée par le Saint-Père fut adressée, avec la signature du cardinal Caprara, légat du Pape, à Mgr de Cambacérès, cardinal-archevêque de Rouen, premier et légitime supérieur de la Sœur Arsène-Angélique de Lézeau, religieuse de son diocèse.

Madame de Belloy avait appris avec peine la détermination de son ancienne compagne. Elle n'essaya pourtant pas de l'en détourner : elle connaissait la droiture de sa conscience, la fermeté de son caractère, et se tint assurée qu'elle ne prenait une telle décision que pour des causes de la plus haute gravité. Madame de Lézeau, de son côté, en se séparant de la Visitation, voulut rester unie avec ses Sœurs d'autrefois, particulièrement avec celle qui avait été sa Supérieure.

Il faut remarquer aussi qu'elle n'avait demandé la dispense que de l'obligation de résider dans un monastère de l'ordre de sainte Chantal, et de son vœu de pauvreté, parce qu'elle avait besoin de pouvoir disposer de ses biens et de ceux qui lui seraient confiés pour son œuvre. Elle avait gardé avec amour les autres liens de ses vœux, continuant toujours à se considérer comme religieuse. Aussi quand, à l'âge de soixante-dix ans, elle célébrera son cinquantième anniversaire de profession religieuse, entourée de ses Sœurs de la Mère de Dieu et des enfants de la Légion d'Honneur, elle comptera les années de cette cinquantaine à partir du 28 décembre 1776, jour de ses premiers vœux [1].

---

[1] Madame de Belloy continua à Rouen, après 1804, l'œuvre de la reconstitution de son monastère; elle y mit une persévérance aussi héroïque que la fermeté dont elle avait autrefois fait preuve devant les émissaires de la révolution ; et elle eut le bonheur de la voir couronnée de succès. Elle reprit en 1807, ainsi que ses compagnes, l'habit religieux, avec l'approbation, et sous la présidence du cardi-

Le Saint-Père quitta Paris le 4 avril 1805, tandis que l'Empereur partait pour Milan, où il allait se faire couronner roi d'Italie. Une multitude plus compacte et plus respectueuse encore qu'à l'arrivée entoura Sa Sainteté au départ. Sur la route, le même enthousiasme qui l'avait accueillie à sa venue l'accompagna au retour. A Lyon, le cardinal Fesch, grand aumônier, qui devait bientôt se constituer le protecteur de l'Œuvre des Orphelines, lui fit la plus solennelle réception, et la population de la seconde ville de France se montra aussi heureuse de contempler encore le Souverain Pontife, qu'elle l'avait été quatre mois avant en le recevant pour la première fois dans ses murs.

Quelques semaines plus tard, l'illustre et vénérable Pie VII, revenu dans sa capitale, allait, avant de rentrer au Vatican, s'agenouiller à l'autel de Saint-

---

nal-archevêque. Quelque temps après, elle établit sa communauté dans l'ancienne maison des religieuses Clarisses dites de Gravelines. Cette maison, plus heureuse que beaucoup d'autres couvents, après avoir été une prison pendant la Terreur, retrouvait ainsi sa première destination. Madame de Belloy mourut saintement, peu de temps après le rétablissement de son monastère, entourée de l'amour de ses Sœurs, et du respect de la société de Rouen, qui l'avait vue à l'œuvre et avait apprécié son haut mérite. Madame de Trébons, qui était de l'âge de madame de Lézeau, succéda à la vénérable Mère de Belloy dans la supériorité, et échangea jusqu'à la fin de sa vie des lettres d'union religieuse avec son ancienne compagne du noviciat, qui, devenue Supérieure générale des Orphelines de la Légion d'Honneur, tenait de son côté à ne pas être oubliée de ses Sœurs de la Visitation.

Pierre pour remercier Dieu, qui l'avait protégé et qui avait rendu son voyage favorable à la gloire de la religion.

La société parisienne, quoique naturellement oublieuse, garda, longtemps après le départ du Saint-Père, souvenir de son passage. Elle avait aimé ce vénérable et indulgent Pontife, qui s'était constamment montré accessible et bienveillant pour tous. Madame de Lézeau avait, à l'arrivée du Saint-Père, partagé l'émotion universelle; à son départ, elle l'accompagna de ses vœux et de ses prières, et, dans sa vieillesse, elle se plaisait à raconter encore, avec une admiration que les années n'avaient pas affaiblie, l'impression douce et profonde que lui avaient causée la vue et les paroles du Saint-Père, en qui sa vive foi lui avait montré le successeur de saint Pierre, le vicaire de Jésus-Christ, et l'image de Dieu même sur la terre.

CHAPITRE VIII

Madame de Lézeau au milieu des orphelines. — Ses aumônes et sa bonté. — Deux événements manifestent la volonté de Dieu. — Les orphelines sans travail et sans pain. — Madame de Lézeau les adopte. — Jour de communion. — Une grande épreuve. — Une confiance en Dieu plus grande encore. — Les Sœurs de la Mère de Dieu. — Les litanies de la Providence. — Madame du Gravier. — L'orphelinat.

Deux ans s'étaient déjà écoulés, depuis que madame de Lézeau était devenue mère adoptive des enfants orphelins, recueillis dans l'établissement de bienfaisance du dixième arrondissement.

Malgré sa faible santé et d'habituelles souffrances, elle faisait là, sans éclat et sans bruit, un bien sûr et solide. Sa maternelle sollicitude ne s'était pas un seul instant lassée ni découragée. Elle avait constamment entouré ces petites ouvrières, pauvres et délaissées, de la plus touchante bonté et des soins les plus vigilants. Il était vraiment beau de voir cette femme si digne, si noble dans ses manières, dans son langage et dans toute sa personne, au milieu de ces enfants du peuple sauvées par elle de la misère.

Chose merveilleuse, ce contact de l'indigence et de la pauvreté semblait grandir encore madame de Lézeau. Dans la haute société où les événements l'avaient jetée, et au niveau de laquelle, tout naturellement, la plaçaient son nom et les alliances de sa famille; elle jouissait de la réputation de la personne la plus accomplie par l'esprit, par le cœur et la distinction des manières. Elle conservait toutes ces qualités au milieu de ses orphelines et dans ses visites aux pauvres; mais sa charité douce et compatissante l'entourait alors comme d'une suave auréole, qui faisait oublier tout le reste. Les salons du faubourg Saint-Germain remarquaient son esprit. Les orphelins, les pauvres, les enfants ne savaient qu'une chose : sa bonté. Le monde, volontiers, l'aurait désignée sous le nom de la grande dame, et les indigents, plus volontiers encore, par celui de la sainte dame, ou de la charitable mère. Est-il nécessaire de dire après tout cela, qu'elle était recherchée de la haute société, aimée des pauvres, chérie de ses orphelines et vénérée de tous?

La vie de madame de Lézeau, très-occupée des enfants de la filature, n'était pas cependant absorbée par les soins qu'elle leur prodiguait. Pour elle, tout marchait de front: ses aumônes, ses œuvres de zèle n'avaient point à souffrir des heures que chaque jour elle consacrait à l'éducation de ses orphelines. Sa modique fortune semblait au contraire, par un miracle continuel, se multiplier entre ses mains; et ses amis lui reprochaient quelquefois de donner trop facilement. « On vous trompe dans les charités que vous faites, lui disait-on un jour. — Hélas! répondit-elle, c'est bien possible!... mais que voulez-vous?... » Et, montrant le ciel : « C'est là-haut qu'il faut placer ses aumônes, surtout quand on est aussi peu riche que moi. Au reste, ajoutait-elle, avec cette douce sérénité qui ne la quittait jamais, et qui rehaussait ses grandes qualités, en les rendant plus aimables, si l'on me trompe, j'en prends facilement mon parti. » Et, avec un spirituel et bon sourire, elle terminait en disant gaiement : « Tant pis pour ceux qui prennent cette peine; je continuerai à leur donner comme avant! »

Cependant, quoi qu'on pût en dire, madame de Lézeau était rarement trompée dans le sage emploi de ses aumônes; et le reproche qu'on lui faisait quelquefois était presque toujours immérité. Dieu avait donné à sa charité un tact exquis, une clairvoyance remarquable, presque infaillible, pour découvrir la véritable infortune et pour trouver les moyens de la soulager.

Au reste, quand elle rencontrait l'ingratitude, ce qui arriva plus d'une fois durant sa longue vie, elle n'en était ni troublée, ni découragée. Ce n'est pas, assurément, qu'elle fût indifférente. Elle sentait au contraire avec une rare sensibilité; mais sa vertu dominait cette sensibilité, qui ne restait entière que pour jouir de la reconnaissance, quand elle en trouvait quelque part. Elle était alors si touchée, qu'oubliant aussitôt ses bienfaits, elle semblait elle-même devenir l'obligée de ceux qu'elle avait secourus; mais son grand cœur et sa foi avaient des vues plus élevées : c'est à Dieu qu'elle reportait réellement, comme ses paroles l'exprimaient, tout le bien qu'elle pouvait faire. Ses sentiments étaient en cela si désintéressés et si généreusement chrétiens, qu'un jour où elle avait eu gravement à souffrir d'une personne qu'elle avait aimée et protégée, on l'entendit répondre à ceux qui s'indignaient en s'étonnant de son calme, et lui reprochaient même sa patience : « J'ai peu de mérite à pardonner ; je n'ai jamais su concevoir de colère ou de rancune contre personne ; si l'on m'arrachait un œil, je voudrais tâcher, comme le disait saint François de Sales, de regarder encore de l'autre sans haine, celui qui m'aurait ainsi traitée ! »

Mais, il faut se hâter de le dire, si madame de Lézeau eut quelquefois, à cette époque et dans la suite, à souffrir de l'ingratitude, le plus souvent elle eut la consolation de recueillir une sincère et durable reconnaissance; ses orphelines surtout la payaient de retour. Toutes celles qui lui survivent encore au moment où ces lignes tracent le récit de sa vie, parlent d'elle, plusieurs après un demi-siècle écoulé, comme si ses conseils, ses leçons, ses bienfaits n'étaient que d'hier. Elle avait le secret de s'ouvrir les cœurs surtout quand elle s'adressait à la jeunesse. Elle se servait de ce secret, de ce prestige qui lui venait de la Providence, pour pénétrer dans les âmes, et pour y établir le règne de Dieu et de la vertu. Après cela, peu lui importait d'être oubliée; mais ce désintéressement n'était qu'une cause de plus pour imprimer un souvenir ineffaçable, et pour obtenir une reconnaissance éternelle.

Par ses soins les jeunes enfants de la filature étaient devenues des modèles de travail et de modestie. On en faisait la remarque dans le quartier, et chaque soir on admirait, au sortir des ateliers, ces jeunes filles que l'on voyait se presser autour de leur vénérable Mère et recevoir, avec la plus parfaite soumission, ses dernières recommandations. Cependant madame de Lézeau n'avait sur elles qu'une influence trop restreinte, au gré de son cœur maternel. Une grande partie du temps de ces pauvres orphelines se passait courbé sur le travail de la fabrique, plus fait pour abaisser l'intelligence et rétrécir le cœur, que pour en développer les facultés. C'était avec peine aussi que madame de Lézeau voyait chaque soir ses enfants se disperser et rentrer dans les familles souvent étrangères qui leur donnaient asile.

Une enfant pauvre, jeune, inexpérimentée, sans père ni mère, en face des dangers de la vie, est pour quelqu'un qui connaît le prix d'une âme et la valeur que Dieu y attache, un des spectacles les plus dignes d'intérêt et de compassion, on pourrait presque dire de respect et de tendresse que l'on puisse rencontrer.

Quand on a habité les bords de l'Océan, on connaît cette anxieuse inquiétude qui s'empare de toute une population quand, en un jour d'orage, la mer devient menaçante. On s'assemble sur le rivage, et si l'on aperçoit quelque frêle barque battue par la tempête, on se demande avec angoisse si le pilote qui tient l'impuissant gouvernail saura trouver la passe, éviter le rocher, et regagner le port. Saisi par la grandeur du spectacle de quelques hommes qui luttent contre les éléments et contre la mort, on est attentif au sort de cet esquif, comme s'il portait quelqu'un qui vous fût cher; et, quand enfin une manœuvre hardie ou un coup de vent favorable amène au port la nacelle qui semblait devoir périr, les poitrines haletantes respirent plus à l'aise, on se dit : Elle est sauvée!... et des pensées d'actions de grâces s'élèvent vers le ciel.

Tels étaient les sentiments de madame de Lézeau; elle voyait avec douleur et profonde inquiétude ses orphelines exposées à mille dangers, auprès desquels ne sont rien les écueils de l'Océan, et que sa main maternelle était impuissante à détourner. La dispersion de chaque soir, le manque de surveillance pour des enfants privées de famille, lui semblaient un véritable malheur. Aussi bien des fois s'était-elle surprise à former des projets se rattachant à son idée constante de fonder une congrégation. Elle aurait voulu créer un vaste établissement où, sous la direction de religieuses dévouées, elle aurait réuni ses orphelines en augmentant encore leur nombre. Elle aurait alors vécu au milieu d'elles, dirigé non plus momentanément, comme dans la filature, leur éducation, mais les aurait complétement adoptées. Puis, l'âge étant venu, elle leur procurait des états avantageux, ou des établissements honorables, au moyen de dots qu'elle rêvait de leur obtenir... Ainsi l'éducation était assurée, la misère était vaincue, le bonheur était certain pour ces orphelines si chères; une congrégation nouvelle faisait le bien, et le cœur de madame de Lézeau jouissait de ces œuvres de bénédiction...

Mais tout cela, hélas! n'était qu'un rêve. Tout au plus était-ce un projet; et quel projet, pour une santé épuisée, et pour les ressources d'une fortune détruite par la révolution! Aussi, entre sa raison, qui lui montrait les obstacles, et son cœur, qui lui disait qu'il ne devait pas y en avoir, c'était pour madame de Lézeau un continuel combat.

La charité devait triompher. Il arrivait toujours un moment où pour cette grande âme toutes les difficultés, qu'une prudence moins courageuse que la sienne aurait trouvées insurmontables, s'aplanissaient devant sa persévérance. Et puis Dieu voulait cette œuvre ; elle devait naître au milieu des difficultés, presque de l'indigence, prospérer et grandir, entourée de suffrages universels et des plus hautes protections, pour devenir enfin une grande et patriotique institution.

Deux événements furent pour madame de Lézeau le signe de la Providence, et la manifestation de la volonté du Ciel. Le premier changea ses projets, vagues et indéfinis jusque-là, en une décision si ferme, si arrêtée, que la réussite par avance lui semblait comme assurée. L'heure où elle devait en commencer l'exécution, seule, après cela, restait pour elle encore indéterminée ; aussi elle attendait, mûrissant ses desseins dans le silence et dans la prière. Le second événement vint lui enlever cette dernière hésitation, et la mit définitivement à l'œuvre sans plus de retard.

Le premier des deux événements qui décidèrent madame de Lézeau, fut la mort de la dernière Supérieure de la Congrégation de la Mère de Dieu, le legs sacré qu'elle en avait accepté, et l'adoption, qu'au bord de la tombe de leur Supérieure, elle avait promise aux anciennes Sœurs de Saint-Sulpice.

Le second arriva au commencement de 1806.

La guerre avec l'Angleterre avait amené, à cette époque, un extrême renchérissement de toutes les denrées coloniales. Le coton, matière première, indispensable au travail d'un grand nombre de fabriques, était d'un prix très-élevé. De là grande souffrance dans plusieurs branches de commerce et d'industrie. Les jeunes employés de la filature de la rue des Saints-Pères se ressentirent promptement de cet état de gêne générale. M. Duquesnoy, maire du dixième arrondissement, et administrateur de la filature au nom du bureau de bienfaisance, dut d'abord diminuer le nombre des ouvriers, puis enfin fut forcé de les renvoyer tous, ne pouvant plus les occuper. La filature fut fermée; et les cinquante jeunes filles qui, depuis plusieurs années, y avaient été continuellement employées, se trouvèrent sans travail, sans ressource et sans pain.

Madame de Lézeau n'hésita plus: le jour même de la fermeture des ateliers, elle promit aux orphelines les plus intéressantes par leur position, et les plus nécessiteuses, de les recevoir bientôt chez elle, pour y travailler encore, pour y apprendre à se rendre utiles à la société, et pour y vivre à l'abri des dangers auxquels expose forcément la misère, et plus encore l'oisiveté.

Madame de Lézeau eut en cette circonstance bien plus que le mérite irréfléchi d'une grande pensée, conçue et exécutée dans un moment d'enthousiasme. Sa détermination fut aussi calme et réfléchie que forte et généreuse; elle était le résultat de méditations qui ne s'étaient dissimulé aucune difficulté, et de ferventes prières qui n'attendaient de secours que du Ciel, où habite Celui qui est par excellence le protecteur et le père des orphelins. Elle avait attendu l'heure de la Providence, en disant comme le bon serviteur de l'Évangile : Seigneur que voulez-vous que je fasse ? Puis le moment étant venu, elle se sentait prête à ne reculer devant aucun obstacle.

Parmi les enfants dont madame de Lézeau allait se constituer la mère, il y en avait quelques-unes appartenant à des familles réduites à l'indigence par la révolution, qui jouissaient, peu d'années avant, de la fortune et même de l'opulence. Sur elles, naturellement, se portait d'une manière toute spéciale la compassion de madame de Lézeau, victime des mêmes adversités. Il y en avait aussi plusieurs dont les pères étaient morts sur les champs de bataille ; ces dernières étaient en plus grand nombre : l'établissement de bienfaisance avait toujours eu une attention particulière pour les infortunes de ce genre.

Rien ne pourrait dire quelle fut la joie de toutes ces orphelines. Quant aux difficultés de l'exécution de cette promesse, pas une n'y songea : leur protectrice leur paraissait si élevée au-dessus de tout ce qu'elles voyaient autour d'elles, que concevoir un doute sur sa parole leur était impossible ; puis, elles la croyaient riche et puissante. Comment, en effet, pensaient avec raison ces enfants, leur Mère aurait-elle répandu tant d'aumônes, si elle n'avait été très-riche ? Et comment, si elle n'avait été très-puissante, aurait-elle entrepris de protéger, de nourrir, et d'élever à elle seule tant d'orphelines, que le travail d'une vaste filature pouvait précédemment à peine préserver de l'indigence?... Enfants confiantes et inexpérimentées, elles étaient loin de penser que toutes les ressources de leur mère adoptive étaient renfermées dans son cœur!

Madame de Lézeau ayant promis à ses orphelines de les recevoir bientôt chez elle, se mit en devoir de les réunir dans la maison qu'elle habitait, et de les y loger. Parmi les cinquante jeunes filles de la filature, trente étaient plus particulièrement sans ressources et sans famille. Elles furent les premières admises, comme étant les plus nécessiteuses. Mais les meubles et l'emplacement nécessaires pour les recevoir étaient loin de se trouver dans l'appartement de celle qui devenait plus que jamais leur mère. Son premier soin fut en conséquence de s'entendre avec le propriétaire du petit hôtel de Pont, où elle habitait, et de se faire céder la location de la maison entière, qui était plus que suffisante.

Il resta après cette première disposition à se procurer les meubles indispensables. Madame de Lézeau employa à cette acquisition tout ce que ses aumônes lui avaient laissé; mais quand ses achats furent achevés, la bienfaitrice des orphelines n'eut plus en sa possession qu'une bien faible somme, ou, pour mieux dire, ne posséda plus rien ; et son œuvre n'était pas même commencée! Il est vrai qu'elle comptait sur la Providence. C'était là sa ressource et son espérance.

Plusieurs personnes déjà s'intéressaient à son œuvre : tels étaient M. Ramond de Lalande, curé de Saint-Thomas d'Aquin ; M. de Pierre, curé de Saint-Sulpice et successeur, après cent cinquante ans d'intervalle, de M. Olier, le fondateur des Orphelines de la Mère de Dieu [1].

C'était aussi M. l'abbé Duvey, ce prêtre vénérable que madame de Lézeau avait rencontré à son arrivée à Paris, et qui, chassé de son diocèse par la révolution, et réfugié dans la capitale, avait trouvé le moyen d'y faire beaucoup de bien durant les années les plus affreuses de la Terreur, en exerçant son saint ministère au péril de sa vie. Quand les temps furent devenus meilleurs, il aurait pu rentrer dans son diocèse et dans sa paroisse, mais sa charité l'avait retenu ; il était resté à Paris, tout occupé par son zèle et par son amour pour les pauvres. Cet homme

---

[1] M. de Pierre fut d'abord catéchiste à Saint-Sulpice, puis membre de la communauté des prêtres de la paroisse, sous M. de Pancemont, alors curé, et devenu évêque au Concordat. Il refusa solennellement le serment à la constitution civile du clergé, le 9 janvier 1791. En 1802, il fut nommé curé de Saint-Sulpice et prit, le 16 mai de cette année, possession de l'église où il exerça le saint ministère jusqu'en 1836, époque de sa mort ; il fut le constant protecteur de l'œuvre que la charité de madame de Lézeau allait entreprendre.

de Dieu avait compris la divine parole du Sauveur, dans son Évangile : *Laissez venir à moi les enfants;* faites-les s'approcher de mon cœur par la foi et par la vertu, car je les aime, je désire les bénir, pouvoir les récompenser et les conduire au ciel !

M. l'abbé Duvey, sollicité par M. Duquesnoy, qui avait eu l'occasion d'apprécier son zèle, s'était, depuis longtemps, attaché aux enfants de la filature. Il s'occupait surtout avec un soin paternel des garçons, qui étaient à peu près en même nombre que les filles, mais tous plus jeunes. Avant la fermeture des ateliers, il n'y avait pas de soins qu'il n'eût pris pour placer, aussi avantageusement que possible, ces petits ouvriers, auxquels il portait le plus paternel intérêt. Il y avait à peu près réussi, et leur dispersion enlevant à son zèle ses occupations ordinaires, lui permettait de le reporter sur madame de Lézeau et sur son œuvre. Aussi il l'encourageait, et s'appliquait dans tout ce qui lui était possible, à aplanir les difficultés qui se rencontrent pour tous les commencements. Déjà il s'était constitué l'aumônier futur de l'orphelinat.

Outre ces trois prêtres vénérables, madame de Lézeau était soutenue et encouragée par son amie madame du Gravier, et par sa parente la marquise d'Ormesson ; mais sa force venait surtout des anciennes Sœurs de la Mère de Dieu, qui n'aspiraient qu'à reprendre la vie que la révolution leur avait forcément fait quitter en dispersant leurs enfants et en fermant leur orphelinat. Deux d'entre elles étaient prêtes à venir au premier signal, et les deux autres promettaient de le faire un peu plus tard, après le règlement définitif de quelques affaires qui les retenaient temporairement.

Seule, madame de Lézeau n'aurait pu suffire à la tâche qu'elle entreprenait : mais, avec des compagnes expérimentées, habituées aux soins de l'enfance, à la direction de la jeunesse, accoutumées à une vie sévère et à la règle religieuse, elle se sentait forte. Religieuse elle-même, elle savait tout ce que l'on trouve de ressources dans ce lien qui réunit plusieurs volontés en une seule par l'obéissance, par le détachement de tout intérêt personnel, de toute ambition propre, et par le désir de faire le plus de bien possible dans l'oubli d'une vie humble et cachée, qui ne souhaite d'être connue et appréciée que de Dieu seul.

On était au commencement du printemps, et, tout étant prêt, le premier jour du mois d'avril fut marqué pour la réunion des orphelines et pour leur installation dans la maison de leur bienfaitrice. Madame de Lézeau et madame du Gravier se donnèrent, la veille, rendez-vous à Saint-Sulpice : ces deux amies voulaient y communier en même temps que les Sœurs de la Mère de Dieu, qui devaient s'y rendre de leur côté. Après la messe et une longue action de grâces, pendant laquelle ces âmes d'élite s'étaient offertes à Dieu et avaient demandé ses bénédictions pour le faire connaître et pour le faire aimer des petits et des pauvres, elles étaient sorties de l'église et se dirigeaient ensemble vers la rue des Saints-Pères.

Sur leur chemin elles rencontrèrent quelques orphelines, et leur recommandèrent d'être exactes et d'arriver à l'heure dite. Peu après, elles parvenaient à l'hôtel de Pont, ou, pour mieux dire, à la maison des orphelines. M. l'abbé Duvey les y attendait.

Une lettre, apportée pendant l'absence de madame de Lézeau, était depuis quelques moments déposée sur la table de sa chambre. Elle l'ouvrit après quelques instants, et pâlit en la parcourant avec la plus visible émotion.

Le coup était terrible. Dieu envoyait pour le premier jour une épreuve qui pouvait sembler effrayante, même à la plus inébranlable confiance.

Cette lettre annonçait la perte complète et irrévocable d'un revenu de trois mille six cents francs, dont un payement était à terme le jour même. Une banqueroute d'agent d'affaires avait tout englouti, faisant ainsi une dernière et douloureuse brèche à une fortune déjà si éprouvée. Madame de Lézeau, sous le poids de cette nouvelle, s'était assise, ou plutôt s'était laissée tomber dans un fauteuil.

Son trouble et son abattement cependant durèrent

peu : bientôt les dominant, elle se lève, fait quelques pas et ouvre son secrétaire ; elle cherche dans les tiroirs vides et n'y trouve qu'un louis de vingt-quatre francs, qu'elle présente à madame du Gravier ainsi qu'à M. l'abbé Duvey. Avec beaucoup de calme et un sourire accompagné d'une certaine tristesse, mais qui n'avait rien d'amer, elle leur dit : « C'est tout ce qui me reste ! — Eh bien, reprirent en même temps M. Duvey et madame du Gravier, qu'allez-vous faire ? — La volonté de Dieu ! répondit-elle... puis-je renvoyer ces enfants aujourd'hui que tout est prêt pour les recevoir ? Mes orphelines seront celles de la Providence et de la Mère du Sauveur. Nous prierons ensemble, et Dieu nous soutiendra ! »

La fin de la journée se passa dans les occupations inhérentes à un jour d'emménagement et d'installation. Madame de Lézeau semblait avoir oublié l'acte sublime de résignation et de confiance en Dieu qu'elle venait de faire ; l'œil à tout, elle s'occupait activement, de concert avec les Sœurs de la Mère de Dieu. M. l'abbé Duvey et madame du Gravier admiraient en silence, mais ils étaient inquiets de l'avenir et préoccupés du lendemain.

Dans l'après-midi les orphelines commencèrent à arriver. A chacune madame de Lézeau marqua son rang et son emploi ; cela lui était facile : elle les connaissait toutes et savait ce qu'elle en pouvait espérer ou le degré de confiance qu'elle pouvait leur accorder.

Les deux Sœurs de la Mère de Dieu reçurent ces enfants, comme elles auraient reçu leurs anciennes orphelines, dans la vaste maison de la rue du Vieux-Colombier. Ce jour était pour elles plein d'émotions : c'était tout un passé de souvenirs; c'était tout un avenir d'espérances. Quand la nuit fut venue, la maison était en ordre comme si depuis longtemps on y eût été établi, et chacune connaissait son devoir comme si depuis longtemps elle y eût été accoutumée.

Le repas du soir fut frugal, ainsi qu'il convient à des enfants pauvres, mais joyeux comme un repas de famille. Les enfants, heureuses de voir leurs lits si blancs, leur maison si propre, et surtout leur mère si bonne, étaient bien loin de supposer que le lendemain pouvait être un jour sans pain. Elles étaient aussi reconnaissantes qu'heureuses, et pleines de confiance en l'avenir.

Après le repas et quelques moments de récréation, pour terminer cette journée qui avait été si bien remplie, on se disposa à faire la prière du soir. La sainte et généreuse Mère de cette nouvelle famille fit précéder cette prière de quelques conseils.

Il était touchant de la voir, fatiguée, souffrante mais heureuse, entourée de ces jeunes filles, pleines de santé, de force et d'espérance, établies dans sa demeure au prix de tant de sacrifices. Sa parole était grave, douce, affectueuse. Ses enfants l'écoutaient avec un profond respect mêlé d'admiration ; et, peu après, quand toutes, réunies dans la pieuse petite chapelle de la maison, s'agenouillèrent ensemble, et qu'aux pieds du crucifix et de l'image de la Mère de Dieu, madame de Lézeau récita la prière du soir, on aurait pu croire que du Ciel l'ange de la bienfaisance était descendu, pour venir sous les traits d'une mère sécher les larmes des orphelins.

Lorsque la prière fut achevée, il y eut quelques moments de silence, comme pour se recueillir encore davantage. Un calme profond régnait dans la chapelle ; c'était toujours la prière, mais la prière du cœur qui s'exprime sans aucun bruit de parole. Madame de Lézeau recommanda alors de s'unir à elle pour invoquer avec ferveur et confiance la Providence, protectrice du pauvre et de l'orphelin, et elle récita les sublimes litanies que le culte catholique a consacrées à la Providence du Tout-Puissant.

Sa voix aurait voulu être ferme, mais, malgré ses efforts, elle trahissait une profonde émotion. On sentait qu'il s'y mêlait des larmes, larmes que faisaient en même temps couler les souvenirs du passé, les espérances de l'avenir, et l'émotion du présent...« Providence de Dieu, dit-elle, vous qui êtes conduite et dirigée par le cœur même de Jésus-Christ notre Sauveur...; » et les enfants, sans la laisser achever, d'une commune voix répondirent : « Protégez-nous!...» Puis la Mère continua : « Providence de Dieu, dispensatrice des grâces du Très-Haut, trésor inépuisable, secours dans tous les besoins...; » et les enfants dirent: « Ayez pitié de nous! » La Mère reprit: « Providence de Dieu, asile des affligés, appui des pauvres, soutien de la veuve et de l'orphelin... » Une dernière fois les enfants répondirent: « Ayez pitié de nous! » et Dieu dans le Ciel exauça cette prière de l'indigence et de la charité, unies dans un même sentiment de confiance et d'abandon.

Le lendemain, madame du Gravier était, dès le matin, à la porte des orphelines : elle avait devancé l'heure de la sortie matinale qui, chaque jour, la conduisait à l'église de Saint-Sulpice pour y assister à la messe ; elle apportait à son amie une somme suffisante pour parer à tous les besoins du présent et voir sans trop d'inquiétude s'écouler le premier mois.

A partir de ce jour, l'ancien hôtel de Pont, devenu la maison des orphelines, fut le séjour du travail, de la paix et du bonheur. On y vivait économiquement ; on y travaillait du matin jusqu'au soir, mais on y chantait, on y riait aux heures de la récréation ; on y priait de tout cœur, on y était heureux. Les orphelines ne se lassaient pas de comparer leur position présente à celle du passé ; et le travail auquel elles s'occupaient, au labeur de la filature. Tout dans cette comparaison les pénétrait de reconnaissance : rien n'est meilleur pour apprécier les bienfaits d'une existence à l'abri du besoin, que d'avoir vu de près la pauvreté; tout alors prend du prix, même les plus petites choses, et une âme de foi trouve, à chaque moment, motif et occasion de prières et d'actions de grâces.

On travaillait avec bonne volonté et activité à l'orphelinat ; ce travail devait être une ressource précieuse. Malheureusement, les orphelines n'avaient jusque-là su manier que les fuseaux et les rouages de leur filature. Elles étaient complétement inexpérimentées pour tout autre genre d'ouvrage. C'était donc un apprentissage complet à faire ; et il fallait se résigner à attendre avant de pouvoir obtenir de l'inhabileté de ces enfants quelque utile résultat. Mais la bonne volonté était si grande, que l'on pouvait espérer ne pas avoir à attendre longtemps.

Madame de Lézeau exhortait, encourageait, mettant elle-même la main à l'œuvre ; elle s'occupait de tout ; rien n'échappait à son regard vigilant, et l'ordre le plus parfait régna dès les commencements à l'orphelinat par l'autorité ferme qu'elle savait sagement et maternellement exercer. Elle regardait l'ordre comme le principe de l'union et de l'harmonie ; elle savait qu'il double, ou pour mieux dire centuple les forces et les ressources. La règle était à ses yeux ce que la discipline est à la vie militaire, c'est-à-dire une chose, non pas seulement bonne et utile, mais essentielle et indispensable.

Madame de Lézeau, pour obtenir de ses enfants

l'amour de la règle et la soumission à une parfaite obéissance, n'eut guère à se montrer sévère : sa bonté faisait son empire ; et tel était cet empire, qu'un regard ou une louange d'elle semblait la plus grande des récompenses, tandis qu'une parole de reproche ou une expression de peine pour une faute commise était la plus grave des punitions que l'on pût imaginer.

Évidemment Dieu bénissait l'œuvre naissante et celle qui en était l'âme. Le vénérable abbé Duvey ne se lassait pas de le répéter ; et il ajoutait à ses assurances des bénédictions du Ciel pour le présent, la prédiction d'un avenir riche en heureux et grands résultats.

CHAPITRE IX

Madame de Lézeau organise l'Œuvre des Orphelines. — M. de Lamblardie aumônier du prince Louis. — Protecteurs de l'œuvre. — Première réunion du conseil d'administration. — Le prince Louis Bonaparte. — La reine Hortense. — Lettres de mademoiselle Cochelet, dame d'honneur de la Reine. — Voile offert par les orphelines. — Lettre de la reine Hortense à madame de Lézeau. — Bienveillance de l'Impératrice. — Lettre de madame de la Rochefoucauld. — M. Mathieu de Montmorency. — L'établissement de madame de Lézeau reçoit le nom de Maison d'orphelines protégées par Sa Majesté l'Impératrice. — Congrégation naissante. — La Providence a tout fait pour elle!

Tout était organisé à l'intérieur de la maison des orphelines. Le travail, l'étude, autant qu'il était nécessaire, l'instruction religieuse et la prière y avaient leur temps marqué et sagement distribué. Madame de Lézeau avait adopté pour règlement celui que suivaient autrefois les Sœurs de la Mère de Dieu. Un double motif l'avait décidée à ne faire que peu de modifications à cette sage distribution du temps : d'abord parce que l'œuvre était absolument identique, et puis parce que les anciennes Sœurs de la Mère de Dieu retrouvaient avec une religieuse satisfaction leurs usages et cette règle de vie qu'elles avaient tant aimée.

Mais là ne se bornèrent pas les soins de la vénérée Mère des orphelines. Son projet était trop vaste pour qu'elle pût s'en tenir à des détails d'intérieur. Ce n'était pas assez pour elle de faire vivre son orphelinat sur les ressources de sa propre fortune, diminuée par le malheur, ou sur les dons de quelques personnes charitables s'intéressant à son œuvre. Il lui fallait des bases plus solides, plus larges ; des appuis plus élevés, afin de parvenir au double but qu'elle se proposait : et ce but, toujours le même, était la création d'un vaste établissement dirigé par une congrégation religieuse capable de se recruter, de s'étendre et de fonder ailleurs des maisons de charité semblables.

Madame de Lézeau ne voulut donc pas rester seule ; elle résolut de s'entourer de personnes influentes, de les intéresser à son œuvre en la mettant sous leur patronage, et même sous leur direction. Ainsi avait agi autrefois M. Olier quand il avait fondé ses institutions charitables, et, peu après lui, M. Ragnier de Poussé, son successeur, quand il avait obtenu de Louis XIV l'approbation des Orphelines de la Mère de Dieu comme établissement de bienfaisance public, et protégé par le gouvernement du roi.

Madame de Lézeau voulait faire revivre cette institution tombée, elle suivait la même marche que ses premiers fondateurs. Un conseil d'administration fut par elle organisé [1].

Elle s'adressa d'abord aux vénérables curés de Saint-Sulpice et de Saint-Thomas d'Aquin, sûre d'avance de leur concours. M. l'abbé de Lamblardie et M. l'abbé Bertrand, aumôniers du prince et de la princesse Louis Bonaparte, acceptèrent aussi de faire partie du conseil de l'œuvre des orphelines.

M. de la Valette, conseiller d'État et directeur général des postes; MM. Maurice de Caraman, Vallemont d'Avesnes, Cadet de Chambine, du conseil des ponts et chaussées, et M. Chapellier, notaire, acceptèrent de même, avec empressement et bonté, d'être du conseil de l'œuvre.

Madame de Lézeau n'éprouva pas un refus : elle avait, nous l'avons dit, le talent de la plus douce persuasion pour entraîner les autres à faire le bien avec elle. M. Maury, ancien administrateur des Orphelines de la Mère de Dieu avant la Révolution ; M. Camet de la Bonnardière, maire du XIe arrondissement ; M. Borel, juge à la cour de cassation, ainsi que M. le baron Garnier, procureur général à la cour des comptes et parent de madame de Lézeau, acceptèrent plus tard de siéger aussi dans ce conseil, dont M. le comte Regnault de Saint-Jean d'Angely voulut bien agréer d'être président d'honneur.

---

[1] Voy. aux Pièces justificatives un extrait du *Journal de l'Empire*, du vendredi 30 mai 1806, note M.

Plusieurs dames distinguées, autant par leur naissance et leur position que par leur charité, promirent aussi, à la demande de la Mère des orphelines, de s'occuper de l'administration de son établissement.

Telles furent madame du Gravier, qui s'était déjà montrée si bonne ; madame Carré, dame de charité de la paroisse de Saint-Thomas d'Aquin ; madame d'Ormesson, madame de Vallemont d'Avesnes, madame Mollien, dame d'honneur de la princesse Hortense, et madame de la Valette, née de Beauharnais, nièce et dame d'honneur de l'Impératrice.

C'était, dira-t-on peut-être, donner beaucoup d'importance à l'administration d'une œuvre réunissant en tout trente orphelines. C'est vrai, il en faut convenir. Mais la Mère de ces orphelines songeait à l'avenir plus encore qu'au présent. L'importance que prenait l'administration de son œuvre naissante était une pierre d'attente pour son œuvre future.

Le conseil d'administration des orphelines étant ainsi composé, l'établissement se trouvait assuré d'avoir autant de protecteurs que ce conseil comptait de membres. Sa fondatrice n'était plus seule. Ses espérances commençaient à se réaliser : sa confiance en la Providence ne l'avait pas trompée !

Le conseil tint sa première séance le 21 avril, en la maison des orphelines, et se constitua d'une manière régulière. Un président et un vice-président furent nommés ; le premier fut M. de Lamblardie, aumônier du prince Louis Bonaparte ; le second, M. de Pierre, curé de Saint-Sulpice. Un trésorier fut désigné, et M. l'abbé Duvey choisi pour secrétaire. Le conseil examina les ressources de l'œuvre : elles étaient encore bien faibles, mais des promesses venues de haut firent espérer les voir bientôt s'augmenter. Il fut constaté que l'établissement n'avait aucune dette, sa fondatrice ayant jusque-là suffi à tout de ses propres deniers.

Madame de Lézeau demanda à rendre à l'avenir compte des recettes qu'elle pourrait effectuer et des dépenses qu'elle aurait à faire. Elle témoigna son désir de soumettre en toutes choses ses projets au conseil, qui accepta de se charger de veiller désormais à l'emploi des fonds et à la direction des affaires de l'établissement des orphelines.

Après la séance du conseil, madame de Lézeau, avec sa grâce et sa dignité ordinaires, avec surtout sa bonté de mère, présenta ses enfants à MM. les administrateurs et aux dames protectrices. Tous furent touchés de l'extérieur modeste et plein de convenance de ces jeunes orphelines. Il semblait que quelque chose de leur mère se reflétait en elles. Elles répondirent avec justesse et à-propos aux questions qui leur furent faites, et trouvèrent le moyen de charmer par leur simplicité touchante leurs nouveaux protecteurs. Le conseil se sépara après avoir fixé le jour d'une nouvelle séance à un délai peu éloigné, et chacun se retira en emportant la conscience d'avoir fait une bonne action.

Tandis que tout se réglait ainsi pour l'administration de l'établissement des orphelines, dont la fondatrice et la Mère ne se réservait modestement que l'humble titre de Directrice, rien n'était négligé pour obtenir d'abondantes ressources. La première sollicitation qui fut faite s'adressa au prince Louis Bonaparte, qui, peu après, fut roi de Hollande : on était à cette époque où l'Empereur commençait à distribuer des trônes et des couronnes aux membres de sa famille.

M. l'abbé de Lamblardie, aumônier du prince, lui remit la supplique de madame de Lézeau. Elle était ainsi conçue :

A SON ALTESSE IMPÉRIALE MONSEIGNEUR LE PRINCE LOUIS

―――

« MONSEIGNEUR,

« Depuis cinq ans, il existe rue des Saints-Pères,
« faubourg Saint-Germain, une réunion de cinquante
« jeunes filles, occupées jusqu'à ce jour à conduire
« une filature de coton que la stagnation de cette
« branche de commerce vient de faire supprimer.
« Le malheur des temps oblige les propriétaires de
« cette filature à renvoyer sans ressources le plus

« grand nombre de ces pauvres enfants, la plupart
« orphelines parce que leur père a péri en défendant
« la patrie.

« En vain la Directrice de cet établissement, aidée
« des conseils et de la charité du vénérable curé de
« Saint-Thomas d'Aquin, a-t-elle fait mille efforts
« pour continuer l'éducation de trente de ces jeunes
« filles ; il est évident qu'il n'appartient qu'à un bras
« puissant d'entreprendre une pareille œuvre. Dès
« lors, notre pensée, Monseigneur, s'est élevée vers
« Votre Altesse Impériale.

« Le pasteur de ce malheureux petit troupeau, la
« Directrice, les tendres infortunées elles-mêmes
« osent réclamer le secours d'un prince connu par
« sa générosité. Tous espèrent qu'ils n'ont pas invo-
« qué le Ciel en vain, et que la Providence, qui se
« plaît à veiller sur la famille de Votre Altesse Im-
« périale, en fera sortir en votre auguste personne
« un protecteur et un père qui sauvera de la misère
« cette réunion intéressante de jeunes enfants dont
« plusieurs sont âgées de dix-sept à dix-huit ans.

« Jusqu'ici ces jeunes filles ont été élevées dans les
« principes de la religion. Elles s'occupent régulière-
« ment à un travail journalier qui est malheureuse-
« ment insuffisant pour subvenir aux besoins de la
« vie : c'est pourquoi Votre Altesse Impériale est
« très-humblement suppliée de vouloir bien désigner
« quelqu'un pour l'examen des faits ci-dessus énon-

« cés, et, dans le cas d'un rapport favorable, de
« daigner accorder un secours, qui, joint au travail
« de ces enfants, les soustrairait à tous les maux qui
« les menacent.

« C'est la grâce que sollicite avec une ferme con-
« fiance et un très-profond respect

« de Votre Altesse Impériale,
« Monseigneur,
« la très-humble et très-obéissante servante,

« DE LÉZEAU,
« Ancienne religieuse de la Visitation,
« directrice de l'Établissement des Orphelines. »

Cette démarche fut couronnée d'un plein succès ; le prince promit d'abord de s'intéresser à l'œuvre, puis, s'en étant fait rendre un compte détaillé, il s'engagea à payer, chaque année, la pension de six orphelines, ce à quoi il ne manqua jamais jusqu'au moment où ces orphelines devinrent celles de la Légion d'Honneur.

M. l'abbé de Lamblardie avait prévu cet heureux résultat. Il écrivait à madame de Lézeau peu de jours avant cette première sollicitation : « Je
« pourrai mardi vous donner quelques nouvelles de
« votre affaire ; c'est celle que je mettrai la pre-
« mière sous les yeux du prince ; j'espère que le dé-
« sir bien grand que j'ai de participer à la bonne
« œuvre que vous entreprenez avec un dévouement si

« admirable, me rendra assez éloquent pour obtenir
« un plein succès. »

La princesse Hortense, dont la généreuse charité était connue de tous, suivit l'exemple du prince. Elle adopta deux orphelines, et ne cessa plus, à partir de ce jour, de témoigner en toute occasion aux œuvres de madame de Lézeau la plus grande bienveillance. L'année suivante, lorsqu'elle fut devenue reine de Hollande, la princesse ne manqua pas d'envoyer aux orphelines la somme qu'elle avait promise. Mademoiselle Cochelet, une de ses dames d'honneur, écrivait à cette occasion, de la Haye, à leur Mère adoptive les lignes suivantes.

« Madame,

« J'ai chargé ma mère de vous remettre de la part
« de la reine, outre les deux pensions accoutumées,
« 400 francs comme don à votre établissement. Sa Ma-
« jesté a été enchantée de vous témoigner, dans cette
« circonstance, tout son intérêt pour vos jeunes or-
« phelines.

« Comment êtes-vous contente de ses deux pro-
« tégées ?

« Donnez-moi s'il vous plaît de vos nouvelles.

« Nos bons abbés, MM. de Lamblardie et Ber-
« trand, sont malades depuis les fêtes de Pâques.

« Je ne sais quand j'aurai le plaisir de vous voir,

« et de vous témoigner de vive voix mes sentiments
« affectueux.

« L. COCHELET

« Dame d'honneur de Sa Majesté la Reine de Hollande [1]. »

Mais il ne faut pas anticiper sur l'avenir. Cette lettre était datée du 14 avril 1807, tandis que l'orphelinat de madame de Lézeau n'en est encore qu'au printemps de 1806. Et il est nécessaire de n'avancer que pas à pas pour bien juger de ses progrès, ainsi que de la marche et des vues de la Providence qui, conduisant toutes choses avec force et suavité, comme parle l'Écriture, voulait faire sortir de cette entreprise de zèle et de charité une congrégation et le plus vaste orphelinat national qui eût encore existé.

La princesse, qui avait témoigné à madame de Lézeau, dès le premier moment, une parfaite bienveillance, ne s'en tint pas là. Elle se chargea de recommander elle-même à l'Impératrice sa mère l'établissement des orphelines, qu'elle regardait déjà,

---

[1] Mademoiselle Cochelet avait été élevée à Saint-Germain-en-Laye, au pensionnat de madame Campan, où elle avait été compagne de la jeune Hortense de Beauharnais, qui s'était liée avec elle d'une sincère amitié. Lorsque la princesse Hortense devint Altesse Impériale d'abord, et Reine ensuite, elle conserva son amitié d'enfance pour mademoiselle Cochelet, et se l'attacha en qualité de dame d'honneur. Quand les événements forcèrent la Reine à quitter la France, mademoiselle Cochelet n'hésita pas à la suivre ; elle lui resta attachée jusqu'à la fin de sa vie.

malgré le petit nombre des enfants et l'exiguïté du local, comme un établissement national, le sachant composé en grande partie, de jeunes filles dont les pères étaient morts au service de la patrie.

Cependant à l'orphelinat on travaillait avec assiduité ; et les jeunes filles qui, quelques semaines avant, ne savaient manier que les fuseaux et les rouets de la filature, commençaient à réussir dans les travaux de couture et de broderie qu'on leur apprenait. Leur zèle était encouragé par une pensée de reconnaissance. Les plus habiles devaient être désignées pour broder un voile destiné à la princesse Hortense, leur bienfaitrice. Le succès dans ce travail égala l'extrême application qu'on y apporta. Cette broderie fut parfaitement réussie, et le voile fut présenté le 14 mai à la princesse, qui le reçut avec le sentiment qu'un cœur bon accorde toujours volontiers en retour d'un acte de reconnaissance venant du pauvre et de l'orphelin. Le lendemain, la princesse faisait écrire à madame de Lézeau :

« Saint-Leu, ce 15 mai 1806.

« Madame,

« Recevez les sincères remercîments de madame
« la princesse Louis, pour le charmant ouvrage de
« vos jeunes élèves. La princesse en a été étonnée et
« flattée, et m'a chargée de vous dire qu'elle irait un

« jour visiter votre intéressant établissement, ou as-
« sister à une séance de votre conseil ; je tâcherai de
« vous en prévenir d'avance.

« La princesse Stéphanie étant ici dans ce mo-
« ment, Son Altesse doit lui dire de contribuer aux
« souscriptions. Elle remettra même des prospectus
« à Sa Majesté l'Impératrice. Aussitôt de bonnes nou-
« velles, je vous en ferai part. »

Ces lignes étaient suivies de paroles d'affectueuse
politesse, et se terminaient par la recommandation suivante au sujet d'une enfant placée déjà par la princesse chez les orphelines : « Quand la petite N*** aura
« profité de vos bons conseils, qu'elle écrive à la prin-
« cesse, pour lui montrer toute sa reconnaissance
« d'être placée par elle dans d'aussi bonnes mains.
« M. de Lamblardie me prie de le rappeler à votre
« souvenir. Veuillez recevoir, madame, l'assurance
« de mes sentiments affectueux.

« L. COCHELET,

« Dame d'honneur de Son Altesse Impériale [1]. »

Madame de Lézeau conserva, jusqu'à la fin de sa
vie, le souvenir de l'accueil que sa première demande

---

[1] La princesse Stéphanie, nommée dans cette lettre, était cousine
du prince Eugène et de la princesse Hortense. Elle naquit en 1789 ;
Napoléon la fit sa fille adoptive, et accorda sa main, en 1806, au
grand-duc de Bade.

de secours adressée au nom de ses orphelines avait reçu du prince Louis et de la reine Hortense. Ce souvenir survécut aux splendeurs de la famille impériale. Dans ses vieux jours, l'ancienne Directrice des orphelines de la rue des Saints-Pères, devenue la Supérieure générale de la Congrégation de la Mère de Dieu et des succursales de la Légion d'Honneur, s'en souvenait encore, et aimait à exprimer sa reconnaissance que les années n'avaient pas vieillie, à celle qui avait été la première bienfaitrice de son œuvre. C'est ainsi qu'en 1834, vingt-huit ans après l'époque dont il est ici question, madame de Lézeau, âgée alors de soixante et dix-huit ans, reçut les lignes suivantes, que la Reine lui adressait de Suisse, où elle vivait sous le nom de duchesse de Saint-Leu, retirée au château d'Arenenberg sur les bords du lac de Constance. C'était une réponse à l'inaltérable souvenir de reconnaissance que lui conservait l'ancienne fondatrice des orphelines.

LETTRE DE LA REINE HORTENSE

« Arenenberg, ce 14 juin 1834.

« J'ai reçu avec beaucoup de plaisir, madame,
« l'assurance du souvenir que vous me conservez;
« vous vous êtes rappelé toute la sollicitude que

« m'inspiraient jadis vos honorables et utiles occu-
« pations ; croyez que, bien qu'éloignée, j'en ai suivi
« avec intérêt toutes les chances, bonnes ou mau-
« vaises, j'ai su gré à ceux qui protégeaient des éta-
« blissements dont je me ferai toujours gloire d'avoir
« été nommée la protectrice ; et j'aime à penser que
« vous trouvez encore dans ce moment des encoura-
« gements pour tout le bien que vous faites ; croyez
« qu'un de mes regrets est d'être, en quelque sorte,
« devenue étrangère à vos bonnes œuvres, et recevez
« l'assurance des sentiments que je vous ai voués.

« HORTENSE. »

Madame de Lézeau, encouragée par un aussi bon appui, et sûre de la recommandation de la Reine, n'hésita plus à s'adresser directement à l'Impératrice. Mais sa santé, qui semblait, à l'étonnement de tous, renaître pour suffire avec une force et une jeunesse nouvelles à ses occupations incessantes et à ses démarches si multipliées, faiblit sous le poids de ses fatigues. Il lui fallut forcément accorder quelque trêve à son ardeur et à son zèle. Madame du Gravier se chargea de se faire l'interprète des sollicitations de madame de Lézeau.

L'Impératrice Joséphine, au cœur sensible et généreux, ne pouvait que recevoir avec bienveillance une pareille demande, déjà si bien recommandée,

Elle prit dix souscriptions ; et madame de la Rochefoucauld fit part, dans les termes suivants, à madame du Gravier, de cet heureux résultat.

« Paris, le 20 mai 1806.

« Madame,

« Je m'empresse de vous informer, qu'ayant
« rendu compte à Sa Majesté l'Impératrice de l'éta-
« blissement recommandable que dirige madame de
« Lézeau, Sa Majesté voulant donner une preuve de
« l'intérêt qu'elle prend à ses succès, a décidé qu'il
« serait donné 240 francs par mois sur sa cassette
« à partir du 1er juin. Madame de Lézeau voudra bien
« s'adresser pour cet objet, à M. le secrétaire des dé-
« penses de Sa Majesté l'Impératrice, rue Neuve-des-
« Mathurins, au coin de celle de l'Arcade.

« Madame de la Rochefoucauld désire que ma-
« dame du Gravier et madame de Lézeau soient bien
« convaincues du plaisir qu'elle a à leur faire part de
« cette décision de Sa Majesté, et elle les prie de re-
« cevoir l'assurance de ses sentiments. »

L'Impératrice allait fournir la pension de dix orphelines, le prince Louis et la reine Hortense en avaient adopté huit ; c'était déjà beaucoup, et pourtant madame de Lézeau ne s'en tint pas là. Elle avait rédigé et fait imprimer un prospectus qui exprimait le but de l'œuvre ; c'est ce même prospectus que la reine avait bien voulu remettre elle-même à l'Impératrice. Une formule de souscription le terminait, et la généreuse Mère des orphelines eut plusieurs fois la satisfaction de voir l'existence assurée à quelqu'une de ses enfants, en recevant des lettres ou des adhésions analogues à la suivante[1].

« Paris, ce 16 juillet 1806.

« Madame,

« J'ai l'honneur de vous envoyer ma cotisation,
« qui, avec le contingent de M. de Caraman, fait l'une
« de vos pensions entière. Une personne de mes
« amies désirant prouver son intérêt à l'établisse-
« ment que vous dirigez avec tant de zèle, joint son
« offrande à la mienne.

« Je m'estime heureux de vous donner ce témoi-
« gnage de ma considération. Je vous demande pour
« la personne associée à mon envoi, et que la modes-
« tie empêche de se nommer, ainsi que pour moi, le
« secours de vos prières et de celles de vos jeunes
« élèves. Agréez, madame, je vous prie, l'expression
« de tous mes respectueux hommages.

« MATHIEU DE MONTMORENCY. »

[1] Voy. aux Pièces justificatives (Note M) un extrait de ce prospectus.

C'est ainsi que les noms les plus glorieux de l'ancienne France venaient s'unir aux noms les plus célèbres de l'Empire dans cette œuvre de bienfaisance, qui pourtant ne faisait que commencer.

Bientôt le sort de la maison ne fut plus douteux. Madame de Lézeau surabondait de joie en son cœur de mère, et le conseil d'administration, en se réunissant à la fin du mois de mai de cette année 1806, n'eut qu'à constater les progrès de l'œuvre, et à témoigner ses félicitations à la zélée Directrice, ainsi qu'à M. l'abbé Duvey et à madame du Gravier, tout dévoués avec elle aux orphelines.

Deux mois après cette réunion du conseil, madame de Lézeau reçut une nouvelle preuve de la haute protection que lui accordait l'Impératrice. Madame de la Rochefoucauld lui écrivait :

« Paris, le 4 juillet 1806.

« Madame,

« Je m'empresse de vous prévenir qu'ayant fait
« part à Sa Majesté l'Impératrice de votre demande
« relative à l'inscription que vous désirez mettre sur
« la porte de la maison des orphelines que vous diri-
« gez, Sa Majesté m'a chargée de vous informer qu'elle
« vous autorise à y faire placer cette inscription ainsi
« conçue : *Maison d'orphelines protégées par Sa Ma-
« jesté l'Impératrice.*

« Ne doutez pas, madame, du plaisir que j'ai à
« vous faire part de cette décision de Sa Majesté,
« et recevez l'assurance de mes sentiments affec-
« tueux.

« CHASTULE DE LA ROCHEFOUCAULD. »

A partir de ce moment, le petit orphelinat devenait un établissement impérial. Il n'avait plus à craindre de voir les ressources lui manquer ; il avait pour appui la protection même de l'Impératrice ; et madame de Lézeau, bénissant Dieu chaque jour des succès de son œuvre, répétait souvent, en parlant de sa congrégation naissante, ce mot qui plus tard lui devint familier :

La Providence a tout fait pour elle!

CHAPITRE X

Éducation que madame de Lézeau donne à ses orphelines. — Jours de maladie. — Quatre maîtresses dévouées, religieuses sans en avoir fait les vœux. — Récit d'une ancienne orpheline. — Fermeté de madame de Lézeau. — Le printemps de l'année 1807. — Inquiétudes pour l'avenir. — M. Portalis, Ministre des cultes. — Ses lettres à madame de Lézeau. — Adresse à l'Empereur. — Écouen. — Une petite fille abandonnée par sa mère. — Madame de la Valette. — Les protecteurs des orphelines se réunissent le 29 mars 1808. — Trait de générosité de madame de Lézeau.

L'année 1806, que Dieu avait bénie dans ses commencements, vit, avant de s'achever, l'orphelinat s'augmenter de plusieurs pensionnaires. Madame de Lézeau inspirait tant de vénération, qu'on oubliait le rang et la condition des premières jeunes filles qu'elle avait recueillies, pour lui en confier d'autres, orphelines également, mais d'une position toute différente dans la société, par la fortune qu'elles étaient appelées à posséder un jour.

La famille impériale, qui avait, dès le commencement, témoigné à la généreuse fondatrice la plus grande bienveillance, lui en donna de nouvelles preuves, en plaçant plusieurs enfants parmi ses orphelines. Malgré ce changement survenu dans la composition de son établissement, madame de Lézeau ne modifia en rien la sage éducation qu'elle avait adoptée, et à laquelle elle resta toujours fidèle. Son but était de former ses enfants par la religion et la vertu, à une vie sérieuse, chrétienne, utile à la société, et plus tard, exemplaire à la famille. Pour y parvenir, la simplicité régnait dans la maison des orphelines. Les enfants y portaient une robe bleue, d'une étoffe propre mais commune; toutes avaient le même costume, afin d'enlever par cette uniformité toute occasion et tout prétexte aux petites jalousies de la vanité, détestables partout, plus encore dans une maison d'éducation, et particulièrement dans une maison d'orphelines. Le travail manuel occupait dans la journée plus d'heures que l'étude.

Rien cependant n'était négligé pour cultiver l'intelligence et le cœur de ces enfants. Leur mère était d'un esprit si élevé par nature et par éducation, qu'elle tendait, pour ainsi dire sans le savoir, à élever comme pour faire approcher de son niveau, tout ce qui vivait dans sa société. Elle avait le cœur si essentiellement bon, que l'égoïsme et la dureté lui inspiraient une véritable horreur : ses actes et ses paroles, tout dans sa vie exprimait ce sentiment, et le faisait passer dans l'âme de celles qui l'entouraient. Il était difficile de vivre en contact avec cette nature généreuse et communicative, sans prendre quelque chose de son esprit et de sa bonté.

Mais cette culture de l'intelligence et du cœur ne réclame pas toujours, pour se faire d'une manière efficace, l'étude et la science, dans le sens ordinaire que l'on donne à ce mot. La première de toutes les sciences, la plus utile, l'indispensable est, pour une femme, de savoir obéir, travailler, se dévouer, souffrir et prier. C'est ce qu'on apprenait à l'orphelinat, sans chercher dans les livres ni théories, ni règles pour cet enseignement : tout en était un prétexte ou une occasion, et aucune leçon ne valut jamais mieux pour les orphelines que celles qu'elles reçurent de leur Mère, souvent sans même s'en douter.

Nous avons vu madame de Lézeau, agenouillée au milieu de son troupeau nouvellement réuni, prier, dès le premier soir, comme une mère entourée de ses enfants. De même, dix mois après, souvent on la voyait assise parmi ses orphelines devenues plus nombreuses; les plus grandes l'entouraient; les petites étaient à ses pieds sur des tabourets, et toutes s'occupaient au travail. La Mère donnait l'exemple de l'activité, et ne s'interrompait que pour unir à son exemple, ses conseils ou ses enseignements; alors on écoutait avec une avidité respectueuse, qui n'avait d'égal que le plaisir qu'on éprouvait à l'entendre. Des heures se passaient ainsi; et, quand le moment de finir arrivait, chacune avait achevé sa tâche; et une leçon d'histoire, de morale ou de religion, avait été donnée de la manière la plus utile... elle était entrée, non dans la mémoire, mais dans le cœur de celles qui l'avaient écoutée. Il arrivait quelquefois que madame de Lézeau payait par des heures de souffrance et des nuits sans sommeil le zèle trop grand qu'elle mettait à partager le travail de ses enfants. Le mouvement qu'il lui fallait faire et répéter souvent pour tirer son aiguille, réveillait ses affreuses douleurs d'estomac, qui avaient commencé depuis vingt ans, et qui, ne la quittant jamais complétement, la contraignaient presque toujours à vivre avec si peu de nourriture, qu'il semblait étonnant qu'elle pût ne pas mourir.

L'hiver de 1806 fut marqué pour elle par des jours de maladie ; quand cela lui arrivait, sa patience n'en était pas altérée. Elle regardait la souffrance comme un pain un peu amer mais quotidien, qui lui était réservé par la bonté divine pour son plus grand bien et pour sa sanctification. Quand on la plaignait, elle répondait : « Ne nous attristons pas pour si peu; Dieu sait bien ce qu'il nous faut, il pèse les épreuves du temps au poids de l'éternité, et les mesure dans ses miséricordes et son amour, selon ce qui nous est le meilleur ! » Ces sentiments et le calme de sa belle âme contribuaient beaucoup à soutenir son étonnante activité, qui faisait au milieu de ses souffrances l'admiration de tous, et qui semblait ne s'arrêter quelquefois sous le poids des infirmités, que comme un ressort que l'on courbe pour lui donner plus de force et d'élasticité.

Dans les temps ordinaires, c'est-à-dire toutes les fois que ses forces le permettaient, madame de Lézeau vivait de la vie de ses orphelines; son bonheur était de se trouver au milieu d'elles. Chaque matin, la journée commençait par la prière qu'elle faisait elle-même, avec cette voix douce et sonore, que celles qui l'ont connue se rappellent encore. A cette prière du matin elle ajoutait toujours les litanies de la Providence, que nous lui avons vu réciter un premier soir dont le lendemain lui semblait plein de poignantes inquiétudes. Elle les adressait à Dieu en actions de grâces des bénédictions qu'il avait répandues sur son œuvre; et les enfants, en actions de grâce du bonheur dont elles jouissaient sous la maternelle égide de leur protectrice bien-aimée[1].

Madame de Lézeau était secondée dans ses soins et ses travaux par quatre maîtresses d'un dévouement parfait. Elle n'avait qu'à se louer de leur zèle, de leur esprit de règle. C'était avec une abnégation complète et vraiment religieuse qu'elles se consacraient aux orphelines. Sans avoir fait aucun vœu, sans avoir pris aucun engagement, elles obéissaient à celle qu'elles avaient reconnue comme Supérieure avec la soumission

---

[1] Cet usage de réciter chaque matin les litanies de la Providence, s'est conservé fidèlement dans la Congrégation de la Mère de Dieu.

la plus respectueuse. Religieuses par le cœur, ces femmes de dévouement avaient les vertus qui font les religieuses d'élite... l'obéissance, l'humilité, l'abnégation. Madame de Lézeau n'avait au reste pas à commander ; ses désirs, ses pensées étaient des ordres, et des ordres toujours aimés, et ponctuellement suivis : il est si facile d'obéir quand c'est l'amour maternel qui commande, et le dévouement filial qui accomplit les ordres reçus ou les désirs exprimés !

Les orphelines avaient ainsi sous les yeux le spectacle le plus capable de leur apprendre cette vertu si rare et si ignorée : la soumission à ce qui nous est supérieur. Leurs maîtresses suivaient, pour la leur faire aimer, le précepte de l'Évangile, qui recommande de pratiquer soi-même ce que l'on veut enseigner aux autres. C'est ainsi qu'avait fait le Sauveur du monde ; avant de dire aux hommes : Apprenez de moi à être doux et humble, il avait commencé par donner les plus divins exemples de douceur et d'humilité.

Mais il faut cependant le dire : si à l'orphelinat la vénérée Supérieure obtenait de tous une obéissance ponctuelle et empressée, il n'en était pas toujours de même pour les maîtresses, qui, cependant, donnaient à leurs enfants de si admirables exemples. Quelquefois il arrivait des actes de désobéissance, des manquements, qui provoquaient les rigueurs d'une réprimande ou d'une punition, plus ou moins sévère selon la gravité de la faute. Grand alors était le chagrin, et le motif de l'affliction était bien plus la faute commise que la punition justement infligée. Mais les orphelines avaient toujours auprès de leur Mère un infaillible recours en grâce [1].

Ainsi parlait naguère une de ces premières pensionnaires de madame de Lézeau, qui, après plus de cinquante années, se rappelle la mère adoptive de

---

[1] Avant d'entreprendre d'écrire la Vie de madame de Lézeau, nous avons tenu scrupuleusement à nous entourer de tous les renseignements possibles. Pour parler de ses années passées à la Visitation, nous avons voulu revoir le monastère où elle vécut durant quinze ans, afin d'y recueillir les traditions que son souvenir y a laissées vivantes; et pour parler des commencements de son Œuvre des Orphelines, quoique nous eussions en abondance des autographes religieusement conservés dans les archives de la Congrégation de la Mère de Dieu, nous n'avons pas voulu nous en tenir là : ces écrits sont toujours des documents précieux, mais trop souvent, ils disent les faits d'une vie, ils en révèlent la pensée dominante, sans faire assez connaître le cœur avec lequel cette pensée a été suivie et accomplie. C'est pourquoi nous avons consulté encore tous ceux qui ont connu madame de Lézeau, et il nous a été donné de retrouver plusieurs de ses anciennes orphelines autrefois pensionnaires dans l'établissement de la rue des Saint-Pères ; quelques-unes sont religieuses dans la Congrégation de la Mère de Dieu ; une est Supérieure dans un couvent du Sacré-Cœur ; d'autres, entourées de nombreuses familles, font dans le monde l'édification de la société où elles vivent. Les convenances nous empêchent de les nommer ici ; mais ce que nous pouvons dire, c'est que la Providence, qu'autrefois elles apprirent à invoquer à l'exemple de leur Mère, semble avoir veillé sur elles : toutes sont dans des positions entourées de respect ; et toutes aussi sont unanimes dans leur vénération profonde pour celle qu'elles nomment encore leur vénérée Mère, leur sainte Mère. Le commencement de ce chapitre, ainsi que ce qui suit, n'est autre que le récit circonstancié de l'une d'elles, corroboré par le témoignage de toutes les autres.

son enfance, avec un souvenir toujours jeune de tendresse et de reconnaissance. « Quand nous avions mérité quelque punition, nous allions trouver notre vénérée Mère. Jamais elle ne refusait de nous recevoir, même quand elle était retenue bien souffrante sur son fauteuil. Alors nous lui racontions notre faute, en avouant bien sincèrement tous nos torts : madame de Lézeau avait horreur du mensonge. Jamais nous ne nous plaignions de nos maîtresses, que nous aimions et que nous trouvions justes, même dans leurs sévérités. Au reste, notre Mère n'aurait pas permis de notre part une seule parole contre ces maîtresses si dévouées et si bonnes. Nous nous accusions donc humblement, sans chercher à plaider les circonstances atténuantes. Pendant que nous lui parlions, cette bonne Mère nous regardait avec ses grands yeux bleus, si beaux, si doux, si pénétrants, qu'ils semblaient lire jusqu'au fond de l'âme. Puis elle nous adressait quelques remontrances, le plus souvent elle nous encourageait à mieux faire. Mais soit reproches, soit encouragements, tout était empreint d'une bonté si grande, qu'il était impossible de ne pas être convaincues que nos fautes lui faisaient de la peine, que son plus grand désir était de nous voir irréprochables dans notre caractère, comme dans notre conduite. La bonté de ses paroles était si touchante, celle de son regard si affectueuse, que, presque toujours, on se mettait comme involontairement, et sans s'en rendre compte, à genoux auprès de son grand fauteuil, non pour lui demander pardon, c'était inutile : depuis la première parole on se sentait pardonnée, mais pour être plus à portée de recevoir quelque caresse et un baiser de cette bonne Mère, qui promettait de parler en notre faveur à la maîtresse justement mécontente, de lui demander notre grâce ; et, nous nous retirions, toujours pénétrées d'un désir sincère, et souvent efficace et persévérant, de devenir meilleures. Pour moi, ajoutait celle qui parlait naguère ainsi, je me rappelle cette bonté de ma vénérée et sainte Mère de Lézeau, comme si c'était hier encore que j'en eusse reçu les preuves ; et un des plus grands chagrins de ma vie a été de me séparer d'elle. »

Il ne faudrait pas croire, après tout ce qui précède, que madame de Lézeau eût un caractère indulgent jusqu'à la faiblesse. Sa bonté s'alliait d'une manière merveilleuse avec la plus énergique fermeté, quand il était nécessaire. Dans les grands caractères, la douceur n'exclut pas la force ; elle ne fait que lui donner un charme qu'elle n'aurait pas par elle-même : la fermeté peut facilement devenir de la rudesse, même de la dureté. La douceur la tempère et en fait la vertu des saints. L'âme humaine est un miroir où se reflètent quelques rayons des perfections divines ; et rien n'est n'est fort et doux en même temps comme Dieu.

Aussi, quand l'occasion le demandait, la Mère, d'ordinaire si clémente et si bonne, savait exiger l'obéissance avec une sévérité qui trouvait moyen d'être encore cependant de la bonté. Elle répétait souvent une parole des saints livres, qui était sans doute pour elle un lointain souvenir de son noviciat à la vie religieuse; cette parole lui devint familière plus tard, quand elle eut à diriger toute une congrégation, et on la retrouve souvent dans ses lettres : « Obéissez, disait-elle, obéissez, si vous voulez être heureuse : Dieu bénit l'obéissance; et avec elle on réussit en tout! »

L'hiver se passa rapidement : le temps fuit sans qu'on s'en aperçoive quand on est heureux; et le bonheur, ainsi que la prospérité, régnait à l'orphelinat. Aussi le printemps de 1807 amena bien vite un touchant anniversaire pour toutes celles qui habitaient l'établissement, enfants, maîtresses et Supérieure. Cet anniversaire fut celui du jour où, pour la première fois, on s'était réuni sous la protection de la Providence et de la Mère de Dieu, à la voix d'un ange de charité. Il fut célébré avec la plus vive gratitude. « Que rendrai-je au Seigneur pour toutes les bénédictions dont il m'a comblée? » disait en son cœur la Mère des orphelines. Et pourtant elle entrevoyait encore bien des jours difficiles avant de parvenir au but de ses espérances, au terme de ses désirs.

A la fin de 1807 devait se terminer le bail de

deux années, par lequel un logement avait été assuré aux orphelines. Déjà s'approchait le moment où il faudrait renouveler ce bail ou aller s'établir ailleurs. Les deux partis avaient leurs difficultés : il était fâcheux de renouveler un bail de location pour l'hôtel de Pont, qui manquait d'espace; louer ailleurs était s'exposer à des frais considérables, avec l'incertitude de trouver une maison qui fût convenable à l'augmentation certaine de l'orphelinat.

Alors commencèrent pour madame de Lézeau une série de démarches, partout bien accueillies, mais que des retards d'administration empêchèrent cependant de réussir aussi vite que l'auraient désiré son ardeur et sa charité. Elle s'adressa d'abord au Ministre des cultes, qui était encore M. Portalis, dont les éminents services touchaient à leur fin, car il commençait à être atteint de la douloureuse ophthalmie dont il mourut cette même année.

M. Portalis, déjà informé des succès de l'Œuvre des Orphelines, et des progrès qu'elle était appelée à faire encore, s'intéressa vivement à la demande qui lui fut présentée. Cette demande sollicitait la restitution d'une maison que les Orphelines de la Mère de Dieu possédaient autrefois rue de Sèvres, conjointement avec celle de la rue du Vieux-Colombier où elles habitaient. Madame de Lézeau aurait assurément réclamé cette dernière, si elle n'avait été à cette époque occupée par les Sœurs de Charité, à qui elle avait été concédée par l'administration des hospices, pour y ouvrir un établissement de bienfaisance.

M. Portalis répondit en ces termes :

« Paris, le 29 mai 1807.

« *Le Ministre des cultes à madame de Lézeau, Supérieure de la Maison des Orphelines, rue des Saints-Pères, 52.*

« Madame,

« J'ai reçu le tableau intéressant que vous m'avez
« adressé, le 24 avril dernier, sur l'origine, les pro-
« grès et les moyens de perfection de l'établissement
« que vous dirigez. Les noms respectables qui sont à
« la tête d'une aussi utile institution, l'assiduité et
« la sagacité que vous apportez à l'administrer, expli-
« quent assez les avantages dont elle a joui et les
« progrès qu'elle doit encore faire. Vous devez comp-
« ter sur mon empressement à concourir à cette
« bonne œuvre, et à mettre sous les yeux de Sa Ma-
« jesté l'espérance que vous fondez en sa bienveillance
« impériale. Je désirerais que vous me donnassiez
« quelques détails sur le nom de la maison que vous
« me désignez, sur sa situation et sur sa destination
« actuelle. Ces détails me sont nécessaires pour que
« je puisse faire les démarches préalables à la de-
« mande que je soumettrai en votre nom à Sa Ma-
« jesté...

« PORTALIS. »

Cette lettre remplit de joie la généreuse Mère des Orphelines ; on croit facilement ce que l'on désire, et elle pensait déjà posséder le vaste local qu'ambitionnait son zèle.

Les bonnes intentions de M. Portalis, si bien exprimées dans sa lettre, n'eurent pas, cependant, le prompt effet qu'on aurait pu espérer : le 3 août, dans une lettre encore plus bienveillante, s'il est possible, que n'était la première, il annonçait que l'affaire avait été remise, recommandée par lui, au Ministre de l'intérieur, à qui seul il appartenait d'examiner la possibilité de concéder aux Orphelines de la rue des Saint-Pères, les biens autrefois possédés par les Orphelines de la Mère de Dieu [1].

M. Portalis conseillait en finissant sa lettre de s'adresser directement à la bienfaisance de l'Empereur. Madame de Lézeau n'hésita pas à suivre un conseil venu d'une pareille autorité. Quelques jours après, elle fit présenter un mémoire rédigé par les administrateurs de l'œuvre, exposant la situation de l'établissement des Orphelines de l'Impératrice ; puis, ayant fait les démarches nécessaires pour découvrir

[1] M. Portalis, ce grand homme de bien, qui avait donné, avant et pendant la Révolution, tant de preuves de sagesse, qui, à l'époque de Concordat, avait rendu à l'Église de France de si éminents services, mourut le 25 août 1807, vingt-deux jours après sa seconde lettre à madame de Lézeau. La signature de cette lettre est si différente de celle de la première, que l'on voit qu'il était déjà presque complètement aveugle lorsqu'il la traçait.

une maison qui pût lui convenir, elle adressa elle-même à l'Empereur la supplique suivante, qu'elle recommanda à de puissants protecteurs, mais surtout à la sainte Mère de Dieu et à la divine Providence... C'était son grand recours dans ses peines et dans ses embarras.

Il est bon de citer cette pièce tout entière, parce qu'on y voit sous le style et la forme nécessaires à une pareille demande, le caractère de celle dont ces pages tracent l'histoire. On y trouve sa fermeté, sa générosité : on y voit aussi le développement de son œuvre, et sa maison s'y montre un établissement hors ligne, appelé évidemment à des destinées peu ordinaires. Ainsi écrivait madame de Lézeau, le 14 novembre 1807.

« Sire,

« Permettez à une ancienne religieuse, dévouée
« aux orphelines, de prendre la liberté de présen-
« ter à Votre Majesté un court exposé de ses récla-
« mations.

« Vers la moitié du mois d'août dernier, elle eut
« l'honneur d'envoyer à Votre Majesté un mémoire
« détaillé sur l'établissement qu'elle gouverne, le-
« quel porte le nom de *Maison d'orphelines protégées*
« *par Sa Majesté l'Impératrice*. Cette maison est
« tenue par plusieurs personnes qui, comme moi,

« se dévouent, sans aucun honoraire, à l'instruction
« de ces orphelines. Ces jeunes filles, au nombre de
« près de cinquante, ne peuvent pas être confondues
« dans la classe de celles que l'on place dans les hos-
« pices. Ce sont des filles de militaires morts au ser-
« vice de la patrie, mais qui n'avaient pas le grade,
« ni la décoration nécessaires pour obtenir d'être
« placées dans la maison d'Écouen. D'autres sont
« enfants de négociants malheureux, d'honnêtes
« bourgeois ou de personnes qui ont l'honneur d'être
« employées dans votre maison ; d'autres, enfin, ap-
« partiennent à d'anciennes familles que la Révolu-
« tion a réduites à être sans pain.

« Ces enfants sont logées, nourries, entretenues,
« et reçoivent dans cette maison l'éducation néces-
« saire pour ne pas être à charge dans la suite à la
« société. En sortant à l'âge de leur majorité, toutes
« ces jeunes filles auront les connaissances qui pour-
« ront les rendre utiles. Ces connaissances sont : la
« lecture, l'écriture, l'arithmétique, l'orthographe
« et les ouvrages en linge et broderie dans tous les
« genres. Voilà, Sire, l'éducation que je m'applique
« à leur donner en l'appuyant sur les principes de
« la religion et de la morale.

« Les moyens d'existence, que j'ai eus jusqu'à ce
« jour sont fondés sur des souscriptions fournies
« par différentes personnes bienfaisantes, au nombre
« de trente, à la tête desquelles est placée Sa Majesté

« l'Impératrice. Après elle, viennent Leurs Majestés
« le Roi et la Reine de Hollande, et Sa Majesté la
« Reine de Naples, madame de la Valette, madame
« la maréchale Bessières, madame la maréchale
« Ney, madame Mollien, etc., etc. Toutes ces sou-
« scriptions forment un revenu de 8,640 francs. Le
« Ministre de l'intérieur, M. de Champagny, après
« avoir pris des renseignements sur la tenue et sur
« l'utilité de cet établissement, m'avait accordé
« 6,000 francs par an, à titre de secours. Ces se-
« cours paraît en ce moment souffrir quelques dif-
« ficultés à m'être continué par M. le Ministre actuel,
« parce que, dit-il, il n'a pas de fonds pour cette des-
« tination.

« Voilà, Sire, en deux mots, la supplique que
« j'ose présenter à Votre Majesté. Si Elle veut bien
« m'honorer d'assez de confiance pour remarquer
« que, d'après mon exposé, Elle peut, à bien peu de
« frais, consolider et perpétuer un établissement
« d'une aussi grande utilité, lequel s'est monté en
« mobilier, et s'est soutenu pour la nourriture et
« l'entretien des enfants pendant l'année de sa fonda-
« tion, avec une somme de 17,429 francs, et qui, ce-
« pendant, est sans dette quelconque, car j'ai sup-
« pléé à son revenu par mes propres fonds.

« Me trouvant dans la nécessité de changer de lo-
« gement, mon bail étant à quelques mois de sa fin,
« permettez-moi, Sire, d'exposer à Votre Majesté que

« si Elle veut bien m'accorder une somme pour
« m'aider dans l'acquisition d'une maison, située
« rue de la Planche, propre par la grandeur de son
« local, à recevoir cet établissement, j'ose Lui pro-
« poser de me charger du reste.

« Si Votre Majesté veut bien encore joindre aux
« souscriptions attachées à l'établissement des Orphe-
« lines de l'Impératrice une somme annuelle quel-
« conque, je m'engage à soutenir et à perpétuer cette
« maison, de manière à faire honneur à la dignité
« de ses fondateurs, et à former des sujets, qui bé-
« niront à jamais leur auguste bienfaiteur. »

La maison d'Écouen, dont parle cette adresse, était l'établissement célèbre que l'Empereur venait de fonder pour l'éducation des filles de ses officiers de la Légion d'Honneur, dans l'antique et noble château des princes de Condé et de Montmorency. Écouen était, pour le régime impérial, ce qu'avait été sous l'ancienne monarchie, la célèbre maison de Saint-Cyr, fondée par Louis XIV, sous la direction de madame de Maintenon, pour l'éducation des filles de familles nobles, mais sans fortune, dont les chefs et les soutiens étaient morts à la guerre.

Madame de Lézeau avait l'ambition de faire, par la protection impériale, de la maison de ses orphelines, déjà adoptées par l'Impératrice, une succursale de cette grande institution nationale. C'est qu'en effet, cette généreuse Mère était ambitieuse, mais ambitieuse de faire le bien, en se dévouant aux autres, en s'oubliant elle-même : Dieu et le prochain étaient son but. Quant aux avantages personnels qu'elle pouvait recueillir, ou aux peines qu'elle pouvait rencontrer, elle n'y songeait même pas.

Les administrateurs des orphelines avaient été encore plus explicites dans le rapport qu'ils avaient présenté à l'Empereur, avant la lettre de madame de Lézeau. « L'établissement des Orphelines de l'Impé-
« ratrice, disaient-ils, se compose d'enfants qui n'ap-
« partiennent ni à des familles qualifiées, ni à la
« classe indigente ; il semble qu'un état moyen doit,
« en conséquence, lui être assigné, et qu'il pourrait
« être réputé comme une maison secondaire d'É-
« couen, dont on prendrait tout ce qui serait prati-
« cable vis-à-vis des élèves de cette seconde maison. »

Ces sollicitations eurent pour résultat de faire rendre à madame de Lézeau les secours précédemment accordés, et qui semblaient éprouver quelque retard ; mais elles n'obtinrent pas immédiatement la maison désirée. Ce ne fut que plus tard, que deux décrets successifs dotèrent les orphelines, et qu'un troisième annulant, ou plutôt absorbant les deux premiers, appela celle qui en était la Supérieure, et la congrégation dont elle devait être la fondatrice, à la direction de six grandes maisons destinés aux Orphelines de la Légion d'Honneur. Œuvre nouvelle et magnifique, digne du génie de Napoléon, mais dont le modeste orphelinat de madame de Lézeau, protégé par l'Impératrice et par toute la famille impériale, fut le germe, humble d'abord mais fécond, parce qu'il fut béni de la Providence.

Madame de Lézeau, n'ayant pour cette fois obtenu rien autre chose que le retour des secours précédemment accordés, ne fut nullement découragée. Son âme était trop forte pour se laisser abattre par un retard ou par un moment d'épreuve. L'heure de la Providence n'est pas encore venue, disait-elle; ayons confiance, nous ne perdrons rien pour attendre!... et elle se décida à louer, pour le printemps suivant, une maison, située rue du Pot-de-Fer, n° 14, tout proche de l'église Saint-Sulpice, plus spacieuse que celle de la rue des Saint-Pères, et qui était par suite plus convenable à son établissement.

Souvent, durant ce second hiver, qu'elle passa encore à l'hôtel de Pont, la Mère des orphelines eut à regretter le manque d'espace: on lui présenta de nouvelles enfants; des vocations religieuses vinrent lui demander asile. Elle fut obligée de refuser bien des fois. Si sa maison eût été aussi vaste que son cœur était grand, l'œuvre eût pris dès lors un considérable accroissement. Mais, il faut le croire, comme elle le disait elle-même : l'heure de la Providence n'était pas encore venue.

A cette époque se rapporte un fait touchant, qu'il

est bien de citer ici, comme un trait de plus à ce tableau de la vie et des œuvres de madame de Lézeau. C'était au mois de décembre, à cette saison de l'année où vers quatre heures le jour finit. Le temps était sombre et humide. Le froid était pénétrant, le brouillard glacé ; il faisait presque nuit. Le vénérable abbé Duvey se dirigeait vers la maison des orphelines, où souvent son zèle le conduisait. Il marchait à grands pas, et comme il passait devant une porte cochère fermée, il aperçoit dans le coin du renfoncement de cette porte une enfant d'environ huit ans, qui, assise à terre et la tête entre ses deux mains, pleurait. Le bon prêtre n'avait jamais été insensible à la vue de la souffrance...; rencontrant cette enfant, seule, par le froid et la nuit, assise dans la rue, comme si elle eût été abandonnée, il s'arrête, se penche vers elle, et lui demande le sujet de son chagrin. La pauvre petite, entendant la voix douce et bonne qui lui parle, relève alors la tête, et apercevant, à la clarté du peu de jour qui reste encore, ce prêtre à cheveux blancs et à visage vénérable qui l'interroge, elle se lève, et, comme si sa peine venait d'être rendue plus vive par l'intérêt même qu'on lui témoigne, cette pauvre enfant ne trouvait plus que des sanglots pour répondre. Enfin, au travers de ses pleurs, elle raconta que, le matin, sa mère lui avait dit qu'il n'y avait plus de pain, et qu'il fallait aller mendier. La pauvre enfant avait refusé d'obéir; et sa mère irritée, l'ayant conduite dans la rue, lui avait défendu de revenir sans rapporter quelque argent. Elle avait bien essayé d'en demander, mais, ignorante de ce triste et douloureux métier, honteuse de tendre la main, elle avait à peine osé solliciter la pitié de quelques passants. On l'avait durement rebutée, alors elle avait pleuré ; le jour s'était écoulé, et la nuit arrivait sans qu'elle eût rien obtenu pour porter à sa mère ; et pourtant, disait-elle, en tremblant de froid, j'ai faim, et mes sœurs aussi !

Le vénérable abbé Duvey la prit par la main en lui adressant quelqu'une de ces bonnes paroles, comme il en savait dire précédemment à ses orphelins de la fabrique ; puis, marchant aussi vite que la petite le pouvait, il arriva bientôt à la maison des orphelines. Peu après, il était dans l'appartement de la vénérée Supérieure ; et il racontait l'histoire de cette enfant abandonnée. La faire s'approcher du feu, lui apporter de la nourriture, fut le premier soin de la Mère des orphelines ; puis elle examina ses pauvres vêtements, si insuffisants pour un temps froid d'hiver. La petite avait à peine achevé de se réchauffer, que madame de Lézeau se préparait à lui passer elle-même une robe toute neuve, faite pour une orpheline de sa taille, vêtement bien chaud, et comme sans doute n'en avait jamais porté la pauvre enfant, qui croyait rêver. Quand elle eut la robe, uniforme de la maison, madame de Lézeau la présenta à M. Duvey, en lui disant :

« Ne croirait-on pas qu'elle est une des nôtres?... Pourquoi ne la garderions-nous pas, si vraiment sa famille est malheureuse? » Elle envoya ensuite au domicile de la mère, fit prendre des informations, s'assura que cette adoption serait une bonne œuvre...; et, peu après, dans la maison, il y avait une enfant de plus, sauvée de l'infortune et des tristes suites de la pauvreté et de la misère. C'est par de pareilles œuvres de charité que madame de Lézeau s'assurait la protection de la Providence : donner aux pauvres, c'est prêter avec usure à Dieu même, car il s'est obligé, par sa propre parole, à récompenser au centuple de ce que l'on fait au dernier des siens pour l'amour de Lui.

Madame de Lézeau n'avait besoin que de sa foi pour la soutenir dans ses entreprises. Elle travaillait pour Dieu, et le témoignage de sa conscience lui suffisait sans qu'elle cherchât d'autre louange, mais, quelque humble que fût sa charité, elle était obligée d'en recueillir souvent, malgré elle, des éloges..... C'était un tribut que les hommes lui payaient, tandis que Dieu la récompensait en bénissant ses œuvres.

L'hiver était achevé, et le retour de l'époque anniversaire de l'institution des orphelines ramena la réunion du conseil d'administration, qui se tenait exactement plusieurs fois l'année. C'était à cette réunion du printemps que se réglaient les comptes. L'assemblée était à peu près au complet. M. de Pierre et M. de Lalande, curés de Saint-Sulpice et de Saint-Thomas d'Aquin, M. de la Valette et MM. de Caraman et Cadet de Chambine, M. Chapellier, qui était trésorier, et M. Duvey, secrétaire, s'y étaient exactement rendus.

Madame de la Valette et madame Mollien, mesdames du Gravier, d'Ormesson, d'Avesne et madame Carré y étaient aussi. M. de Lamblardie seul manquait, se trouvant en ce moment en Hollande auprès du Roi Louis Bonaparte. Madame de la Valette témoignait un intérêt tout particulier à l'œuvre des orphelines. M. l'abbé de Lamblardie, répondant d'Utrecht à une lettre de madame de Lézeau, disait à ce sujet. « Quelle excellente personne que madame de la
« Valette! ce que vous me mandez ne m'étonne pas.
« Je me rappelle encore, lorsque je lui présentai un
« de nos prospectus, avec quelle grâce elle me pro-
« mit de s'intéresser à notre établissement. Je partis
« pour la Hollande peu après, et ne pus m'occuper
« auprès d'elle de lui rappeler ses promesses; mais
« elle a vu le bien à faire, et n'a pas eu besoin de
« sollicitations. Son zèle me pénètre de vénération
« pour elle. »

Les comptes furent soigneusement examinés, et madame de Lézeau reçut d'unanimes félicitations, tant sur son administration que sur la prospérité de l'orphelinat. Mais il restait un point quelque peu embarrassant : le nombre des orphelines s'augmentant sans cesse, la dépense avait dépassé les recettes de la somme de 4,816 livres.

Nul ne songeait à en faire une observation pénible. Le conseil allait, tout au contraire, chercher un moyen de combler ce déficit, quand la généreuse fondatrice annonça que son intention était de la solder elle-même : elle avait fait l'avance des fonds, et elle en accordait entière remise à l'administration. Il est facile de penser avec quels témoignages cette offre fut acceptée... et il est inutile de dire que chacun se retira de cette assemblée en admirant cette nouvelle preuve de générosité. Cela se passait le 28 mars 1808, à la maison des orphelines, et l'œuvre continuait sa marche progressive, entourée de l'estime et de l'approbation de tous[1].

---

[1] Voy. aux Pièces justificatives (note N) un extrait du registre des délibérations du Conseil d'administration des Orphelines. Séance du lundi 28 mars 1868.

CHAPITRE XI

L'Œuvre des Orphelines s'établit rue du Pot-de-Fer, près de Saint-Sulpice. — Plusieurs évêques encouragent madame de Lézeau. — Le Roi de Hollande offre une maison à Saint-Leu pour les orphelines. — Mort de M. l'abbé de Lamblardie et de madame du Gravier. — Une première dotation impériale. — Lettre du baron Garnier. — Acheminement vers le but constant de madame de Lézeau. — Visite du comte Regnault de Saint-Jean d'Angely. — Seconde dotation impériale. — La Reine des Deux-Siciles. — Lettre de madame de Lézeau.

Le moment de quitter l'hôtel de Pont pour se rendre dans la nouvelle maison des orphelines était venu. Il fallut subir tous les embarras d'un déménagement, qui ne se fit pas sans fatigues et sans quelque serrement de cœur ; il y a toujours une certaine peine à se séparer des lieux que l'on a habités, ainsi que des personnes avec qui on a vécu. Ces séparations successives nous rappellent que, selon la parole d'un apôtre, nous n'avons pas sur la terre de demeure permanente ; la vie n'est pas un séjour, mais un voyage, dont chaque année est une étape de plus, nous rapprochant du terme. Aussi, ce ne fut pas sans regret que madame de Lézeau quitta la demeure qui avait été le berceau de son œuvre, et sa petite chapelle où tant de fois, depuis le premier soir, elle avait prié avec consolation.

La maison nouvelle cependant offrait des avantages que l'autre ne possédait pas. Elle était plus vaste et plus aérée; elle était aussi plus proche de l'église et possédait, comme celle que l'on quittait, une chapelle approuvée par l'autorité ecclésiastique, avec la permission d'y célébrer les saints mystères [1].

Les orphelines et leurs maîtresses se réjouissaient du changement, et la mère de famille, tout en regrettant la maison à laquelle se rattachaient pour elle tant de souvenirs, s'en applaudissait aussi, voyant heureuses les personnes qui l'entouraient. L'espérance de pouvoir donner là un nouvel essor à son zèle, lui causait surtout une vive satisfaction.

Vers cette époque, des félicitations et des suffrages

[1] Cette chapelle fut solennellement bénite le 9 septembre 1808, en présence de M. de Pierre, curé de Saint-Sulpice, de tous les membres de l'administration réunis et des orphelines, par M. l'abbé de Voisins, aumônier de l'Empereur, et évêque nommé de Saint-Flour. M. l'abbé Jalabert, vicaire général de Paris, ne pouvant, parce qu'il était malade, assister à cette cérémonie comme il en avait le désir, et comme il l'avait promis, en témoigna ses regrets par une lettre empreinte d'une grande bienveillance. Elle se terminait par ces mots : « Je ne doute pas, madame, que le Seigneur, en raison de votre zèle, ne continue de répandre ses bénédictions sur votre précieux établissement. C'est bien sincèrement et bien volontiers que que je lui adresse tous mes vœux pour le lui demander. »

particulièrement chers et précieux pour une âme religieuse, vinrent encourager et affermir cette entreprenante et infatigable mère dans ses projets. Mgr de Belloy, archevêque de Paris, bénissait son œuvre. Le cardinal Fesch, grand aumônier de l'Empire, se montrait plein de bonté pour elle. Mgr de Juigné, archevêque de Paris avant la Révolution, M. l'abbé de Quélen, qui devait l'être plus tard ; le vénérable père Rauzan, fondateur et premier Supérieur général de la Société des Missions de France, l'encourageaient aussi [1].

Des prélats distingués par leur science et leur mérite unissaient de loin leurs félicitations à celles que nous venons de citer. De ce nombre était Mgr Duvoisin, évêque de Nantes. Ce savant prélat avait le désir de voir madame de Lézeau prendre sous sa direction, conjointement avec l'établissement qu'elle dirigeait déjà, une Congrégation de Sœurs hospitalières qui cherchaient à se reformer dans son vaste diocèse ; il écrivait d'abord en cette année 1808 les lignes suivantes :

« Nantes, 17 août 1808

« Madame,

« Les occupations que m'a occasionnées la présence
« de l'Empereur à Nantes ne m'ont pas permis de ré-

---

[1] Voy. aux Pièces justificatives une notice sur Mgr de Juigné, et la lettre annonçant sa mort à madame de Lézeau. (Note O).

« pondre plus tôt à votre lettre du 7 de ce mois ; j'y
« ai vu avec bien du plaisir que votre établissement
« prenait tous les jours de nouveaux accroissements.
« J'avais toujours eu la confiance que Dieu bénirait un
« travail que vous n'avez entrepris que pour sa gloire.
« J'espère qu'il vous donnera la santé et les forces
« nécessaires pour soutenir le poids d'une administra-
« tion si précieuse à l'Église et à l'État. Soyez bien
« assurée, Madame, que si mes affaires m'appelaient
« à Paris, un de mes premiers soins serait d'aller
« vous rendre mes devoirs, et constater par moi-
« même tout le bien que vous faites... »

Quelques mois après cette lettre, Mgr Duvoisin en écrivait une nouvelle par laquelle il témoignait son intention de s'adresser au cardinal Fesch et à Madame, mère de l'Empereur, protectrice des Sœurs hospitalières, pour hâter le plus possible la réunion qu'il avait projetée. Cette réunion aurait sans doute eu lieu si les événements subséquents n'avaient appelé madame de Lézeau à une œuvre, si vaste par elle-même qu'il devenait impossible d'y rien ajouter, et qu'elle suffisait à son zèle et à son activité.

Cependant, le prince Louis Bonaparte, Roi de Hollande, avait appris, sans doute par M. l'abbé de Lamblardie, la nécessité, pour l'établissement des orphelines, d'une maison plus spacieuse que celle qu'elles occupaient rue des Saints-Pères. Ignorant peut-être le changement de domicile, il fit écrire d'Utrecht, à la date du 5 octobre, par M. l'abbé Bertrand, l'un de ses aumôniers, pour savoir si une une maison à Saint-Leu pourrait être favorable, ajoutant que, dans ce cas, il en ferait la concession.

Cette preuve d'un semblable intérêt, venue de si loin à un moment où elle ne s'y attendait pas, émut madame de Lézeau. Elle aurait vivement désiré pouvoir accepter cette offre, et il lui en coûta d'avoir à exprimer un refus, tandis qu'elle n'aurait voulu parler que de sa reconnaissance. « L'établissement des
« orphelines, disait-elle, dans sa réponse au Roi, est
« votre ouvrage; vous en avez établi les bases par
« l'appui que, le premier, vous lui avez accordé. Le
« Ciel a secondé vos vues bienfaisantes par la ma-
« nière dont cet établissement s'est accru; et il me
« serait une grande consolation de voir Votre Ma-
« jesté lui donner sa consolidation définitive. Mais,
« avec l'autorisation de Son Éminence le cardinal
« Fesch, nous avons pris le nom d'institution régu-
« lière, et nous nous sommes soumises aux statuts
« de l'ancienne maison des orphelines de la *Mère de*
« *Dieu*, qui compterait aujourd'hui cent cinquante
« ans de fondation. J'ai établi un noviciat, déjà
« assez nombreux, dans le but de former des maî-
« tresses pour d'autres maisons subordonnées à la
« nôtre et ayant la même destination. Leurs Altesses

« Mgr le cardinal et Madame mère, qui nous pro-
« tégent, pensent que nous ne pouvons, pour le
« moment, nous transporter ailleurs... » A ces raisons la vénérée Supérieure de la Congrégation renaissante en ajoutait d'autres, et terminait « en se
« reposant, après cet exposé fidèle, sur la bonté du
« prince, bien certaine qu'il saurait concilier ses vues
« de bienfaisance et de charité avec l'empire des
« circonstances. »

Le Roi de Hollande fit bon accueil à cette lettre; il comprit le refus qu'elle lui apportait, et plusieurs correspondances s'échangèrent encore à ce sujet, entre madame de Lézeau et M. l'abbé Bertrand, remplaçant, comme aumônier auprès du Roi, M. de Lamblardie, dangereusement malade. La bonne volonté du prince était très-sincère, mais il était gêné par des difficultés de gouvernement. M. l'abbé de Lamblardie écrivait d'Utrecht, quelques mois avant, à madame de Lézeau, à propos de ces difficultés les lignes suivantes : « Le Roi a changé toute l'admi-
« nistration de ses aumônes ; il a établi un comité
« de dix à douze personnes parmi lesquelles il y a
« une majorité de Hollandais. Quoique j'aie l'hon-
« neur de présider souvent cette assemblée, je n'ai
« guère que mon dixième de pouvoir pour la dis-
« tribution des secours, et par-dessus tout on ne
« veut point entendre parler d'en envoyer en France.
« Jugez comme j'ai été reçu quand j'ai parlé de la

« grosse somme qui vous serait nécessaire pour vous
« établir dans un nouveau logement. Le Roi cepen-
« dant vous porte grand intérêt, mais ce ne sera
« que dans les voyages qu'il fera à Paris, que nous
« pourrons obtenir désormais quelques additions
« aux secours qu'il fait, depuis le commencement,
« accorder à votre œuvre. »

C'était pour échapper aux difficultés qu'une administration hollandaise devait naturellement apporter à des générosités uniquement françaises dans leur but et dans leur destination, que le Roi avait offert une maison à Saint-Leu. Cette pensée bienfaisante n'ayant pu aboutir à un résultat favorable à l'établissement, les choses devaient nécessairement en rester là pour le moment.

Aucune nouvelle démarche ne fut donc plus tentée, et tout portait à prévoir que l'on achèverait dans le local nouvellement occupé le temps du bail commencé seulement depuis quelques mois. Mais l'année suivante était destinée à voir les événements marcher avec rapidité, et aboutir à la grande institution des Orphelines de la Légion d'Honneur.

L'année 1808 se termina par une perte sensible pour madame de Lézeau : la mort enleva à l'œuvre M. l'abbé de Lamblardie, qui s'était toujours montré un de ses plus dévoués protecteurs.

M. de Lamblardie était tombé malade vers le commencement de 1808. Une de ses dernières lettres,

datée du mois de février de cette année, était déjà tracée d'une écriture altérée par la souffrance et par la maladie. Pourtant, il y parlait avec épanchement de l'Œuvre des Orphelines. « Rien ne pouvait être
« plus agréable pour moi, disait-il à madame de
« Lézeau, que tout ce que vous m'écrivez des succès
« de nos jeunes et intéressantes enfants. Je rends
« bien des actions de grâces à la Providence d'avoir
« fait prospérer nos efforts pour commencer cet éta-
« blissement. Tout cela n'aurait sûrement pas réussi
« sans vos soins maternels. Si Dieu seul a donné
« l'accroissement, c'est vous qui avez semé et planté;
« nous n'avons été, nous autres, que les instruments
« dont vous vous êtes servie. Je m'applaudis cepen-
« dant beaucoup d'avoir pu y contribuer en quelque
« chose. »

De longs jours de souffrance attendaient ce vénérable prêtre, après l'époque où il traçait ces lignes. Il perdit lentement ses forces et son activité; mais s'il eut à souffrir beaucoup, il eut en retour le rare bonheur de voir venir la mort, dont on veut presque toujours ignorer l'approche jusqu'au dernier moment. Comptant, pour ainsi dire, les pas de cette redoutable visiteuse que l'on ne rencontre jamais qu'une fois, il se prépara au voyage suprême de l'éternité en chrétien et en prêtre.

M. l'abbé Bertrand, dans une lettre écrite d'Amsterdam, le 9 janvier 1809, disait en parlant de M. de

Lamblardie : « J'ai senti plus que personne le vide
« que me laisse la perte d'un collègue aussi vénéra-
« ble que celui qui m'a été enlevé par la volonté de
« Dieu, toujours adorable, même quand elle nous
« afflige. Sa présence ici était encore bien nécessaire,
« non sous le rapport de l'activité, il n'en avait
« presque plus, mais sous le rapport de la maturité,
« de l'expérience et des sages conseils. Il a laissé un
« regret général. Ses obsèques m'ont prouvé qu'il
« était également respecté et chéri : tout le clergé de
« de la ville l'a accompagné au tombeau, au milieu
« d'une foule immense, attirée par la nouveauté d'un
« spectacle inconnu en Hollande depuis près de
« trois cents ans, car il y a été conduit avec tous les
« signes extérieurs du catholicisme, en vertu de la
« constitution qui donne au Roi la faculté d'exercer
« son culte au dehors... »

Cette perte douloureuse fut suivie peu de temps
après d'une autre plus sensible encore. Ce fut celle
de madame du Gravier, ravie par une mort prématurée à l'affection des orphelines et de leur Mère.
Cette mort laissa un grand vide dans l'œuvre. Madame
du Gravier portait aux enfants qu'elle avait contribué
à sauver, un touchant intérêt, qu'elle leur avait voué
dès le premier jour. Sa maison de campagne en recevait souvent pour divers motifs : tantôt c'était pour procurer à quelque santé faible et souffrante un meilleur

air, tantôt pour accorder aux plus sages une récompense toujours désirée.

Madame de Lézeau fut vivement affligée de la perte de son amie. Quelque forte que soit notre foi, on ne peut empêcher la douleur de pénétrer au plus intime de l'âme quand on voit disparaître ainsi ses plus chères affections. Le chrétien, malgré sa soumission aux décrets de la volonté divine, se sent profondément ému quand il voit de nouveaux tombeaux venir, sans cesse, s'ajouter à d'autres tombeaux, sur ce chemin de la vie, par où continuellement il avance vers l'éternité. Nous sommes souvent réduits ici-bas à compter les années de notre pèlerinage par les pertes de ceux que nous aimons. Aussi, heureux sont les cœurs prévoyants et généreux qui savent s'enrichir de bonnes œuvres, et s'armer ainsi de confiance en face du terme inévitable! heureuses sont les âmes fortes que ces coups répétés de la mort n'accablent pas, mais qui, restant appuyées sur les immortelles espérances, se sentent au contraire élevées par la fragilité des choses de la terre vers Dieu, la seule vraie Patrie de ceux qui croient et qui aiment[1]!

---

[1] Madame de Gravier laissa en mourant par testament, à l'Œuvre des Orphelines un petit legs de quinze cents francs, en y ajoutant la demande d'un service célébré en la chapelle de l'établissement. Pour que cet article du testament de celle qui avait été, de son vivant, la constante bienfaitrice des orphelines pût s'accomplir, il fallait un décret de l'Empereur, attendu qu'il s'agissait d'un acte notarié en fa-

Le conseil d'administration des orphelines paya un juste tribut de sincères regrets aux coopérateurs que le Ciel venait de réclamer; et les enfants prièrent de tout leur cœur pour les bienfaiteurs qu'elles avaient perdus, surtout pour madame du Gravier, que souvent elles avaient nommée leur mère.

A côté des jours d'épreuves, Dieu place ordinairement des heures de consolation, établissant ainsi une sorte de balance entre les biens et les maux de la vie, pour nous encourager à supporter les uns sans murmure, et nous apprendre à ne pas trop compter sur les autres. Une de ces consolations de la Providence était réservée à madame de Lézeau pour le commencement de l'année 1809.

Un décret de l'Empereur, rendu le 2 février, appliquait à l'établissement des orphelines une somme considérable à prélever sur des fonds qui devaient rentrer au Trésor, par suite d'une vente de biens que la législation nouvelle attribuait à l'État. Le ministre de l'intérieur chargeait M. le baron Garnier, procureur général à la cour des comptes, de l'exécution de ce décret, dont un article déclarait l'établissement des orphelines protégées par l'Impératrice, consolidé et confirmé.

M. Garnier s'exprimait en ces termes, en annon-

---

veur d'une congrégation reconnue et approuvée par le gouvernement. Ce décret, retardé par diverses circonstances, fut signé par Napoléon à Moscou, le 21 septembre 1812.

çant à sa vénérée parente cette heureuse nouvelle :

« Paris, le 25 mars 1809.

« Madame,

« Son Excellence le ministre de l'intérieur vient
« de me transmettre l'ampliation d'un décret rendu
« par l'Empereur, sous la date du 2 février dernier,
« en faveur de vos jeunes orphelines, et me charge
« de terminer cette affaire.

« Je crois devoir d'abord vous adresser une
« copie de ce décret. A qui, en effet, pourrais-
« je en donner connaissance, préférablement à la
« personne respectable qui y recueille une précieuse
« et honorable récompense de son zèle, de son dé-
« vouement, de ses sacrifices pour la formation de
« cet intéressant établissement ?

« Les personnes augustes qui le protègent accueil-
« leront sans doute avec satisfaction la communica-
« tion que vous leur ferez de ce décret. Je pense qu'il
« est convenable que vous convoquiez pour un pro-
« chain jour, les membres du bureau de l'adminis-
« tration de l'établissement, pour qu'ils prennent
« connaissance de la décision de Sa Majesté, dont
« sans doute le bienfait le plus important est de
« déclarer que votre établissement est confirmé et
« consolidé.

« Chargé par le ministre, il y a quelques mois de

« lui faire un premier rapport sur votre maison, j'ai
« été flatté de pouvoir lui exprimer tout l'intérêt
« qu'elle méritait. Vous avez désiré que je prisse
« part à son administration; le ministre m'honore
« de nouveau de sa confiance pour assurer les avan-
« tages que le gouvernement vous accorde. Tous ces
« motifs et celui du sincère attachement qui m'unit
« à tout ce qui vous concerne, doivent vous convain-
« cre, Madame, du zèle avec lequel je m'efforcerai
« de concourir au bien-être de votre établissement[1]. »

Madame de Lézeau recueillait, en effet, selon la parole de M. le baron Garnier, une première récompense de sa persévérance et de son dévouement. Son établissement, appuyé sur des ressources qui ne lui avaient jamais manqué, ne possédait pourtant jusque-là qu'une existence précaire, puisque ces ressources étaient le fait de volontés, généreuses sans doute, mais complétement libres de les refuser, s'il leur avait convenu. Désormais, il n'en devait plus

[1] M. le baron Garnier, homme distingué par la noblesse et la fermeté de son caractère, avait été préfet de Mons en Belgique, et y avait protégé les intérêts de la religion en des jours difficiles. Rappelé de sa préfecture, il fut nommé procureur général à la cour des comptes. Il était parent de madame de Lézeau, et lui était très-dévoué; mais par respect pour sa qualité de religieuse et son titre de supérieure, il la nommait toujours madame, et terminait ses lettres par les expressions du plus profond respect, tandis que sa digne parente lui écrivait sur le ton d'une affectueuse et reconnaissante amitié, en le nommant mon cousin.

être ainsi : l'orphelinat allait commencer à pouvoir vivre sur ses propres ressources et à pouvoir s'étendre pour faire plus de bien. Sa fondatrice ne cessait de remercier Dieu d'avoir ainsi abaissé un nouveau regard de bénédiction sur l'œuvre, qu'en des jours jours difficiles, elle avait entreprise pour sa seule gloire et pour le salut des âmes. Ces bénédictions lui semblaient un acheminement certain vers le complet rétablissement de la Congrégation de la Mère de Dieu, qu'elle ne perdait jamais de vue, et qui restait toujours son projet le plus cher, ou, pour mieux dire, son unique projet, car tous les autres s'y rattachaient.

Une œuvre exigeant un dévouement aussi continuel que l'éducation de la jeunesse, telle que la comprenait madame de Lézeau, réclamait une corporation religieuse. Sans les vœux d'obéissance et d'abnégation complète, il est difficile, ou, pour mieux dire, impossible de pouvoir compter que la vie, la plus dévouée du reste, sera entièrement consacrée à Dieu et au prochain sans retour vers soi-même et sans regrets. La nature du cœur humain est là : quoi qu'on fasse, l'avenir a ses inquiétudes, ses justes prévisions; le présent ses difficultés, ses déceptions, ses sacrifices. Quand la volonté ne s'est pas imposé une chaîne que l'on ne peut plus rompre sans manquer à l'honneur d'un engagement sacré, sans cesse doit revenir la tentation de déposer un fardeau qui, d'un moment à l'autre, peut devenir trop lourd, et de laisser une entreprise que l'on n'avait pas prévue si difficile.

L'intelligente Supérieure des orphelines savait tout cela dans son expérience; aussi elle tendait de tous ses vœux et de tous ses efforts vers un complet retour à la vie religieuse. Une des choses les plus admirables, parmi les voies de la Providence dans les commencements de la Congrégation de la Mère de Dieu, c'est que cette œuvre ait pu s'établir, se continuer et s'affermir sans aucun vœu, sans aucune promesse, par la libre réunion de pieuses femmes qu'aucun intérêt humain ne reliait les unes aux autres, à qui aucun avenir n'était assuré, et dont la seule récompense était le bien même qu'elles avaient le bonheur de faire pour Dieu seul. Ces âmes de dévouement n'avaient pas encore embrassé la vie religieuse; mais elles en avaient le mérite en même temps que la vocation; le but de leur supérieure était aussi le leur, et de ferventes prières demandaient chaque jour à Dieu de hâter le moment où la maison des orphelines serait le centre d'une congrégation nouvelle, prenant rang dans l'Église pour y accomplir avec humilité et persévérance sa part de travail et de récolte.

Le mois de septembre fut pour la maison des orphelines marqué par un événement qui ne fut pas sans quelque importance. Le comte Regnault de Saint-Jean d'Angely, ministre d'État, vint en faire la visite attentive. Il s'informa de tout, demanda qu'on lui présentât les enfants ; les interrogea, se fit avec intérêt rendre compte du mode d'éducation.

Madame de Lézeau fit les honneurs de son établissement avec la noble distinction et la grâce, affable et digne en même temps, qui la caractérisaient. Avec ses enfants, c'était une mère en qui dominait la bonté ; avec les grands personnages, qu'elle approchait souvent, c'était la femme éminente par excellence, dont il était impossible de méconnaître la valeur et la capacité. Le comte Regnault lui adressa, en se retirant, les félicitations les plus vives, laissant entrevoir les plus flatteuses espérances.

Cette visite fut-elle une simple preuve d'intérêt, ou avait-elle déjà un but officiel, non encore avoué, se rattachant secrètement aux projets de l'Empereur ? Nous ne saurions le dire, mais il semble rationnel de le penser.

De nouveaux bienfaits ne se firent pas longtemps attendre. Une seconde dotation attribua, quelques mois après, une somme de deux cent mille francs à l'institution, assurant ainsi la pension de trente orphelines. Le décret de cette dotation portait la date du 2 février 1810 ; il fut accueilli comme un nouveau don de la Providence, comme une nouvelle assurance des bénédictions du Ciel pour l'avenir, et comme un nouvel acheminement vers les chères espérances de la vie religieuse.

Ce décret ne parut au *Moniteur* qu'un mois plus tard. L'excellent baron Garnier, après en avoir fait la lecture, écrivait le 4 mars 1810, en toute hâte, les quelques lignes suivantes : « Je présente mes respects à madame de Lézeau. Si je n'étais malade, et si j'avais les jambes un peu plus fortes, j'aurais couru chez elle lui faire lire le *Journal de l'Empire* d'aujourd'hui, où se trouve notre fameux décret. Au moins, je veux être le premier à offrir mes respectueuses félicitations. Je salue de nouveau, et avec vénération la bienfaitrice de l'enfance et du malheur. »

Trois mois après ce décret, la Reine des Deux-Siciles fit demander, par le secrétaire de ses commandements, une place dans la maison des orphelines pour une enfant à qui elle portait intérêt. Il faut citer ici les lettres échangées à cette occasion ; elles achèveront de démontrer comment la Providence a fait son œuvre. Dieu s'était plu à réunir sur cette petite congrégation naissante, essentiellement humble et pauvre, les plus hautes faveurs de l'époque. Il voulait faire naître de cette union de la grandeur du monde et de l'humilité religieuse, de la richesse et de la pauvreté, une congrégation qui, portant le plus beau nom que l'Église donne à la très-sainte Mère de Jésus, devait imiter les vertus de cette Vierge bénie, et ne se souvenir de son origine, que pour se rappeler l'humilité dont elle fut entourée, et la protection providentielle qui ne cessa de l'environner.

Ainsi écrivait le secrétaire de la princesse Caroline, épouse de Murat, devenu depuis deux ans Roi de Naples, par la volonté de Celui qui s'était fait le distributeur des couronnes de l'Europe :

« Palais des Tuileries, au pavillon de Flore,
« le 31 mai 1810.

« Madame,

« Sa Majesté la Reine des Deux-Siciles désirerait
« faire entrer et entretenir dans la maison que vous
« administrez la fille d'un père de famille, à qui elle
« porte de l'intérêt. Sa Majesté me charge de m'in-
« former auprès de vous si, quoique ayant des pa-
« rents, cette jeune personne peut être admise
« comme orpheline; et si, par conséquent, 24 francs
« par mois, ou 550 francs, une fois payés chaque an-
« née, suffiront pour cet acte de bienfaisance...

« CH. JANVIER,
« Secrétaire des commandements de Sa Majesté
« la Reine des Deux-Siciles. »

Madame de Lézeau répondit le jour même à cette lettre :

« Monsieur,

« A la vérité notre maison n'est établie que pour
« des orphelines, et je n'en admettrais aucune autre,
« à moins de quatre cents francs, et l'entretien payé,
« si ce n'était pas Sa Majesté la Reine des Deux-Siciles
« qui me fit l'honneur de me faire cette proposition.
« Mais notre Congrégation étant sous la protection de
« Sa Majesté l'Impératrice, et l'Empereur ayant dai-
« gné, par un décret, lui confirmer le titre de Maison
« d'orphelines de l'Impératrice, je ne puis, ni ne
« dois refuser aucune des enfants protégées par son
« auguste famille. Déjà nous en avons plusieurs qui
« qui ont l'honneur d'être de ce nombre : une entrée
« chez nous par ordre de l'Empereur; deux de Son
« Altesse la princesse Pauline ; deux de Son Altesse,
« Madame Mère, une du Roi de Hollande, trois de la
« Reine de Hollande, une de la Reine d'Espagne; et
« une de Son Altesse Éminentissime Monseigneur le
« cardinal Fesch, qui veut bien nous honorer d'une
« protection toute particulière, ayant mille bontés
« pour moi... »

La courageuse et persévérante mère et fondatrice
des Orphelines de l'Impératrice était, on le voit par
ces lignes comme par ce qui précède, toute désignée
à l'Empereur pour l'accomplissemet du projet qu'il

avait de former de grands établissements d'orphelines de la Légion d'Honneur. Toutes les circonstances avaient été pour cela conduites et dirigées par Celui qui préside avec autant de facilité aux événements de la vie humaine qu'à la destinée des empires.

CHAPITRE XII

Madame de Lézeau en 1810. — Ses premières compagnes dans l'Œuvre des Orphelines. — Madame Dagoty. — Mère Marie des Anges. — La bonne Mère Aimée. — En 1808, à la demande de madame de Folard de Boubers, elle brode une garniture de berceau pour le fils de la Reine Hortense, qui devait être un jour l'Empereur Napoléon III. — Madame de Lézeau reprend sa croix de religieuse. — Statuts de la Congrégation. — Le cardinal de Belloy. — Sa mort. — Le cardinal Fesch est nommé à l'archevêché de Paris. — Ses lettres à madame de Lézeau. — M. l'abbé de Quélen. — Madame de Lézeau obligée de s'éloigner de ses orphelines. — M. l'abbé Rauzan. — Le cardinal Fesch quitte Paris et rentre dans son diocèse. — Affliction de madame de Lézeau. — Noviciat de la Congrégation de la Mère de Dieu.

Déjà on a pu, en partie du moins, apprécier le mérite des premières compagnes de madame de Lézeau; mais il est nécessaire de faire une plus ample connaissance avec ces femmes d'élite qui aidaient de tout leur dévouement leur vénérable supérieure, à fonder l'Œuvre des Orphelines et la Congrégation de la Mère de Dieu.

Autrefois, quand la Providence choisit deux saints pour jeter les fondements de l'ordre de la Visitation;

elle mit longtemps à former, par un concours de circonstances admirables, les âmes de choix qui devaient les premières se ranger autour de madame de Chantal, sous la direction et l'autorité paternelle de saint François de Sales. C'était mademoiselle Favre, la fille du président du parlement de Savoie : son âme était ardente, son jugement éclairé, mais sa volonté entière et absolue ne pouvait souffrir aucun joug ; la grâce la convertit au milieu des plaisirs et des applaudissements du monde. C'était encore mademoiselle de Bréchard, dont l'enfance, pleine de périls et de douleurs, ne connut jamais le sourire ni les embrassements d'une mère ; et l'énergique bergère Marie-Jacqueline Coste, dont le cœur était un cœur d'apôtre, et mademoiselle de Châtel et Marie-Aimée de Blonay. Toutes, séparées les unes des autres pendant des années, ne se connaissant pas, tourmentées par leur vocation, mais ignorantes de l'avenir, elles se formaient sous l'influence de la grâce, à des destinées inconnues. Telles, dit le pieux auteur de la Vie de sainte Chantal, que des fleurs de couleurs différentes, mais de parfums également agréables, s'épanouissent le long des grandes routes, au fond des vallées, sur le haut des montagnes, en attendant l'heure où, cueillies par une même main, elles s'uniront dans une même corbeille, et embaumeront l'autel d'un même parfum [1].

[1] M. l'abbé Bougaud, *Vie de sainte Chantal.*

Ainsi agissait Dieu pour la naissante congrégation des orphelines... son origine avait été humble, comme celle de toutes les grandes choses du christianisme. Ses développements étaient lents, comme il arrive pour ce qui doit vivre longtemps ; et le choix de ses premières religieuses se faisait d'une manière toute providentielle.

C'était d'abord madame de Lézeau, religieuse de la Visitation et fille dévouée de sainte Jeanne de Chantal. Arrachée de son cloître par la tempête révolutionnaire, elle avait été jetée dans le monde, comme un rameau brisé en un jour d'orage et tombé sur une terre étrangère, loin du tronc vigoureux qui l'a porté. Mais ce rameau allait devenir une tige nouvelle pour donner à l'Église et des fleurs et des fruits.

En quittant son couvent, madame de Lézeau avait espéré y revenir bientôt. Cette trompeuse illusion était partagée par ses sœurs, et on se rappelle avec quel soin la vénérable Mère de la Haye avait laissé toutes choses dans un ordre parfait au monastère, dans l'espoir d'un prochain retour. Mais l'illusion dura peu, et dix années de malheur avaient suivi ce premier et triste jour de séparation.

Pendant ces longues années, madame de Lézeau avait toujours conservé, comme un précieux trésor, ses vœux et son attachement pour la Visitation. Souvent même, elle avait pensé à former un couvent de cet ordre, mais Dieu, qui voulait autre chose d'elle, l'avait conduite dans une voie différente; et, en 1806, quand les religieuses Visitandines essayèrent de se réunir à Rouen, sous la conduite de la vénérable Mère de Belloy, supérieure avant la révolution, la généreuse mère des orphelines n'était plus libre : elle se trouvait enchaînée, captive de sa charité. Depuis deux ans déjà, elle avait demandé au Souverain Pontife la dispense d'une partie de ses vœux, afin de pouvoir se mieux consacrer à l'œuvre que Dieu lui présentait à accomplir.

Cette œuvre difficile, mais grande et belle, était faite pour charmer l'âme héroïquement chrétienne et entreprenante de madame de Lézeau. Les années qui suivirent la révolution étaient un temps de renaissance. L'Église de France semblait sortir d'un profond naufrage, d'un véritable cataclysme : partout il y avait des ruines à réparer, des blessures à guérir, des maux à faire oublier. Dieu suscita un grand nombre d'âmes ardentes, de cœurs apostoliques pour cette œuvre de réparation. Madame de Lézeau était du nombre; et, après avoir généreusement pris selon ses forces et son pouvoir, sa large part de tout ce qui devait contribuer à l'honneur de la religion, elle n'avait plus qu'un désir, celui de perpétuer le bien qu'elle avait jusque-là réussi à faire. Telle était en 1810 la fondatrice de la Congrégation de la Mère de Dieu. Ses compagnes étaient dignes d'elle.

Dès les premiers jours de la réunion des orphelines à la rue des Saints-Pères, celle qui s'était constituée leur vivante Providence eut autour d'elle plusieurs amies, ou plutôt plusieurs filles, qui lui étaient tendrement dévouées, comme des enfants à la plus chérie, à la plus vénérée des mères. C'étaient d'abord quelques sœurs de l'ancienne Congrégation de la Mère de Dieu, qui étaient restées fidèles à leur vocation de dévouement, malgré les malheurs des temps qu'elles avaient traversés.

Madame de Lézeau les avait adoptées auprès du lit de mort de leur supérieure expirante. Qu'elles soient vos filles, et je mourrai heureuse, je prierai pour vous au ciel, et Dieu vous bénira! lui avait dit cette supérieure sur le point de quitter la vie; et il s'était formé entre ces âmes humbles et dévouées et celle qui les avait adoptées des liens que Dieu, en effet, avait bénis. Ces femmes de mérite n'avaient pas, par le passé, vécu à proprement parler de la vie religieuse, mais elles pratiquaient d'une manière admirable les vertus qui en sont le fondement et la base : l'humilité, l'obéissance et l'abnégation.

A ces premières compagnes de madame de Lézeau étaient venues se joindre, dès les commencements, la jeune Eugénie Maroteau, qui devait plus tard se nommer en religion Mère Marie-Aimée de Chantal, et la Mère Marie des Anges, et madame Dagoty, qui reçut le nom de Marie de la Croix, nom doux et sévère qui peignait en deux mots l'âme et le caractère de celle qui le portait.

Une douceur inaltérable, une piété fervente, une invariable fidélité à la règle, et une mortification des plus sévères, jointe à une indulgence parfaite pour les autres, formaient le fond de la conduite et les principaux traits du caractère de madame Dagoty, ou pour mieux dire de Mère Marie de la Croix. Les heures consacrées dans la maison à la prière ne lui suffisaient pas : chaque jour, avant l'heure du lever de la communauté, tandis que les orphelines et les sœurs reposaient encore, elle était à la chapelle, éclairée seulement de la lampe qui brûlait devant l'autel. Là, seule dans le silence et l'obscurité, elle priait longtemps. Une heure, une heure et demie quelquefois, se passait pour cette âme séraphique dans ces entretiens solitaires et délicieux avec le Dieu du tabernacle. Plus tard Mère Marie de la Croix devait être la première supérieure de la maison impériale de la Légion d'Honneur, établie dans l'ancien monastère des religieux Augustins de la forêt de Saint-Germain-en-Laye. Nous la verrons à côté de madame de Lézeau, en 1814, contribuer, par sa fermeté et sa présence d'esprit, à arrêter un régiment de soldats étrangers menaçant de briser la porte du couvent pour y trouver des vivres. Mère Marie de la Croix a vécu quatre-vingt-sept ans. Elle a eu le rare bonheur de ne jamais démentir sa douceur, de conserver jusqu'à la fin son amour de la mortification et sa charité pour le prochain, qui n'a pu être diminuée par ses propres infirmités. Aussi, ses sœurs, de son vivant même, la désignaient entre elles sous le nom de la sainte.

Mère Marie des Anges avait été, avant la révolulution, religieuse chez les Dames de la Croix. Ne sachant pas si jamais elle pourrait reprendre la vie religieuse dans sa congrégation dispersée par la révolution, elle avait ouvert une école où elle se consacrait à l'éducation, surtout des enfants pauvres. Elle habitait Suresnes, où madame du Gravier, cette amie dévouée de l'Œuvre des Orphelines, avait sa maison de campagne, et, ayant connu madame de Lézeau, elle n'eut plus qu'une pensée, qu'un désir : se joindre à cette supérieure, à cette mère que lui envoyait la Providence. Elle sentait qu'abandonnée seule dans son village, où bien des choses manquaient à sa piété, elle ne pourrait jamais retrouver la vie de communauté, qui est la vraie vie religieuse. La vénérée Supérieure des orphelines l'accueillit avec cette joie et cet empressement qu'une fondatrice de congrégation ressent toujours quand Dieu lui envoie un sujet de dévouement, capable de grandes et saintes choses.

Mère Marie des Anges révéla bien vite tout ce que madame de Lézeau avait reconnu en elle de brillantes et solides qualités, malgré le manteau d'humilité dans lequel l'ancienne religieuse de la Croix cherchait à s'envelopper. Elle avait particulièrement un tact exquis pour captiver et connaître les enfants. Elle savait leur imposer l'ordre et l'obéissance avec une fermeté qui ne diminuait point son inaltérable douceur; les orphelines l'aimaient, et pourtant sa parole, toujours écoutée, inspirait le respect et un peu la crainte. Mère Marie des Anges ne se décourageait jamais, quand elle se trouvait arrêtée dans ses fonctions de maîtresse par des caractères difficiles, capables de rebuter toute autre qu'elle. On l'entendit dire un jour d'une de ces enfants dont il semblait que l'on n'avait rien de bon à attendre : « Ce sera une femme de foi, la consolation de sa famille et notre joie ! » Ce qui se vérifia à la lettre.

Mère Marie des Anges avait une énergie rare ; nous la trouverons plus tard au couvent des Loges, en qualité d'assistante, avec sa compagne Mère Marie de la Croix, devenue supérieure, et nous serons peut-être étonnés de son courage et de son calme, en la voyant s'en aller au travers de la forêt et des soldats étrangers, avec la voiture de la maison, jusqu'à Saint-Germain, pour s'y procurer des provisions, non pour les enfants de la Légion d'Honneur, ou les religieuses de la communauté, mais pour un régiment de Cosaques !

L'énergique caractère de Mère Marie des Anges l'inclinait souvent vers les pensées austères de la religion ; l'éternité était toujours devant ses yeux, et la foi était le mobile de toutes ses actions.

Madame Dagoty apportait à madame de Lézeau sa douceur et son amour de la mortification ; la Mère Marie des Anges son énergie, qui l'aurait rendue sévère, si la piété et les vertus religieuses ne l'eussent tempérée. La jeune Marie-Aimée lui avait, la première de toutes, apporté des qualités d'une autre sorte ; et sa supérieure les avait regardées comme une dot d'un prix inestimable pour les commencements de sa congrégation. Ces qualités étaient une humilité profonde, un amour presque passionné du travail, et surtout une inépuisable bonté.

Toute petite enfant, Marie-Aimée avait perdu son père et sa mère, et avait ainsi connu de bonne heure les peines de la vie. Son âme aimante et son cœur profondément affectueux eurent à souffrir cruellement de cette double perte. Quoique enfant, elle sentit le vide qui se faisait autour d'elle surtout par la mort de sa mère. Dès lors, il se développa en sa jeune âme une affectueuse sympathie pour tout ce qu'elle voyait malheureux. Le chagrin souvent exile du cœur la bonté ; on se replie sur ses propres peines, et l'amertume dont on est abreuvé tarit la source de la sensibilité pour les autres. Telle ne fut jamais la Mère Marie-Aimée : son enfance et sa première jeunesse, comme, plus tard, le reste de sa vie, n'avaient connu qu'un attrait : la charité, le tendre amour de tout ce qui souffre et qui pleure.

Après la mort de sa mère, Marie-Aimée avait été confiée à une tante dont le caractère était rude et difficile. Elle eut souvent à en souffrir beaucoup, se sentant quelquefois profondément blessée dans son exquise sensibilité, sans que même on semblât s'en douter autour d'elle. Son âme aimante était ardemment portée vers Dieu, et elle ne rencontra pourtant rien de ce qui fait aimer la piété. La religion lui fut montrée sous un jour faux d'exagération et de sévérité. La douce enfant sentait que tel ne devait pas être Dieu, et que la vraie piété était certainement autre chose que ce que l'on enseignait à son jeune âge ; de cette habitude de contradiction il résulta pour elle une extrême défiance de soi-même qui, sous l'influence de la religion, devint de l'humilité, vertu des saints. Cette humilité, s'unissant à sa douceur, forma le fond de son caractère et devint l'auréole de sa vie.

Dieu veillait sur cette jeune enfant, il la conduisit à madame de Lézeau... La voir et l'aimer fut pour cette mère si intelligente, et dont le regard pénétrait si avant, une seule et même chose. Marie-Aimée jusque-là n'avait pas été heureuse ; quand elle eut trouvé en madame de Lézeau une mère pour remplacer celle qu'elle avait perdue, elle eut trouvé le bonheur, que jusqu'alors elle n'avait pas connu.

S'attacher à cette mère fut pour elle quelque chose de naturel et comme d'instinctif. Elle ne calcula pas l'avenir, ne demanda pas si madame de Lézeau fonderait une congrégation, si son œuvre se perpétuerait : elle ne voyait qu'une seule chose... Dieu lui envoyait une mère et elle s'attachait à ses pas. Elle avait alors dix-sept ans. C'était à l'époque où l'Œuvre des Orphelines n'était encore qu'en projet, et où le zèle de celle qui devait devenir leur mère ne s'exerçait que dans les ateliers de bienfaisance du dixième arrondissement. La jeune et douce Marie-Aimée était ainsi la plus ancienne des filles de madame de Lézeau, et elle s'était trouvée à la première réunion des orphelines, rue des Saints-Pères, en avril 1806.

Les âmes humbles renferment des ressources que l'orgueil ignore, et Marie-Aimée devait, malgré son extrême timidité, devenir une excellente religieuse, une religieuse modèle par son obéissance, sa douceur, son humilité. A deux reprises, elle occupera la charge d'économe ; et, si l'on doit appeler plus tard Mère Marie de la Croix : la sainte, toute la Congrégation de la Mère de Dieu connaîtra un jour la première compagne de madame de Lézeau sous le nom de la bonne Mère Aimée!

Elle avait pour la broderie un talent extrêmement remarquable, et travaillait avec une étonnante rapidité, unissant ainsi la perfection dans ses ouvrages à la promptitude de l'exécution. Souvent, dans les premiers temps, elle avait été par le prix de son travail une ressource précieuse pour l'établissement des orphelines. Plus d'une fois elle avait passé des nuits pour achever la tâche que son dévouement lui imposait. C'était elle qui avait donné aux orphelines leurs premières leçons d'ouvrage. Ces enfants, on se le rappelle, ne connaissaient que les rouages de leur filature et avaient été cependant, dès le mois de mai 1806, capables d'offrir un voile brodé par elles-mêmes à la Reine Hortense, leur première bienfaitrice.

En 1808, la Reine ayant fait demander à madame de Lézeau une garniture de berceau, la bonne Marie-Aimée avait été naturellement désignée par sa Supérieure pour exécuter ce travail, auquel, on peut le penser, elle donna tous ses soins. L'Empereur, ayant un jour remarqué l'élégance et la perfection de cette broderie, sut qu'elle venait de la maison des orphelines protégées par l'Impératrice, et fit à cette occasion remettre à la maîtresse d'ouvrage des orphelines une montre en témoignage de sa satisfaction. La bonne Mère Marie-Aimée conserva cette montre jusqu'à sa mort.

Le fils de la Reine Hortense, à qui était destinée cette garniture de berceau, devait devenir un jour l'Empereur Napoléon III. Il paraîtrait que, malgré son zèle, la Mère Aimée avait eu quelque retard pour ce travail, sans doute plus considérable qu'elle ne le pensait d'abord. Il se trouve dans les papiers de madame de Lézeau une lettre de madame de Folard de Boubers, à la date du 8 avril 1808, réclamant pour le plus tôt possible, au moins un des dessus de berceau, ainsi que quelques-unes des couvertures.

La Mère Marie-Aimée, qui était la première compagne de madame de Lézeau, fut aussi souvent sa confidente. Madame de Lézeau parlait peu de ce qui la concernait, et racontait rarement les événements de la révolution auxquels elle s'était trouvée mêlée. Le souvenir de ces événements réveillait en elle une émotion si profondément douloureuse que ses larmes coulaient bientôt, et qu'elle était promptement obligée de garder le silence. Mais, à l'époque où la jeune Marie-Aimée s'était attachée à madame de Lézeau, cette vénérée Mère avait encore toutes ses pensées de retour à la Visitation, aussi sa jeune compagne fut témoin de ses perplexités, de ses hésitations, et enfin de la décision qui, en lui faisant renoncer à son ancien monastère, devenait le principe de l'Œuvre des Orphelines, et plus tard de la Congrégation de la Mère de Dieu.

Ce fut seulement en 1855 que Mère Aimée alla recevoir au Ciel la récompense des douces vertus qui l'avaient fait chérir et vénérer sur la terre. Son souvenir, comme celui de ses premières compagnes, est religieusement conservé dans la Congrégation, dont elle a fait l'édification, et dont elle a été l'exemple pendant près de cinquante ans.

A ces premières mères il vint s'en joindre beaucoup d'autres, parmi lesquelles mademoiselle de Saint-Holaire, qui fut la première secrétaire de madame de Lézeau, et qui l'accompagna plus tard, en cette qualité, dans le voyage qu'elle fit à Pont-à-Mousson, pour l'établissement d'une maison de la Légion d'Honneur. Puis, encore un peu plus tard, de dignes religieuses que la tourmente révolutionnaire avait exilées, elles aussi, de leurs monastères. Désespérant de les voir se rouvrir, elles venaient demander asile à madame de Lézeau, et consacrer à Dieu et aux orphelines le reste de leur vie, pour quelques-unes déjà sur le penchant des vieux jours. La compatissante Supérieure de la Congrégation de la Mère de Dieu n'en refusa aucune. Elle leur disait : « Venez, j'ai été victime des mêmes malheurs que vous ; ce que vous avez souffert, je l'ai souffert aussi. Si vous ne pouvez travailler, vous prierez ; et votre prière attirera sur nous les bénédictions du Ciel ! »

Au nombre de ces anciennes religieuses qui trouvèrent un asile dans les rangs de la congrégation naissante, il en fut une d'une éminente distinction : c'était Mère Thérèse de Jésus, religieuse Carmélite de Saint-Denis, qui avait vu sa communauté dispersée, et une de ses compagnes, madame de Chamboran, conduite à l'échafaud, où elle avait reçu la palme du martyre; et Mère de la Présentation, religieuse de l'Ave-Maria, qui avait, au risque de sa vie, sauvé de la chapelle de son couvent, un reliquaire contenant le chef de sainte Marguerite [1].

Telles étaient les premières compagnes qui entourèrent et soutinrent par leur dévouement la fondatrice de la Congrégation de la Mère de Dieu. Leur abnégation, le filial et religieux attachement qu'elles portèrent à leur supérieure, la douce charité qui les unit entre elles, l'amour qu'elles eurent pour le travail, leur acceptation joyeuse d'une vie qui fut souvent fort laborieuse et fort dure, en font de grands exemples et de véritables modèles pour les religieuses qui ont maintenant le bonheur de faire partie de cette congrégation, dont elles furent les premières mères.

Le costume qu'elles portaient n'était pas précisément le costume religieux; mais, simple, modeste, de couleur noire, il se rapprochait beaucoup de celui que portaient, avant la révolution, les sœurs des Orphelines de Saint-Sulpice. Dès l'année 1807, c'est-à-dire un an seulement après leur réunion, ces premières Mères portèrent un anneau d'or au doigt, en témoignage de leur alliance avec Dieu, et une croix d'argent sur la poitrine, comme signe extérieur de leur profession religieuse.

[1] Cette relique est précieusement conservée à la maison mère de la Congrégation de la Mère de Dieu.

On comprend avec quels sentiments la très-révérende Mère Marie-Marguerite de Lézeau reprit alors sa croix de Visitandine, la même qu'elle avait reçue trente ans auparavant, le 27 décembre 1776, jour de sa profession religieuse. Cette croix ne l'avait jamais quittée; elle avait été durant les années mauvaises son plus cher trésor. En 1805, le cinquième jour d'avril, le Souverain Pontife Pie VII avait daigné l'indulgencier en adressant à celle qui l'avait longtemps portée, et qui espérait la reprendre bientôt, des paroles d'encouragement et de bénédiction.

Madame de Lézeau, en reprenant sa croix comme insigne de sa qualité de religieuse, demanda à Dieu de n'avoir plus à la quitter. Sa prière fut exaucée : la Fondatrice et Supérieure générale de la Congrégation de la Mère de Dieu portera, en effet, désormais sa croix de religieuse jusqu'à sa mort. Elle ne sera plus forcée qu'un jour, mais un jour seulement, de la cacher encore, lorsqu'elle traversera Paris hérissé des barricades de 1830, pour voler au secours de sa maison des Loges près Saint-Germain, après avoir, par son courage et son sang-froid, arrêté à la porte de l'établissement des enfants de la Légion d'Honneur, à Paris, l'émeute menaçante. Et puis, quand elle sentira, après sa longue vie, venir la mort; quand pour elle s'approchera l'heure de l'agonie, elle recommandera à l'une de ses filles d'envoyer à Mgr de Quélen cette même croix, aussitôt après son dernier soupir, comme suprême témoignage d'une religieuse soumission ; et afin que l'illustre archevêque en fasse lui-même, selon sa promesse, la remise à la nouvelle supérieure générale de la Congrégation.

A la fin de cette même année 1807, madame de Lézeau ayant obtenu, dès l'année précédente, pour ses enfants le titre d'orphelines protégées par l'Impératrice, sollicita du ministre des cultes, M. le comte Bigot de Préameneu, successeur de M. Portalis, la faveur de voir sa congrégation, encore bien peu nombreuse, rangée cependant parmi les congrégations de Sœurs hospitalières, reconnues par le gouvernement, et autorisées à avoir un noviciat.

La rapport du ministre fut des plus favorables ; il présenta à l'Empereur un exposé exact de l'histoire de l'ancienne Maison de la Mère de Dieu, existant depuis 1648. Il disait que les religieuses restant de cette ancienne institution s'étaient réunies à l'institution nouvelle comme à leur centre, que tout dans l'établissement des orphelines était prospère, d'un ordre parfait, et annonçant un heureux avenir. Il notait aussi que dans le choix des enfants, l'administration de cet établissement avait constamment choisi de préférence les orphelines dont les pères avaient péri sur les champs de bataille ; et, en conséquence de tout cet exposé, le ministre sollicitait pour l'Œuvre des Orphelines le titre de congrégation religieuse hospitalière, et l'autorisation d'un noviciat.

Madame de Lézeau joignait aux sollicitations qu'elle adressait à l'Empereur, par l'intermédiaire de ses ministres, d'autres sollicitations qui s'adressaient au Dieu de toute bonté, dont le regard s'abaisse volontiers vers ceux qui prient et qui ont confiance. Aussi tout lui fut accordé... Son œuvre obtint le titre de congrégation, et comme telle se trouva placée sous le patronage immédiat de Madame Mère de l'Empereur, qui avait été nommée par son fils protectrice générale des établissements de charité, fonction qu'elle remplissait avec zèle et discernement.

La Mère des orphelines trouva auprès de cette puissante et nouvelle protectrice, le même appui et le même intérêt que la Providence lui avait jusque-là fait, presque toujours et partout, rencontrer depuis le commencement de son œuvre. Encouragée par la bienveillance de Madame Mère, elle songea à faire approuver les statuts de sa congrégation. Son premier soin dans cette démarche, dont le succès était d'un haut intérêt pour l'existence légale de sa fondation, fut naturellement de s'adresser à Mgr l'archevêque de Paris, qui était alors le cardinal de Belloy.

Ce vénérable prélat touchait à sa centième année; il était né en 1709 d'une famille ancienne, et avait embrassé jeune l'état ecclésiastique. Il avait été le successeur immédiat de l'illustre Belsunce sur le siége épiscopal de Marseille. Obligé de s'éloigner pendant les orages de la révolution, il avait passé le temps de la Terreur et les années qui la suivirent en Normandie, aux environs du lieu de sa naissance, sans y courir de grands dangers. A l'époque du Concordat, et pour en faciliter la conclusion, il s'était démis avec empressement de son évêché de Marseille. Il avait été, peu après, nommé archevêque de Paris, et en 1803, le Souverain Pontife l'avait créé cardinal.

Le vénérable archevêque accueillit avec bonté la demande des Dames de la Congrégation de la Mère de Dieu. Il approuva leurs statuts et les fit adresser au ministre des cultes dans les derniers jours du mois de mai 1808. Ce devait être là un des derniers actes d'administration du vénérable cardinal : il mourut quinze jours à peine plus tard, le 10 juin de cette même année, après avoir sagement administré son diocèse de Paris, malgré son grand âge, comme il avait autrefois sagement conduit celui de Marseille.

A dater de cette époque, la Congrégation de la Mère de Dieu eut une règle approuvée, et prit rang parmi les congrégations reconnues par l'autorité ecclésiastique.

La mort du cardinal de Belloy, doyen de l'épiscopat français, laissait vacant le siége de Paris. On s'occupa aussitôt dans le public du choix du prélat qui allait être appelé à lui succéder. Il y eut divers noms, tous honorables et distingués dans l'Église de France, qui furent jetés en avant. Celui du cardinal Fesch, archevêque de Lyon, grand aumônier, fut celui qui fut le plus souvent prononcé en cette circonstance. Ce fut aussi sur lui que s'arrêta le choix de l'Empereur, qui désirait voir sur le siége de la capitale un prélat qui lui fût dévoué, et nul ne semblait devoir l'être plus que le cardinal son oncle.

Mais Napoléon était malheureusement entré dans une voie douloureuse pour l'Église ; ses divisions avec la cour de Rome et sa conduite à l'égard du Souverain Pontife attristaient la catholicité. Aussi, dit Mgr Lyonnet, historien du cardinal Fesch, le projet de faire quitter à l'archevêque de Lyon son siége pour celui de Paris n'était pas sans difficulté ; il avait annoncé qu'il n'abandonnerait jamais son diocèse ; puis il avait montré en diverses occasions un attachement inviolable à la personne du Saint-Père. Cependant l'Empereur, dont la volonté n'était pas accoutumée à rencontrer la résistance, et qui était toujours disposé à la briser sous une main inflexible quand il la trouvait quelque part, passa outre, et nomma le cardinal vers la fin de 1808 à l'archevêché de Paris.

Madame de Lézeau éprouva une grande joie en apprenant cette nomination. Le cardinal s'était déjà montré de la plus grande bienveillance pour elle toutes les fois qu'il avait eu, en sa qualité de grand aumônier, à s'occuper de l'établissement des orphelines protégées par l'Impératrice. Il était pour elle et pour ses enfants un protecteur, on pourrait presque dire un père. Aussi, inspirée par sa reconnaissance, madame de Lézeau exprima au cardinal toute sa joie, dans une lettre qu'elle lui adressait à cette occasion. Elle lui disait naïvement que le bonheur avait contribué à rétablir sa santé, toujours faible, et souvent mauvaise durant les jours de la froide saison. Le 16 février 1809, Son Éminence répondait à cette lettre avec sa bienveillance accoutumée.

« Agréez, je vous prie, disait-il à madame de Lézeau,
« mes remerciements pour la part que vous prenez
« à ma nomination à l'archevêché de Paris. Je suis fort
« aise que cette nouvelle ait contribué à vous rendre
« la santé. L'espérance que vous avez de l'intérêt que
« je dois prendre à vos enfants ne sera pas vaine.
« Leur titre d'orphelines m'inspire la compassion,
« et mon devoir me la commande. Ainsi soyez tran-
« quille, achevez de rétablir votre santé nécessaire à
« votre belle œuvre, faites prier pour moi ces âmes
« innocentes, que je n'ai pas besoin de recommander
« à votre maternelle sollicitude, et soyez assurée des
« sentiments bien sincères de respect et d'estime
« avec lesquels, madame la Supérieure, je vous suis
« dévoué.   J. CARDINAL FESCH. »

Un jeune prêtre déjà d'un haut mérite, et qui a occupé une grande place dans la vie de madame de Lézeau, était attaché au cardinal. C'était M. l'abbé de Quélen, qui devait être plus tard archevêque de Paris.

L'abbé Hyacinthe-Louis de Quélen était né à Paris, d'une illustre famille de Bretagne. Il avait commencé ses études au collége de Navarre, et reçu la tonsure tout jeune, en 1790, au moment où la religion était si vivement menacée. Persistant dans sa vocation pour l'état ecclésiastique sous le règne affreux de la Terreur, il avait continué de se préparer au saint ministère par la prière et l'étude, tandis que les malheurs de 93 envoyaient les siens à l'échafaud, et poursuivaient en Vendée son frère aîné qui y combattait dans les rangs des chouans.

Lorsque le séminaire de Saint-Sulpice avait été rouvert, en 1801, par le sage et courageux abbé Emery, M. de Quélen en était devenu un des premiers élèves, et il n'avait pas tardé à se faire remarquer par son mérite ainsi que par son zèle et sa distinction dans les fonctions de catéchiste. Il avait été ordonné prêtre en 1807, à Saint-Brieuc, diocèse de sa famille. Il avait alors un peu moins de vingt-neuf ans. Ceux qui ce jour-là voyaient, au pied de l'autel, ce jeune prêtre, d'une taille élevée, mais à l'air faible et souffrant, étaient loin de soupçonner toute l'énergie et toute l'admirable force de caractère que déploierait, durant un épiscopat traversé d'épreuves, ce jeune abbé à qui l'onction du pontife venait de conférer les pouvoirs sublimes du sacerdoce.

Peu après son ordination, M. de Quélen avait été choisi par son évêque pour remplir les fonctions de grand vicaire, et envoyé à Paris pour y traiter quelques affaires de son diocèse. M. Emery, supérieur de Saint-Sulpice, qui se connaissait en hommes, et qui avait apprécié M. l'abbé de Quélen durant son séjour au séminaire, avait eu alors la pensée de l'attacher au cardinal Fesch, pour lui donner ainsi occasion de se préparer aux grandes destinées qu'il prévoyait pour lui. Le cardinal avait une estime et une vénération très-particulières pour M. Emery, qui était son confesseur, et on pourrait dire son ami; aussi, il fut loin de rejeter la proposition. L'abbé de Quélen lui fut présenté. Le cardinal, charmé de l'extérieur ainsi que du mérite du jeune prêtre de Saint-Brieuc, n'hésita pas, et, deux mois après, M. de Quélen, ayant été rendre compte à son évêque de la mission qu'il lui avait confiée, et ayant obtenu les autorisations nécessaires, revenait auprès du cardinal Fesch, qui lui témoigna toujours depuis beaucoup d'affection, et à qui il conserva toute sa vie une profonde reconnaissance.

M. de Quélen n'avait pas, auprès du cardinal, de titre particulier. Son Éminence l'avait placé à la tête de sa famille épiscopale, et chargé d'une partie de sa correspondance. C'était lui qui l'accompagnait dans ses voyages, l'assistait dans les cérémonies publiques et était plus particulièrement chargé des informations nécessaires à ses bonnes œuvres, et du registre à en tenir. Ces fonctions l'avaient tout naturellement remis en rapport avec madame de Lézeau, qui l'avait connu dans sa première jeunesse, longtemps avant qu'il fût prêtre, et entre ces deux grandes âmes, il se forma des liens de religieuse estime, on peut même dire d'attachement, que le temps ne fit qu'augmenter. La Supérieure des orphelines avait reconnu promptement dans le secrétaire du cardinal grand aumônier le futur grand évêque ; et l'abbé de Quélen avait été pénétré pour cette noble femme, qu'il voyait si supérieure, si dévouée, si généreuse et si bonne, d'un profond respect, plein d'une affectueuse sympathie qui ne se démentit jamais. L'occasion d'en reparler se présentera plusieurs fois, et on verra, à trente ans de ces commencements de la Congrégation de la Mère de Dieu, Mgr de Quélen, archevêque de Paris, rendre lui-même dans un jour de deuil, avec une émotion profonde, les derniers honneurs à l'ancienne supérieure des pauvres orphelines protégées par le cardinal Fesch. On le verra répandre des larmes en bénissant sa tombe et en prononçant sur son cercueil, comme dernier souhait de son plus ancien ami, les sublimes paroles de prière et d'espérance que l'Église place sur les lèvres de ses ministres aux jours des funérailles de ses enfants.

Après la lettre qu'elle avait reçue du cardinal, madame de Lézeau s'était vue obligée de se rendre à Caen, où elle était appelée par des affaires difficiles qui avaient suscité un procès au sujet des débris de la fortune de sa famille. C'était avec grande peine qu'elle s'était éloignée de son établissement et de Paris, où sa présence semblait nécessaire. Un décret impérial, relatif aux maisons hospitalières de femmes, avait paru le 18 février de cette année 1809, et portait à l'article troisième, que toute congrégation dont les statuts ne seraient pas approuvés et publiés, avant le 1er janvier 1810, serait dissoute. Or, les statuts que les Sœurs de la Congrégation de la Mère de Dieu et leur vénérée supérieure avaient présentés à l'approbation de l'autorité diocésaine, quoique renvoyés au ministre par le cardinal de Belloy peu avant sa mort, n'avaient pas encore été revêtus de l'approbation du gouvernement.

Madame de Lézeau, le 16 mars, avait écrit au ministre des cultes une lettre par laquelle elle lui rappelait l'envoi fait par l'archevêque de Paris l'année précédente, et terminait en disant : « Veuillez « donc, Monseigneur, présenter à Sa Majesté nos sta- « tuts, j'ai tout lieu d'espérer d'après les bontés de « son Altesse Madame Mère, et celles de son Altesse « Éminentissime le cardinal Fesch, je puis même

« ajouter celles de toute son auguste famille et de
« plusieurs de MM. les conseillers d'État, tels que
« M. le comte Regnault et autres, j'ai tout lieu d'es-
« pérer, dis-je, que présentés par vous, nos statuts
« seront immédiatement approuvés. Depuis trois ans
« je travaille à me rendre digne de cette faveur, et
« j'espère l'avoir méritée. »

Treize jours après cette lettre, les statuts de la Congrégation furent approuvés. C'était une nouvelle faveur du Ciel, qui arrivait par la main des hommes à la persévérante mère des orphelines. C'était un nouveau pas fait en avant dans l'œuvre de consolidation et d'extension de son entreprise. Elle avait commencé avec Dieu seul pour appui et vingt-quatre francs pour ressource ; quatre mois après ses orphelines avaient le titre de protégées de l'Impératrice ; l'année suivante, le gouvernement classait son établissement parmi les œuvres hospitalières ; l'année d'après l'autorité ecclésiastique en approuvait les statuts, l'autorité civile venait de les approuver à son tour. C'était ainsi que tout se préparait pour un grand événement dont le terme approchait.

Malgré ce nouveau succès, la mère des orphelines éloignée de Paris n'en était pas moins inquiète. Elle avait d'autres vues que l'approbation de ses statuts. Elle ambitionnait une maison plus vaste pour ses enfants, le moment lui semblait venu où elle allait l'obtenir, et le voyage qu'elle avait dû entreprendre était pour elle une peine et un tourment.

Le cardinal Fesch lui écrivit à cette occasion une lettre tout empreinte d'une paternelle bienveillance; il y entrait dans les préoccupations de la Supérieure, éloignée de son troupeau, de la mère absente de sa famille, il la consolait avec bonté en lui donnant cependant ses conseils et ses encouragements. Cette lettre vaut la peine d'être citée comme caractéristique par sa simplicité et sa bonté.

« Paris, 4 mai 1809.

« Madame,

« J'ai reçu votre lettre du 22 avril. Je ne vois pas
« sans peine que vous êtes obligée de demeurer à
« Caen plus de temps que vous ne l'aviez prévu. Une
« maison a toujours besoin de son chef, et l'œil de la
« supérieure découvre bien plus distinctement que
« celui des autres. Quoi qu'il en soit, terminez pen-
« dant que vous êtes sur les lieux, afin de n'être pas
« obligée d'y retourner, ou de vous occuper encore
« fortement de ces affaires par la suite, ce qui néces-
« sairement partagerait vos idées, dans un moment
« où vous aurez peut-être besoin de vous livrer tout
« entière au soin d'une seule chose.

« Je vous exhorte à ne point prendre d'inquiétude
« pendant vos jours d'absence : il n'y a ni temps,

« ni démarche perdus. Lorsque vous serez ici, vous
« pourrez toujours aussi facilement vous employer à
« votre œuvre avec le même zèle, et avec la légitime
« espérance que la Providence, en retour de votre
« dévouement, voudra bien couronner votre entre-
« prise de succès, comme elle l'a fait jusqu'ici.

« Soyez bien persuadée que je ne perdrai jamais
« de vue les occasions de vous seconder de tout mon
« pouvoir, et recevez, je vous prie, madame, l'ex-
« pression des sentiments respectueux d'estime avec
« lesquels je vous suis très-dévoué.

« J. CARDINAL FESCH. »

Cette lettre fut à la généreuse mère des orphelines un grand adoucissement aux inquiétudes de son absence, la bonté, la bienveillance parfaite de celui qu'elle considérait déjà comme le futur archevêque de Paris, lui semblait le meilleur des augures pour l'avenir.

Au reste, peu après ces premiers jours du mois de mai 1809, madame de Lézeau put revenir à son cher établissement, dont l'éloignement lui avait semblé si pénible, et elle eut la joie de constater que, selon la parole du cardinal, rien n'avait souffert. Chacune, durant l'absence de la mère de famille, était restée tout occupée à son devoir comme si la supérieure, dont le commandement n'était jamais transgressé, eût toujours été là. Madame Marie-Aimée n'avait pas laissé perdre une heure aux enfants, et Mère Marie de la Croix, la future supérieure de la maison de la Légion d'Honneur des Loges, avait trouvé facilement assez d'autorité pour remplacer autant qu'il avait été besoin, sa supérieure absente. Seulement à toutes, maîtresses et orphelines, durant l'éloignement de leur mère, il avait manqué comme une partie de leur propre cœur : l'attachement que l'on portait chez les orphelines à madame de Lézeau était une sorte de culte, où le plus profond respect s'unissait à une filiale tendresse, qui n'avait d'égal que la vénération qui l'accompagnait. Aussi la maison avait semblé vide, presque désolée, durant toute cette absence, et l'arrivée de la vénérée mère de toute cette nombreuse famille fut pour les enfants le signal d'une explosion de cette joie vive et enthousiaste qui est le partage du jeune âge, et que l'on ne ressent qu'à cette époque de la vie où l'on a le bonheur d'ignorer encore la triste expérience des hommes et des choses d'ici-bas.

Cette joie de famille fut un bonheur pour madame de Lézeau. Elle avait le cœur trop noblement généreux, et l'âme trop élevée pour travailler à son œuvre avec des vues d'égoïsme, et pour songer à rapporter à elle-même la reconnaissance et l'affection de ces cœurs, qu'elle voulait par-dessus tout, on pourrait dire uniquement, tourner vers Dieu. Mais elle voyait dans cet attachement, dans cette filiale tendresse, un puissant ressort pour l'organisation et la fondation définitive de son œuvre. C'est ainsi que la peine de cette absence, qui lui avait beaucoup coûté, fut compensée au retour, et que la consolation qui la suivit fit oublier les tristesses de l'éloignement.

La fin de 1809 amena à Paris, auprès du cardinal Fesch, comme M. de Quélen, un prêtre qui, lui aussi, était d'un grand mérite. C'était M. l'abbé Rauzan, qui se trouva ainsi réuni au futur archevêque de Paris et à M. l'abbé Feutrier, le secrétaire général de la grande aumônerie qui devait être plus tard évêque de Beauvais et ministre des cultes.

M. Rauzan était né à Bordeaux, en 1757 ; lorsqu'il n'était encore que vicaire, déjà de toutes les parties de sa ville natale, on accourait à ses sermons, remarquables surtout par le zèle apostolique de celui qui les prononçait. A la révolution, il avait refusé le serment et s'était expatrié. De retour en France, son zèle et son éloquence avaient retrouvé l'ardeur de sa jeunesse apostolique, et il avait été désigné pour l'épiscopat. Redoutant cette dignité aussi lourde que vénérable, il avait quitté Paris et était rentré dans son diocèse, où Mgr Daviau l'avait nommé chanoine de sa métropole. Mais le cardinal Fesch, ayant conçu le projet de rétablir les missions de France, avait jeté les yeux sur M. l'abbé Rauzan, pour réaliser ce projet digne d'un cœur d'évêque. Mgr Daviau, en considération du bien qui devait résulter de cette entreprise vraiment apostolique, avait consenti, quoique à regret, à l'éloignement de M. Rauzan.

Les succès du zélé missionnaire avaient répondu à l'espérance qu'en avait conçue le cardinal archevêque de Lyon. De graves embarras politiques vinrent bientôt malheureusement entraver ces premiers succès. Le cardinal Fesch ne voulut pas cependant se séparer pour cela de l'abbé Rauzan ; il le garda auprès de lui, le nomma vicaire général de son diocèse, le fit agréer comme chapelain de l'Empereur, et, à ce titre, le désigna pour prêcher à la chapelle des Tuileries, devant la cour. M. l'abbé Rauzan qui, de chapelain de l'Empereur, devait plus tard, sous l'inspiration de son zèle apostolique, devenir fondateur des Pères de la Miséricorde, ayant connu madame de Lézeau, fut, comme M. de Quélen, pénétré de respect et d'admiration pour elle : il le lui témoigna dans une foule de circonstances. Ses encouragements, ainsi que son appui au besoin, et toutes les fois qu'il le put, ne firent jamais défaut à la supérieure de l'œuvre des orphelines. Nous aurons occasion de le rencontrer souvent aux cérémonies religieuses de la Congrégation de la Mère de Dieu.

Madame de Lézeau se voyait ainsi entourée par la Providence de toutes sortes de protections... les suffrages des ministres de l'Empereur, et de la famille impériale elle-même s'unissaient pour l'encourager à ceux des cardinaux, des évêques et des prêtres du plus haut mérite. La généreuse et persévérante fondatrice de la Congrégation de la Mère de Dieu répondait à ces hautes protections, à ces bénédictions du Ciel, par un zèle toujours égal, par une ardeur toujours soutenue, et par une sainte assurance de voir son œuvre ainsi encouragée et bénie, prendre enfin bientôt une consistance définitive.

La nomination du cardinal Fesch à l'archevêché de Paris, était, depuis qu'elle avait été prononcée par l'Empereur, restée cependant sans avoir son effet. Le cardinal, en véritable fils de l'Église, n'avait voulu rien accepter sans le consentement du Souverain Pontife. Ce consentement n'avait pas été donné, et le moment approchait où Mgr Fesch allait rentrer dans son diocèse. Madame de Lézeau, qui ne pensait peut-être pas encore que bientôt elle serait, ainsi que sa congrégation, sous la juridiction du cardinal, non plus comme archevêque de Paris, mais comme grand aumônier de l'Empire, fut vivement affligée. Ce fut comme une consolation à cette peine qu'elle reçut la lettre suivante du cardinal :

« Paris, le 24 janvier 1810.

« Madame la Supérieure,

« J'ai reçu avec une vraie sensibilité vos vœux
« empressés; je vous prie de croire que je n'en forme

« pas de moins sincères pour vous et l'œuvre inté-
« ressante à laquelle vous vous dévouez.

« Je n'ai pas besoin de vous dire que je vous se-
« conderai toujours de tout mon pouvoir; et que ce
« me sera toujours aussi un vrai bonheur de donner
« à votre famille adoptive, si précieuse à la religion,
« des témoignages de ma bienveillance, et à vous,
« madame, de ma profonde estime.

« Recevez, je vous prie, madame la Supérieure,
« l'expression de tous les sentiments avec lesquels
« vous savez que je vous suis dévoué.

« J. CARDINAL FESCH. »

Pendant que les événements marchaient ainsi autour de madame de Lézeau, le petit noviciat de la maison des orphelines, trop étroit pour satisfaire à de nombreuses demandes, s'était cependant augmenté de quelques sujets pleins de mérite qui devaient bientôt devenir précieux pour l'heure où la Providence allait réclamer de chacun des membres de la congrégation, novices et professes, un redoublement de zèle, de travail et d'ardeur. La vénérée supérieure avait une connaissance profonde de la vie religieuse. Elle y formait avec soin ces nouvelles et jeunes postulantes, qui venaient à elle comme des enfants à une mère; et chaque jour s'accomplissait sur ces premiers commencements de la Congrégation de la Mère de Dieu, cette parole des saints livres qui assure que le Très-Haut s'éloigne de l'orgueil, tandis qu'il abaisse avec complaisance et amour les regards de sa miséricordieuse bonté sur ce qui est humble : l'obéissance, l'humilité, la charité régnaient au noviciat de la Mère de Dieu, et Dieu le bénissait !

CHAPITRE XIII

La Légion d'Honneur. — Le décret de Schœnbrunn. — Le château d'Écouen. — Madame Campan. — L'Empereur décide l'établissement de six maisons d'orphelines. — Lettre de Napoléon au comte de Lacépède sur l'éducation des jeunes filles de la Légion d'Honneur. — Madame de Lézeau, mandée par l'Empereur, se rend à Saint-Cloud. — Le général Duroc. — Lettre du maire de Pont-à-Mousson à madame de Lézeau. — Décret du 15 juillet 1810. — Félicitations que reçoit madame de Lézeau. — Lettre d'un aumônier de la maison impériale d'Écouen. — Les soixante-quatre orphelines de Madame de Lézeau deviennent les premières pensionnaires des nouvelles maisons de la Légion d'Honneur. — Madame de Lézeau mandée par l'Impératrice, par la Reine de Hollande, et par les ministres de l'intérieur et des finances. — Elle suffit à tout. — Dernière réunion des administrateurs de l'Œuvre des Orphelines. — Madame de Lézeau quitte son établissement de la rue du Pot-de-Fer et va s'établir dans la maison de la Légion-d'Honneur. — Lettre du grand chancelier comte de Lacépède.

Depuis trois ans déjà, Napoléon, parvenu au faîte de la gloire, avait établi une maison d'éducation pour les jeunes filles de la Légion d'Honneur. C'était au mois de juin 1802 que le premier consul avait créé cette Légion d'Honneur, qui devait être pour lui un puissant moyen d'émulation militaire, et pour ses guerriers une récompense toujours ambitionnée, et souvent conquise au prix de la plus héroïque valeur. Le décret qui avait décidé que des maisons d'éducation seraient établies pour les filles des membres de la Légion, était daté de Schœnbrunn, en décembre 1805, mais il n'y avait été donné suite qu'en 1807. Le château d'Écouen, antique et féodal manoir des Montmorency et des Condés, ces premiers barons chrétiens et ces princes du sang royal de la vieille France, avait été choisi pour l'établissement de la première de ces maisons. Nous aurons plus tard occasion de reparler d'Écouen; il nous suffira de dire ici que nulle part il ne pouvait se trouver plus noble château, ni plus nobles souvenirs.

L'Empereur avait confié la direction de la maison d'Écouen à madame Campan, autrefois lectrice de Mesdames, filles de Louis XV, et attachée ensuite à l'auguste et infortunée reine Marie-Antoinette. Madame Campan, après avoir failli trouver la mort dans l'affreuse journée du 10 août 1792, où le château des Tuileries fut envahi par les bandes armées qui en voulaient à la vie même de Louis XVI, était parvenue à échapper aux horreurs de la révolution; mais elle s'était trouvée, au lendemain de la Terreur, dans le dénûment le plus complet, sans ressource et sans fortune. Songeant alors à utiliser la brillante éducation qu'elle avait autrefois reçue, elle avait ouvert à Saint-Germain-en-Laye, près Paris, un pensionnat qui était rapidement devenu célèbre. C'était là qu'avait été élevée Hortense de Beauharnais, fille de l'Impératrice Joséphine, et que nous avons vue, princesse d'abord, et reine ensuite, si bienveillante toujours pour madame de Lézeau et pour ses orphelines. Napoléon avait connu madame Campan avant d'être empereur, en allant visiter sa fille adoptive à Saint-Germain. Ce fut parce qu'il avait alors apprécié son mérite, qu'il lui confia la maison d'Écouen, dont les premiers succès déterminèrent la formation d'une seconde maison, établie en 1809, dans les vastes cloîtres de l'antique abbaye de Saint-Denis.

En dehors des conditions requises pour pouvoir faire admettre ses enfants à Écouen ou à Saint-Denis, il y avait de nombreux et très-méritants serviteurs de la patrie qui se voyaient privés de cet avantage. Il y avait surtout des orphelines, dont les pères étaient tombés sur les champs de bataille au moment où leur valeur allait conquérir le titre de chevalier de la Légion d'Honneur ; ces jeunes filles étaient en grand nombre et toutes dignes d'intérêt. La famille impériale le savait bien, puisque chacun à peu près de ses membres avait confié à madame de Lézeau quelques enfants privées de leur père par le sort des combats, et que les orphelines protégées par l'Impératrice étaient presque déjà des orphelines militaires.

Aussi l'Empereur avait décidé la fondation, non pas d'un seul établissement d'orphelines, mais de six grandes maisons, succursales d'Écouen et de Saint-Denis, où l'on pourrait entrer à des conditions plus faciles, et pour lesquelles le titre d'orphelines serait toujours un titre certain d'admission. Il arrêta son regard pour l'exécution de ce projet sur madame de Lézeau. La Providence avait pris soin de diriger et de fixer elle-même le choix du grand Empereur, qui crut ne pouvoir trouver personne plus capable que la supérieure des Orphelines de l'Impératrice, de bien comprendre ses projets, et de bien mettre à exécution ses pensées sur l'éducation.

Dès l'année 1807, du fond de la Pologne, Napoléon, dont le génie descendait facilement des hauteurs des plus vastes conceptions aux détails les plus pratiques, et quelquefois les plus minutieux, du gouvernement ou même des choses usuelles de la vie, avait transmis au grand chancelier, qui était alors le comte de Lacépède, ses plans pour l'éducation que la Légion d'Honneur devait donner aux filles de ses officiers. Ces plans tracés d'une main qui savait commander à la victoire, révélaient une admirable intelligence de tout ce qui peut faire le bonheur d'une femme vertueuse et d'une famille chrétienne.

« Il voulait, écrivait-il, entre autres choses, que
« ces jeunes filles fussent élevées dans des sentiments

« d'une piété solide, qui pût leur apprendre cette
« perpétuelle résignation, cette charité douce et fa-
« cile, que la religion seule peut inspirer. Je désire,
« disait-il, qu'il sorte des maisons de la Légion d'Hon-
« neur, non des femmes agréables, mais des femmes
« vertueuses; que leurs agréments soient du cœur,
« non de l'esprit. En conséquence, il recommandait
« qu'on leur apprît l'histoire et la littérature, qu'on
« leur épargnât l'étude des langues anciennes et des
« sciences trop relevées, qu'on leur enseignât assez
« de physique pour qu'elles pussent dissiper autour
« d'elles l'ignorance populaire, un peu de médecine
« usuelle et l'art de travailler à toutes sortes d'ou-
« vrages. Il faut, ajoutait-il, que leurs appartements
« soient meublés du travail de leurs mains, qu'elles
« sachent coudre elles-mêmes leur linge, leurs vê-
« tements, et faire leurs coiffures. Je veux que ces
« jeunes filles soient des femmes utiles, certain que
« j'en ferai par là des femmes agréables [1]. »

Ces principes étaient précisément ceux qui avaient jusque-là dirigé l'établissement des Orphelines de l'Impératrice. Madame de Lézeau savait que la base de toute éducation doit être la religion, et que quiconque cherche à former le cœur humain sans s'appuyer sur cette pierre angulaire, bâtit sur le sable. Le vain édifice de vertu, qu'il élèvera peut-être pourra tromper par son apparence, mais sera sans force et sans con-

---

[1] *Histoire de l'Empire*, par Thiers. Tome VII, page 427.

sistance parce qu'il est sans fondement. Vienne le souffle des vents ou le soulèvement des grandes eaux, comme parle l'Évangile, et les ruines de cet édifice écroulé témoigneront des inutiles efforts de l'orgueil humain pour trouver un principe d'éducation solide et de vertu véritable en dehors de Dieu et de la religion.

Elle savait aussi que c'est par le cœur qu'il faut prendre, conduire et former la jeunesse ; que c'est là, bien plus que dans l'intelligence, qu'il faut semer les germes de ce qui doit faire plus tard le bonheur de la vie. Elle savait enfin que le travail est pour l'homme un trésor et un ami ; une ressource indispensable quelquefois, un préservatif de grands dangers souvent, et une salutaire distraction toujours. Aussi les heureux résultats produits par l'éducation des orphelines protégées par l'Impératrice étaient proclamés par tous ceux qui s'occupaient de cet intéressant établissement, et quand madame de Lézeau reçut, au printemps 1810, un message désignant un jour où l'Empereur lui donnerait audience, au sujet de la création des établissements qu'il méditait, il n'y eut rien qu'un événement tout naturel, conséquence presque nécessaire de tous ceux que la Providence avait jusque-là dirigés, et que la famille impériale avait elle-même si bien secondés.

Grande fut l'émotion dans la maison des orphelines, quand les enfants apprirent que leur mère était mandée par l'empereur. Elles n'étaient pas sans savoir que déjà deux décrets avaient assuré une dotation à son œuvre, et elles se rappelaient encore la visite du comte Regnault de Saint-Jean d'Angely, éloignée seulement de quelques mois. Aussi elles concluaient de la grande nouvelle qui les mettait en émoi, que bientôt, de même qu'elles avaient quitté la rue des Saints-Pères pour venir tout près de Saint-Sulpice, elles allaient de nouveau changer de domicile pour aller habiter une autre maison bien plus grande encore où elles seraient très-nombreuses, et où elles jouiraient d'un beau jardin. Un jardin en effet manquait à l'établissement, et en posséder un était peut-être la plus grande ambition des jeunes orphelines.

Quant à madame de Lézeau, sans savoir d'une manière certaine ce que l'Empereur allait lui demander, diverses indications la faisaient s'en douter et au pied du tabernacle de la petite chapelle de la maison, elle en parlait longuement à Notre-Seigneur, lui demandant aide, inspiration et lumière... avec elle ses sœurs priaient aussi.

Cependant le jour indiqué par l'Empereur arriva; la mère des orphelines, après avoir le matin recommandé à Dieu sa journée dans une fervente communion, comme le jour où elle avait la première fois réuni ses enfants, partit pour le château de Saint-Cloud. Le voyage se fit avec une modeste voiture de louage. Tandis que cette voiture roulait lentement vers la résidence impériale, madame de Lézeau priait, toute plongée dans ses réflexions comme il arrive quand on approche d'un important et solennel événement, dont la décision, encore ignorée, doit fixer tout un avenir.

Au moment où la modeste voiture de madame de Lézeau approchait de Saint-Cloud, elle fut devancée par les brillants équipages d'ambassadeurs se rendant au château, et quand la supérieure des orphelines y fut introduite, l'Empereur était occupé par une réception officielle. Ce fut le général Duroc, grand maréchal du palais, qui la reçut. Son accueil fut plein de distinction pour madame de Lézeau ; après des paroles d'éloges pour son œuvre et son dévouement, paroles qui étaient le naturel exorde de l'ouverture qui devait suivre, le général exposa à la mère des orphelines les desseins de l'Empereur, et lui dit en terminant que l'intention de Sa Majesté était de lui en confier immédiatement l'exécution.

Le projet de l'Empereur était magnifique : six grandes maisons, dirigées par une congrégation religieuse; et renfermant chacune deux cents orphelines ! Mais à la vue de la grandeur même de l'œuvre qu'on lui propose, madame de Lézeau garde un instant le silence. Elle a six religieuses... un petit nombre de pieuses novices, prêtes, il est vrai, à se consacrer à Dieu et à se dévouer de toutes leurs forces et de toute leur âme… mais on parle de lui confier douze cents enfants et d'ériger six couvents!

L'hésitation de la fondatrice de la Congrégation de la Mère de Dieu ne fut cependant pas de longue durée. Elle se rappelle que jusqu'ici la Providence a tout fait pour sa congrégation. Elle se rappelle qu'elle a commencé son œuvre seule, et avec vingt-quatre francs de ressources. Elle se rappelle que grand nombre de pieuses âmes sont venues lui demander une part au travail et au dévouement, et qu'elle a été obligée de leur refuser parce que son œuvre n'avait pas jusque-là comporté une congrégation proprement dite. Elle se rappelle enfin que Dieu n'abandonne jamais ceux qui mettent en lui leur confiance, et qui n'entreprennent que pour sa gloire au delà de ce que semble conseiller la prudence. Aussi, sortant bien vite du silence où ses réflexions l'avaient plongée, et durant lequel toutes ces pensées avaient rapidement traversé son cœur, madame de Lézeau put répondre avec le calme parfait qu'elle avait surtout dans les moments d'émotion profonde.

Elle dit au général que le projet qui venait de lui être exposé avait des difficultés considérables, mais qu'il était loin d'être impossible et qu'avec la protection de l'Empereur, surtout avec l'aide de Dieu, elle en entreprendrait volontiers l'exécution, et qu'elle avait la plus grande confiance d'y réussir, quoiqu'elle ne fût qu'une pauvre religieuse. Elle ajoutait, qu'en conséquence, elle était aux ordres de l'Empereur pour se mettre à l'œuvre aussitôt que l'heure lui en serait indiquée.

Le général promit à la vénérée mère des orphelines de transmettre immédiatement son acceptation à Sa Majesté, et lui annonça que, sous peu, il paraîtrait un décret donnant à la Congrégation de la Mère de Dieu la direction des six maisons succursales d'Ecouen et de Saint-Denis. Telle était l'intention déjà arrêtée du souverain ; il ne manquait plus que le consentement de celle qu'il avait choisie, et ce consentement donné, le décret n'avait plus qu'à paraître.

Le général Duroc avait fait avec Napoléon la guerre d'Italie et la campagne d'Égypte. L'occasion de mettre son dévouement et sa fidélité à l'épreuve s'était, dès lors, souvent présentée, et l'Empereur avait conçu pour le brave général un grand attachement. Il lui accorda une entière confiance, le chargea dans la suite de missions difficiles, et se plut à le combler de faveurs et de dignités. Il le créa duc de Frioul, et le nomma grand maréchal du palais. Le général Duroc était né à Pont-à-Mousson, il contribua au choix que l'Empereur fit de cette ville pour l'établissement d'une des six maisons d'Orphelines de la Légion d'Honneur. Madame de Lézeau, nous le verrons dans les chapitres suivants, s'occupa beaucoup, dès le mois de septembre 1811, de cet établissement, et en s'en occupant elle conquit rapidement la vénération de la ville entière.

Le général Duroc, duc de Frioul, grand maréchal du palais, qui venait de recevoir avec tant de distinction madame de Lézeau au château de Saint-Cloud, et lui avait, en lui communiquant les intentions de l'Empereur, fait part de ses propres espérances relativement à sa ville natale, ne devait pas avoir la satisfaction de jouir de l'établissement qu'il méditait d'obtenir pour le lieu de sa naissance. La mort l'emporta avant son achèvement : il fut tué par un boulet de canon le 23 mai 1813. La ville de Pont-à-Mousson résolut à cette époque de lui faire élever un monument funèbre en témoignage de sa reconnaissance. On trouve dans la correspondance de madame de Lézeau la lettre suivante, écrite sur ce sujet par M. Charvet, maire de cette ville, le 12 juillet de cette même année 1815.

Le maire de Pont-à-Mousson à madame la Supérieure générale des Orphelines de la Légion d'Honneur.

« Madame,

« Le conseil général de cette ville, rassemblé à ma voix, et jaloux de prouver les sentiments généreux dont il est animé, vient de délibérer et de décider à l'unanimité qu'un cénotaphe serait élevé à nos frais, pour honorer la mémoire de M. le duc de Frioul.

« Ces messieurs ont demandé à Sa Majesté de le placer dans votre église de Pont-à-Mousson. Ils ont cru que le témoignage de notre reconnaissance ne saurait nulle part être plus dignement conservé que dans un lieu qui atteste les bienfaits de celui que nous avons perdu, et dont l'existence même en est un.

« Nous avons espéré aussi, madame la Supérieure générale, que ce monument de notre gratitude ne pourrait que décorer votre église, et que l'expression d'un pur et noble sentiment ne saurait déplaire à votre âme élevée et généreuse : n'êtes-vous pas déjà placée vous-même parmi les bienfaiteurs de cette ville, et n'avez-vous pas ainsi quelque intérêt à voir nos sentiments dignes de vous ?

« Veuillez donc ne pas regarder notre demande à Sa Majesté comme une entreprise sur le lieu saint, qui appartient à votre congrégation, mais comme un hommage de la ville à vous et à elle. Daignez le penser ainsi, madame la Supérieure générale, et croire aux sentiments de respect, de dévouement et de vénération que je suis chargé de vous exprimer de la part du conseil général, qui, en cela, est le fidèle interprète de la ville, et que je vous ai voués plus particulièrement qu'aucun autre.

« J'ai l'honneur d'être, madame la Supérieure

générale, votre très-humble et très-obéissant serviteur.

« CHARVET,
« Maire de Pont-à-Mousson. »

Le grand maréchal du palais, en recevant la vénérable Supérieure des Orphelines de la Légion d'Honneur, était bien loin de penser que trois ans à peine plus tard, à la même époque de l'année, et presque jour pour jour, cette noble et douce femme aurait à s'occuper d'un monument funèbre élevé à sa mémoire par les habitants de sa ville natale, dans l'église peut-être où il avait été baptisé, église alors dévastée par le malheur des temps, mais qui allait par ses soins sortir de sa désolation. C'est ainsi que l'on marche dans la vie, incertain de sa destinée du lendemain. Heureux celui qui au milieu des préoccupations de l'existence, du souci des affaires, ou de l'enchantement des grandeurs, sait ne pas perdre de vue le terme toujours rapproché où, dépouillé de tout, l'homme n'emporte dans son éternité que ses œuvres et sa foi.

Peu de jours après cette entrevue de madame de Lézeau avec le général Duroc, le ministre des cultes présenta sur l'ordre qu'il en avait reçu, un nouveau rapport à l'Empereur au sujet de la Congrégation de la Mère de Dieu. Cette congrégation, était-il dit,

dans ce rapport « est l'une des plus utiles de la
« classe des hospitalières. Elle s'occupe principale-
« ment du soin des orphelines qu'elle recueille,
« nourrit, soigne dans leurs maladies et élève gra-
« tuitement jusqu'à l'âge de vingt et un ans. Par le
« zèle et l'activité que les sœurs qui la composent
« mettent à s'acquitter des pénibles et honorables
« devoirs qu'elles se sont imposés, leur établisse-
« ment a fixé l'attention et mérité la bienveillance
« du gouvernement. »

Ce rapport n'était lui-même que l'annonce et comme le préambule du décret impérial qui fut rendu quelques semaines plus tard à Rambouillet le 15 juillet 1810, statuant qu'il serait créé six maisons ou couvents, dirigés par la Congrégation de la Mère de Dieu ; on lit dans ce décret les passages suivants :

« Napoléon, Empereur des Français,... ayant
« pourvu par l'institution des lycées et prytanées à
« l'éducation des enfants de ceux de nos sujets qui
« sont morts sur les champs de bataille, ou des
« suites de blessures reçues à notre service pour la
« défense de l'État, et éprouvant le besoin de faire
« jouir leurs filles du même bienfait ;
« Considérant qu'un grand nombre d'officiers et
« chevaliers de la Légion d'Honneur qui ont obtenu
« cette récompense pour les bons services qu'ils

« nous ont rendus, laissent en mourant leurs filles
« sans assistance; que d'autres ayant perdu leur
« femme, et appelés par notre service dans des con-
« trées étrangères, sont embarrassés pour l'éducation
« de leurs filles.

« Nous avons décrété et décrétons : Il est créé six
« maisons ou couvents destinés à recueillir et à
« élever les orphelines dont les pères sont morts of-
« ficiers ou chevaliers de la Légion d'Honneur, ou à
« notre service, dans quelque grade que ce soit, pour
« la défense de l'État, ou, dont les mères mortes, les
« pères sont appelés par notre service hors de l'Em-
« pire. Ces six maisons sont placées sous la protec-
« tion de la Princesse protectrice des maisons im-
« périales Napoléon-d'Écouen et de Saint-Denis[1]...

« Le nombre des élèves dans ces six maisons sera
« de six cents; elles y seront reçues depuis l'âge de
« quatre jusqu'à douze ans, et y resteront jusqu'à
« l'âge de vingt et un ans...

« Il pourra y être reçu un nombre égal de pen-
« sionnaires. Les orphelines seront nourries et en-
« tretenues pendant tout le temps qu'elles passe-
« ront dans la maison; outre la religion qui sert de
« base à leur éducation, elles apprendront à lire, à
« écrire, à compter, à travailler de manière à pou-
« voir gagner leur vie en sortant de la maison.

[1] La princesse protectrice des maisons d'Écouen et de Saint-Denis était la Reine Hortense.

« La présente institution sera dirigée par la Con-
« grégation religieuse existant sous le nom de Dames
« de la Congrégation des Orphelines. L'établissement
« formé à Paris sous le titre de Maison de la Mère
« de Dieu sera le chef-lieu de la Congrégation...

« Notre ministre de l'intérieur nous fera connaître
« les maisons qu'il conviendra d'affecter à ces six
« établissements...

« *Signé* .

« NAPOLÉON.

« *Par l'Empereur, le ministre secrétaire d'État :*

« H. B. DUC DE BASSANO. »

Ainsi s'opérait la transformation ou plutôt le développement que la Providence avait résolu de donner à l'œuvre de madame de Lézeau. Les prévisions de la fondatrice étaient dépassées, et il ne lui restait plus qu'à redire cette parole que le chantre inspiré des psaumes de l'Écriture répétait en remerciant Dieu de ses bienfaits : « Que rendrai-je au Seigneur pour « tous les biens dont il m'a comblée ? »

Cet anniversaire du 15 juillet fut célébré l'année suivante dans les maisons des orphelines de la Légion d'Honneur, avec l'autorisation du cardinal grand aumônier, par une messe solennelle d'actions de grâces, et par un salut du Très-Saint Sacrement.

Chaque année, depuis cette époque, lorsque revient ce jour, la Congrégation de la Mère de Dieu, malgré les années écoulées et les événements si divers qui se sont succédé, se recueille dans le souvenir de sa reconnaissance et en fait monter l'expression vers le Ciel en priant pour ses bienfaiteurs.

Au lendemain du décret que nous venons de citer, madame de Lézeau reçut de toutes parts les plus encourageantes félicitations. C'était les membres du conseil d'administration de l'Œuvre des Orphelines; c'était les dames protectrices; c'était les nombreux amis de cette généreuse mère parmi lesquels il faut ici nommer particulièrement M. de Pierre, curé de Saint-Sulpice, et M. Ramond de Lalande, curé de Saint-Thomas d'Aquin, qui l'avaient, depuis les premiers jours, constamment soutenue de leurs encouragements dans les moments les plus difficiles.

Parmi les nombreuses lettres que reçut à cette occasion la Supérieure de la Congrégation de la Mère de Dieu, nous en citerons une, qui semble être le résumé de toutes les autres. Nous lui donnons le choix parce qu'elle est écrite par un aumônier de la première maison d'éducation de la Légion d'Honneur. Ainsi s'exprimait cette lettre, datée d'Écouen le 22 juillet 1810.

« Madame, agréez mon compliment bien sincère. On peut avec vérité dire de votre établissement ce que l'Évangile dit du petit grain de sénevé qui, planté en bonne terre et arrosé avec soin, devient grand comme un arbre.

« Vos efforts, votre courage, votre opiniâtreté à ne pas abandonner vos orphelines, lorsque, à une certaine époque, au commencement de votre œuvre, elles étaient délaissées, sont récompensés : un plus vaste champ à cultiver vous fera faire plus de bien ; avec plus de ressources, vous ferez plus d'heureuses, et c'est là, je le sais, madame, votre ambition et votre bonheur.

« J'ai joui véritablement hier soir en lisant dans le journal le décret qui regarde les dames de la Congrégation des Orphelines. M. de Lacépède ne sera pas longtemps à apprécier vos vues, vos plans, et tout ce que votre expérience pourra lui présenter d'utile pour ses enfants. Je dis ses enfants, car il les aimera en père, j'en suis sûr ! Je me félicite, madame, d'avoir l'honneur de vous connaître, puisque vous allez devenir la mère d'une si nombreuse et belle famille, qui, sans vos soins et ceux de vos dames, serait bien à plaindre.

« Jamais l'Empereur n'a fait une meilleure action, et un aussi bon choix. Il ne sera pas longtemps, ainsi que la Légion d'Honneur, à s'en apercevoir. Je suis bien assuré que par votre direction et votre méthode, l'année ne se passera pas sans qu'on voie déjà tout ce que peut le zèle réuni aux lumières, à l'activité et à la grande habitude d'élever les enfants.

« Je sens tout ce que doit éprouver de consolation M. l'abbé Duvey : sa persévérance peut jouir dès cette vie du bonheur de voir s'étendre et se propager une bonne œuvre à laquelle il a eu le mérite de contribuer.

« Heureuses celles qui vont, madame, vivre sous votre conduite! j'applaudis à leur bonheur, mais permettez qu'encore une fois je vous félicite. C'est de toute mon âme que je le fais : tout ce que je désirais était de voir des établissements pareils; jugez quelle joie j'éprouve en les voyant décrétés, et vous à leur tête.

« J'ai l'honneur d'être, très-sincèrement et avec un bien profond respect,

« Madame,

« Votre très-humble et très-obéissant serviteur,

« HUET,

« Aumônier de la Maison impériale d'Écouen [1]. »

Tandis que madame de Lézeau recevait ainsi de tous côtés les justes félicitations, dont la lettre que

---

[1] Le comte de Lacépède nommé dans cette lettre était grand chancelier de la Légion d'Honneur. Il avait été nommé à cette dignité en 1803 et la conserva jusqu'à 1814. Le comte de Lacépède, dont le nom est resté célèbre dans les sciences, était, dit M. Thiers, dans son *Histoire du Consulat et de l'Empire*, le savant et le sénateur le plus dévoué à l'Empereur. Il avait été administrateur de Paris pendant la révolution, et membre de l'Assemblée législative ; partout il avait fait preuve d'une grande modération. Le comte de Lacépède, se-

nous venons de citer est comme le résumé, on se réjouissait à l'orphelinat. Il est facile de comprendre l'enthousiasme que la promulgation du décret y avait causé, et la joie de ces enfants qui entrevoyaient avec bonheur les émotions nouvelles d'un prochain changement de demeure et d'existence. Quand on commence la vie, il arrive souvent que l'on aime ce que l'on redoute plus tard : tel changement d'existence, qu'en avançant en âge, on entreverrait avec inquiétude, semble dans la jeunesse ne devoir donner uniquement que du bonheur.

La mère de famille seule ne partageait pas la joie et la sécurité dont elle se voyait entourée : son cœur maternel avait remarqué dans le décret une lacune qui lui donnait mille inquiétudes. Il n'y était pas parlé de ses orphelines, de ses chères enfants adoptives et du sort qui allait leur être fait. Elle n'avait pas elle-même songé à demander à ce sujet quelque assurance lors de son audience à Saint-Cloud, tant il lui semblait que ces enfants étaient les siennes et que rien ne devait l'en séparer. La pensée qu'elle pourrait être contrainte à les abandonner pour commencer une œuvre nouvelle l'affectait péniblement, aussi elle n'hésita pas, et, sans aucun retard, elle écrivit au

lon la prédiction de l'aumônier de la Maison impériale d'Écouen, aima en père les Orphelines de la Légion d'Honneur, et fut pour madame de Lézeau d'un dévouement et d'une bienveillance qui ne se démentirent jamais.

comte de Lacépède, grand chancelier de la Légion d'Honneur, une lettre de quelques lignes, mais où se peint son cœur de mère.

« La maison des Orphelines, lui disait-elle, compte
« soixante-quatre jeunes enfants, au moment où elle
« reçoit de Sa Majesté le bienfait d'une fondation et
« d'une organisation.

« Dans ce nombre vingt-deux seulement payent
« pension ; les quarante-deux autres orphelines ont
« été reçues gratuitement. Mes moyens personnels ne
« pouvant suffire aux engagements que je prenais en
« recevant ces enfants, je me suis adressée à des per-
« sonnes généreuses qui m'ont assuré les ressources
« nécessaires à l'éducation de trente d'entre elles, et
« j'ai pu subvenir par mes économies aux dépenses
« des douze autres.

« Aujourd'hui les personnes bienfaisantes, qui m'ont
« aidée jusqu'ici, connaissant les bienfaits de l'Em-
« pereur, ne pourront plus me continuer les leurs.

« Ces jeunes orphelines sont cependant les élé-
« ments de ma fondation ; je les ai sauvées du mal-
« heur, et je ne saurais m'en séparer ; j'ose espérer
« que Votre Excellence voudra bien les présenter à
« l'Empereur pour obtenir en leur faveur la nomina-
« tion d'élèves de la Légion d'Honneur. J'ai la con-
« fiance que Sa Majesté ne voudra pas, au moment
« où Elle adopte de nombreuses orphelines pour pren-

16.

« dre soin de leur enfance, demander à celle qu'Elle
« choisit pour en être la mère, de commencer par
« abandonner les siennes[1]. »

Telle est la première lettre de madame de Lézeau au grand chancelier. Elle fut dictée par son cœur et par sa charité. M. le comte de Lacépède, dont le caractère avait un grand fond de bonté, fit à cette lettre l'accueil qu'elle méritait, et présenta la demande de la mère des orphelines à l'Empereur.

Napoléon comprenait les pensées généreuses. Une pareille requête ne devait pas trouver près de lui un refus. On ne pouvait priver cette mère d'une famille qu'elle avait nourrie et élevée au prix de tant de fatigue et de tant de dévouement. En conséquence, l'ordre fut donné de nommer toutes les enfants de madame de Lézeau élèves de la Légion d'Honneur. Magnifique faveur pour les enfants, récompense digne de leur mère! Alors, mais seulement alors, avec l'annonce de ce bienfait, les jeunes orphelines surent quelles avaient été les anxiétés de cette mère qui ne cessait de les entourer de son amour. Elle avait jusque-là laissé à tous la joie, et gardé pour elle seule l'inquiétude.

Parmi les enfants ainsi admises à former le centre de la première maison des Orphelines de la Légion d'Honneur, il y en avait une que nous verrons plus

---

[1] Cette lettre fut écrite le 24 juillet 1810.

tard récompensée par l'Empereur, un jour que pendant une chasse dans la forêt de Saint-Germain, seul avec son mamelouk et le général Bertrand, il visita la maison des Loges. Cette jeune orpheline eut dans la suite le bonheur de devenir religieuse dans la congrégation qui avait pris soin de son enfance; et de se consacrer, elle aussi, comme l'avait fait sa vénérée Mère de Lézeau, à Dieu et aux orphelines de sa patrie.

Un des premiers soins de madame de Lézeau, au milieu de l'émotion du grand événement qui transformait son œuvre, fut de présenter au cardinal Fesch l'expression sincère de la satisfaction qu'elle éprouvait à voir sa congrégation placée désormais sous sa bienveillante juridiction.

Le cardinal grand aumônier, qui avait été jusque-là d'une bonté toute paternelle pour l'Œuvre des Orphelines, ne se démentit pas en cette circonstance. L'audience qu'il accorda à celle qui venait d'être nommée supérieure générale des six grandes maisons de la Légion d'Honneur nouvellement décrétées fut pleine de ces paroles qui encouragent, qui soutiennent et qui fortifient, paroles que tous ceux qui sont placés haut n'ont pas toujours le secret de trouver et de dire, lorsque souvent elles sont le plus désirées et feraient le plus de bien. Son Éminence confirma à madame de Lézeau le titre de Supérieure générale de la Congrégation de la Mère de Dieu, qui lui était donné par le décret impérial, et devait remplacer à l'avenir celui de Supérieure de la Maison des Orphelines de l'Impératrice. Cette vénérée Mère écrivait le 24 juillet, au cardinal, qu'en recevant ce titre, c'était avec bonheur qu'elle avait fait un premier acte de soumission à celui qui était religieusement, selon les lois de l'Église, son supérieur et celui de la Congrégation. Elle ajoutait qu'elle avait l'espérance que cette première obéissance qui lui était infiniment chère, et qu'elle acceptait avec joie, lui porterait bonheur.

Ce même jour, 24 juillet, les administrateurs de l'Œuvre des Orphelines se réunirent pour la dernière fois. Après avoir examiné et réglé leurs comptes, ils voulurent consigner sur le registre de leurs délibérations comme une sorte d'adieu à l'établissement dont ils s'étaient occupés depuis cinq ans avec un intérêt dont le dévouement n'avait jamais diminué.

Ils commencèrent par rendre hommage à celle qui en était supérieure, reconnaissant que « c'était à ses « éminentes vertus et à son désintéressement que « l'on devait attribuer tout le succès de l'œuvre. Les « dames qui s'y sont consacrées, disaient-ils encore, « ont rivalisé de zèle et de soins pour répondre aux « intentions religieuses et bienfaisantes de leur supé- « rieure et pour que tout le bien que la fondatrice « s'était plu à concevoir fût réalisé. C'était la seule « distinction que la modestie de toutes désirait assu-

« rer à leur maison : leurs vœux ont été surpassés !
« et les administrateurs, après les avoir félicitées
« ainsi que leur supérieure, assuraient qu'en ces-
« sant leurs fonctions et en se séparant de l'œuvre
« dont ils n'auraient plus à s'occuper à l'avenir, ils
« ne s'en sépareraient jamais de cœur, et lui seraient
« constamment attachés du plus vif et du plus tendre
« intérêt[1]. »

Le décret impérial, tout en statuant qu'il serait établi six maisons ou couvents pour les Orphelines de la Légion d'Honneur, n'avait pas désigné le local particulièrement affecté à aucun de ces établissements. Il semble que madame de Lézeau fut chargée par le grand chancelier peut-être, ou par le ministre de l'intérieur, de chercher dans Paris quelque maison propre à un premier établissement. Elle se donna à cette occasion de nombreuses peines, dont sa correspondance de cette époque rend témoignage. Enfin un nouveau décret vint, au mois de septembre, faire cesser tout doute et toute incertitude. L'Empereur désignait trois maisons où devaient être formés les trois premiers établissements des Orphelines de la Légion d'Honneur : l'une, située à Paris, rue Barbette, au Marais ; l'autre dans la forêt de Saint-Germain-en-Laye ; la troisième sur le bord de la Seine, non loin

---
[1] Délibération du conseil d'administration des Orphelines, 24 juillet 1810.

de Fontainebleau; ces deux dernières étaient d'anciens couvents.

Les soins se multiplièrent alors pour la supérieure de ces trois maisons où tout était à créer, et ses correspondances prouvent combien étaient nombreuses les occupations auxquelles Dieu lui donna, malgré son peu de santé, de pouvoir suffire. Ainsi on trouve parmi les papiers de madame de Lézeau, à des dates rapprochées, une lettre de madame la maréchale duchesse de Montebello, lui désignant un jour où l'Impératrice lui donnera audience; une autre de M. l'abbé Bertrand, aumônier du roi de Hollande, lui annonçant que la reine Hortense, protectrice des nouveaux établissements de la Légion d'Honneur, désire l'entretenir; une autre enfin du ministre des finances et du ministre des cultes, lui désignant également des jours où ils désirent s'entretenir avec elle, au sujet de l'œuvre que l'Empereur lui avait confiée.

Madame de Lézeau put répondre et satisfaire à tout; elle dominait par sa force morale l'affaiblissement de ses forces physiques. Et l'on put dire d'elle alors ce qu'un prêtre, qui l'a connue sur le déclin de ses vieux jours, disait naguère encore : « Elle ne se portait jamais mieux que lorsqu'elle était accablée d'affaires. »

Vers la fin de l'année, la maison destinée aux orphelines, et située à Paris, fut à peu près habitable.

Les ouvriers cependant y travaillaient encore et leur incommode présence aurait pu faire retarder une installation, que l'hiver à lui seul rendait assez difficile dans une maison dont les réparations étaient inachevées. Mais la Supérieure générale des Orphelines de la Légion d'Honneur avait hâte de commencer l'œuvre qui lui avait été confiée, et l'Empereur pressait la prompte admission de six cents enfants.

Aussi, au commencement de 1810, une partie des pensionnaires de l'établissement des Orphelines de la rue du Pot-de-Fer, devenues toutes, Orphelines de la Légion d'Honneur, et une partie des dames de la Congrégation, quittaient le quartier Saint-Sulpice pour aller habiter la nouvelle maison, située dans le quartier du Marais. C'était le 11 janvier, et le soir, après les fatigues de la journée, madame de Lézeau écrivait au comte de Lacépède : « Je viens de m'éta-
« blir aujourd'hui, tant bien que mal, dans la maison
« de la rue Barbette. Toutes les dames et les enfants
« y seront installées définitivement dans les premiers
« jours de la semaine prochaine. Une partie des per-
« sonnes composant l'établissement ne seront en
« quelque sorte que campées jusqu'au moment où
« les ouvriers auront achevé les réparations et les
« travaux convenables... »

M. le comte de Lacépède répondit à madame de Lézeau la lettre que nous transcrivons ici tout entière, parce qu'elle est la première lettre officielle écrite par le grand chancelier à la Supérieure générale de la Congrégation de la Mère de Dieu au lendemain de son installation dans la première maison des Orphelines de la Légion d'Honneur.

LÉGION D'HONNEUR

Paris, le 14 janvier 1811.

Le grand chancelier, ministre d'État, à madame de Lézeau, supérieure générale de la Congrégation de la Mère de Dieu et des six Maisons impériales d'Orphelines de la Légion d'Honneur.

« Madame,

« J'apprends avec beaucoup de plaisir que vous
« êtes déjà établie dans la Maison impériale des Or-
« phelines de la Légion d'Honneur.

« L'empressement que vous avez mis à y transpor-
« ter votre résidence, malgré la rigueur de la saison
« et les embarras inséparables de travaux multipliés,
« est une nouvelle preuve de votre dévouement à la
« grande œuvre qui vous est confiée.

« J'espère avoir bientôt l'honneur d'aller vous
« rendre mes devoirs dans votre nouvelle habitation.

« J'attends une décision de Sa Majesté relativement
« au nouveau projet de décret qui je lui ai soumis
« en faveur de votre maison, je m'empresserai d'avoir

« l'honneur de vous la faire connaître aussitôt
« qu'elle me sera parvenue.

« Veuillez bien agréer, madame la Supérieure générale, etc. »

« B.-G.-E. L., COMTE DE LACÉPÈDE. »

C'est ainsi que s'acheva l'année 1810, si fertile en événements pour la Congrégation de la Mère de Dieu, et c'est ainsi que madame de Lézeau entra dans la maison où nous la verrons, vingt-huit ans plus tard, rendre sa belle âme à Dieu pour aller recevoir au ciel la récompense de ses travaux et de ses vertus. Mais avant ce temps, que de peines encore, que d'événements divers, plus d'une fois douloureux! C'est que l'homme sur la terre ne peut dire nulle part : C'est ici le lieu de mon repos. Cette parole ne doit sortir de son cœur que lorsqu'il a trouvé dans l'éternité le sol immuable de la patrie. Jusque-là pour lui la vie est, comme parle l'Écriture par la voix de ses prophètes, semblable à un navire exposé sans cesse au souffle des vents contraires sur une mer perpétuellement agitée. La physionomie du monde change sans cesse, les événements se succèdent comme les flots sur l'Océan ; chaque jour apporte sa peine, et

---

[1] Le comte de Lacépède se nommait Bernard-Germain-Étienne de Laville-sur-Illon, comte de Lacépède, ce qui explique les quatre initiales dont il accompagnait sa signature.

la paix comme le bonheur, ne se trouve que dans la pensée intime et consolante que Dieu voit nos travaux et nos épreuves; qu'Il les compte, qu'Il les pèse, et que, si nous venons à en perdre le souvenir, Lui ne les oubliera pas, mais qu'Il nous les présentera un jour, changés en mérite et en gloire pour une vie dont les années seront sans fin.

Nota : Voy. après le chapitre XV une notice sur madame Campan, surintendante de la Maison impériale d'Ecouen, depuis sa fondation jusqu'en 1814.

CHAPITRE XIV

Deux cérémonies de profession religieuse. — La première est présidée par M. l'abbé Rauzan. — La seconde par Mgr Jauffret, évêque de Metz. — *Honneur et Patrie*, devise inscrite à l'entrée de la demeure des Orphelines de la Légion d'Honneur. — *Amour de l'enfance*, devise de leurs Mères. — Une troisième profession religieuse. — Elle est présidée par le premier aumônier de l'Empereur. — La Providence a multiplié le nombre des religieuses de la Mère de Dieu, et madame de Lézeau peut commencer les trois premières maisons de la Légion d'Honneur.

Madame de Lézeau était à peine établie dans la maison de la Légion d'Honneur, qu'elle s'occupa de procurer à plusieurs de ses novices le bonheur de faire leur profession religieuse.

Déjà une première profession avait eu lieu quelques mois auparavant, peu de jours après le décret du 15 juillet de cette année 1810, qui venait de s'achever au milieu des bénédictions dont la Providence l'avait comblée. Les religieuses qui y avaient été admises étaient au nombre de six. Depuis longtemps elles s'étaient données à Dieu et à la Congrégation des Orphelines ; depuis longtemps elles portaient la croix et l'anneau, signes extérieurs de leur état religieux; mais jusque-là, pourtant, elles n'avaient prononcé leur consécration qu'au fond de leur cœur, et n'avaient promis l'obéissance qu'entre les mains de leur Mère supérieure.

Madame de Lézeau voulait unir entre elles ses filles par un lien plus intime, plus fraternel et en même temps plus religieux. Les dignes Mères, dont nous avons nommé quelques-unes, et qui formaient les premiers éléments de la Congrégation, souhaitaient aussi avec ardeur de prononcer au pied des autels les saints engagements qui, depuis quatre ans, les soutenaient dans le travail continuel de leur tâche de dévouement. Cette manifestation publique et solennelle de leur profession religieuse leur semblait un honneur et une récompense : un honneur, car rien ne leur paraissait plus glorieux que d'appartenir à Dieu, et de le servir dans la vocation religieuse; une récompense, car en retour des années qu'elles avaient consacrées aux orphelines, leur ambition ne désirait qu'une chose : pouvoir se dévouer ainsi jusqu'à la fin de leur vie. Le 6 août, fête de la Transfiguration de Notre-Seigneur, avait été le jour choisi par madame de Lézeau et agréé par le cardinal grand aumônier, qui désigna M. l'abbé Rauzan, pour présider la cérémonie.

Ces premiers vœux furent prononcés dans la chapelle des orphelines avec toute la solennité que l'on put y mettre. La vénérable Mère de Lézeau versa durant la cérémonie des larmes de reconnaissance et de joie. Ces vœux prononcés au pied des autels, devant une foule pieusement attendrie, reçus au nom de l'Église par un prêtre ayant mission à cet effet, lui semblaient une indubitable affirmation de toutes ses espérances.

Les deux premières religieuses qui prononcèrent leur consécration furent Mère Marie de la Croix et Mère Marie-Aimée de Chantal, dont nous avons rapidement esquissé le caractère. M. Rauzan, cet homme apostolique, qui avait le sentiment profond du bien incomparable que peut faire une sainte éducation, sut trouver de touchantes paroles à adresser à ces généreuses femmes, qui s'offraient à Dieu et se consacraient au service et à l'éducation de la jeunesse dans toute l'abnégation de leur âme.

M. Rauzan était né au sein d'une famille patriarcale. Son enfance avait été entourée de pieuses et délicates sollicitudes, qui lui avaient révélé dès sa jeunesse la mission sublime d'une mère chrétienne dans le monde. Il aimait les âmes, il avait des entrailles de père pour les pauvres, les pécheurs, les malheureux et les orphelins. Comment donc n'aurait-il pas été inspiré en présidant une cérémonie qui procurait des mères à de nombreuses enfants privées de leur famille? comment n'aurait-il pas trouvé dans son cœur des souhaits de prospérité pour cette congrégation dont il voyait les premières religieuses s'offrir à Dieu avec tant d'ardeur, et se donner aux orphelines avec tant d'abnégation? Une profession religieuse est toujours quelque chose de touchant, mais plus touchante qu'aucune autre devait être celle qui se fit le 6 août 1810, dans la chapelle des orphelines de madame de Lézeau.

Cette première profession avait donné à la Congrégation de la Mère de Dieu six religieuses; mais, qu'est-ce que c'était qu'un pareil nombre en présence de l'œuvre qu'il fallait entreprendre? L'Empereur désirait qu'au mois d'avril suivant trois maisons fussent pourvues de maîtresses et peuplées de six cents élèves! Il était donc bien naturel que madame de Lézeau désirât procurer aux novices qu'elle avait préparées le bonheur de faire au plus tôt profession. Le commencement du mois de janvier avait été désigné pour cette seconde solennité, mais un obstacle vint la retarder forcément : la maison était encore envahie par les ouvriers, et les travaux de la chapelle étaient inachevés. Madame de Lézeau fut contrainte, bien à regret, de demander au cardinal grand aumônier de remettre à plus tard le jour qu'il avait désigné, et de fixer, en place, celui du 21 février.

A l'approche de cette époque, il y eut une retraite prêchée pour les novices; toute la maison y prit part; il n'y avait cependant que dix nouvelles religieuses admises à la profession.

Au jour désigné, Mgr Jauffret, évêque de Metz, nommé à l'archevêché d'Aix, se rendit, dès le matin, à la maison de la Légion d'Honneur, pour présider la cérémonie des vœux, au nom et de la part du cardinal grand aumônier. Il était accompagné de plusieurs prêtres de la grande aumônerie. Madame de Lézeau avait de son côté invité de nombreux ecclésiastiques pour cette solennité. Les parents des novices s'y étaient rendus en foule, ainsi que d'anciens administrateurs et des dames bienfaitrices de l'œuvre primitive des orphelines. La chapelle était comble; c'était pour la première fois que le pieux sanctuaire de la nouvelle Maison impériale voyait une semblable réunion.

Mgr Jauffret s'était fait connaître avant la Révolution par ses courageux écrits contre la constitution civile du clergé. Il était devenu après le Concordat, grand vicaire du diocèse de Lyon, où il avait puissamment travaillé au rétablissement de la religion. Puis il avait été nommé vicaire général de la grande aumônerie, et en 1806 évêque de Metz. Son zèle avait semblé redoubler à cette époque. N'ayant point de séminaire, il avait logé dans son palais épiscopal les jeunes étudiants qui se destinaient à l'état ecclésiastique. Il montra en cette circonstance une telle activité, qu'au bout d'un an on comptait déjà près de sept cents séminaristes dans son diocèse. Il instruisit son troupeau par des discours aussi sages qu'éloquents, ne négligeant aucun moyen de faire respecter et chérir la religion. Il visitait les nombreuses paroisses du vaste territoire confié à ses soins, avec un cœur d'apôtre.

Madame de Lézeau était heureuse de voir un tel évêque présider la cérémonie qui allait donner de nouvelles religieuses à sa congrégation. Cette vénérée Mère avait un sentiment profond du respect qui est dû au sacerdoce, destiné à continuer sur la terre l'œuvre du Sauveur. Sa foi lui faisait facilement voir dans le prêtre et dans son ministère sacré, Jésus-Christ même agissant dans le monde. Ces sentiments, augmentés encore par le haut mérite de Mgr Jauffret, s'exprimaient dans toutes ses manières et dans toute sa personne, quand, avec sa dignité ordinaire, elle reçut à la porte de la maison l'évêque, qui venait bénir les orphelines de la Légion d'Honneur, et recevoir les vœux de leurs nouvelles mères.

Le vénérable prélat se rendit presque aussitôt son arrivée à la chapelle, où la messe fut célébrée, au milieu du recueillement général. Les novices, les postulantes, les six religieuses professes et leur mère se réunirent dans une même communion. Puis, lorsque le divin sacrifice de l'autel fut achevé, Mgr Jauffret adressa aux religieuses et à l'assistance émue de belles paroles sur la mission sublime de la religieuse institutrice.

« Un jour, leur dit-il, durant sa vie mortelle,

le Sauveur après avoir longtemps parlé au peuple, toujours avide d'entendre ses divines instructions, s'était retiré dans une maison du village où il se trouvait passer... C'était peut-être pour y prendre quelques instants de repos. Mais les apôtres ont en même temps que lui quitté la foule. Ils l'ont suivi, heureux de se trouver seuls avec le Maître, ils l'interrogent, et Jésus continue à les instruire.

« Cependant, tandis que le Maître parle à ses apôtres, des mères de famille se présentent. Elles veulent demander au Sauveur d'imposer les mains à leurs enfants, de les toucher, de les bénir... *ut tangeret eos*, dit l'Évangile. Les apôtres contrariés d'être ainsi dérangés dans leur entretien avec le Maître, contrariés surtout de voir le Sauveur incessamment accablé par la foule, repoussent ces mères de famille en leur remontrant l'inconvenance d'une telle importunité. Les mères, loin de se rendre aux raisons des apôtres, ne font qu'insister davantage. Les apôtres en viennent alors à des paroles sévères, dures : *Increpabant!* jusqu'à des menaces : *Comminabantur!* et les mères de famille, dont le cœur avait deviné le cœur de Jésus, élèvent la voix au dehors, sans doute pour que de l'intérieur de la maison Jésus, qu'elles savent toujours si bon, les entende. En effet, Il les entendit. Alors, avec sa bonté de père, Il intervient dans ce débat, et, chose admirable ! Il intervient pour blâmer ses apôtres et pour donner raison aux mères et aux enfants. Laissez, dit-il, laissez venir à moi les enfants : *Sinite parvulos venire ad me*... Ne les empêchez pas d'approcher : *Nolite retare eos*... Paroles d'un sens profond, et qui expriment tout l'amour d'un Dieu. Ce n'est pas seulement pour la circonstance présente et pour ceux qui l'entourent que le bon Sauveur dit : Laissez venir à moi les enfants ; faites-les s'approcher, car je les aime et je veux les bénir... Mais ce qu'Il dit à ses apôtres, Il le dit aux siècles à venir, Il le dit surtout à son Église, et à ces âmes qui, dans les temps futurs, voudront le servir dans la pratique des conseils évangéliques, afin de leur faire comprendre et de leur faire partager l'amour tendre et profond, l'amour paternel et divin qu'Il porte et qu'Il portera toujours à l'enfance, à l'adolescence, à la jeunesse.

« Laissez venir à moi les enfants. Qu'elle est suave, ô bon Sauveur, cette aimable parole ! combien il est doux à une religieuse qui quitte son père, sa mère, sa famille et le monde, pour vous servir et vous aimer dans la personne de vos enfants, de vos pauvres, de vos orphelins, de vos abandonnés, de vos souffrants de tout genre et de toute sorte, de la comprendre et de la méditer !... On y trouve tout votre cœur, et si l'on adore votre puissance souveraine quand vous commandez aux tempêtes, et que d'un signe vous imposez le calme aux flots d'une mer agitée, avec plus de charmes, peut-être encore, on adore votre bonté divine quand, Roi des cieux, devant qui les anges se prosternent en se voilant de leurs ailes, on vous voit vous abaisser vers de petits enfants, leur tendre vos bras, leur ouvrir votre cœur, et leur dire : *Sinite parvulos venire ad me!* faites venir à moi les enfants ; faites-les s'approcher de mon cœur par la foi et par la vertu, car je les aime et je veux les conduire au ciel ! »

Elles avaient été comprises, ces sublimes paroles du Sauveur, par ces humbles sœurs, par ces premières Religieuses de la Mère de Dieu, qui se préparaient au pied de l'autel à se consacrer à Dieu et à l'enfance. Si on leur avait demandé quel était leur but, leur ambition, n'auraient-elles pas pu répondre qu'elles n'en avaient pas d'autre que de reproduire dans leurs œuvres et leur existence entière une constante ressemblance avec Jésus aimant l'enfance; d'y employer leur vie, heure par heure, jour par jour, dans la pratique du dévouement maternel.

Au-dessus de la porte d'entrée de la maison qu'elles habitaient, le conquérant qui avait vaincu l'Europe avait fait graver deux grands mots : *Honneur et Patrie*. C'était comme la devise de cet asile ouvert aux orphelines des braves tombés sur les champs de bataille, et membres de cette légion d'élite qui se nommait la Légion d'Honneur. Mais à côté de ces mots qui expriment deux pensées aussi belles qu'élevées : l'honneur et la patrie, c'est bien ce qu'il y a de plus grand sur la terre! on aurait pu écrire deux autres mots, sortis du cœur même de Dieu : *Amour de l'Enfance*, et c'était, on peut le dire, la devise de ces humbles sœurs, qui avaient l'honneur de se dévouer, par amour pour Dieu, aux orphelines de leur patrie.

Quand Mgr Jauffret eut achevé de parler, un des prêtres qui l'assistaient, sortit au milieu de l'émotion générale le Très-Saint Sacrement du tabernacle. Un chant d'adoration salua d'abord la présence de Dieu sur l'autel. Puis il se fit un silence profond, et aux pieds de ce même Jésus qui a tant aimé les enfants, et qui était là, caché sous les voiles du mystère, les jeunes novices prononcèrent la consécration qui les faisait Religieuses de la Mère de Dieu. Leur voix était tremblante, mais à travers leur émotion, on sentait le calme, le bonheur et la joie d'une âme qui n'est plus à la terre, l'énergie d'un cœur, d'une volonté qui se consacrent et se donnent pour la vie et l'éternité. Leurs larmes silencieuses coulaient peut-être, mais douces larmes, comme on en verserait au Ciel, si au Ciel on pouvait pleurer. Les anges durent recueillir sur leurs lèvres les paroles qu'elles prononçaient pour les inscrire au livre éternel de vie.

Lorsque les Religieuses eurent fait leur consécration, le vénérable évêque les félicita. Il pouvait bien leur dire ces paroles que le Sauveur adressait un jour à ses Apôtres en leur montrant les moissons qui commençaient à blanchir : *Messis multa*, la moisson à cultiver est grande, *operarii autem pauci*, et les ouvriers peu nombreux ! Mais il ajouta sans doute que le divin Maître, qui les avait choisies, n'abandonne jamais à leurs seules forces ceux qui travaillent pour Lui, qu'Il allége leurs fatigues, et qu'Il se tient constamment auprès d'eux pour les soutenir et les encourager.

« Il leur dit aussi que l'éducation qu'une institutrice religieuse donne pour Dieu seul, aux enfants que la Providence lui confie, est une des œuvres les plus admirables que l'on puisse concevoir. L'âme d'un enfant à l'aube de la vie est un diamant sans tache, un joyau divin, qui veut être préservé avec un soin jaloux de tout ce qui pourrait l'altérer ou seulement le ternir momentanément. Aux premiers siècles de l'Église, le père et la mère, ces préposés de Dieu chargés de l'éducation de la famille, y veillaient avec cette foi primitive qui leur disait que l'innocence et la vertu sont le plus précieux des trésors. Dans le fils que leur donnait la Providence, souvent ils entrevoyaient à l'avance un martyr, qu'il fallait préparer au combat et à la victoire. L'innocence pour de pareils combats est le plus sûr bouclier, et rien ne saurait dire avec quelle amoureuse vigilance les saints gardaient l'innocence de leurs enfants : ils y veillaient et le jour et la nuit. C'est ainsi que le père d'un homme célèbre dans la primitive Église développait par l'éducation, dans l'intelligence de son fils, les grandes pensées qu'inspire la foi, et dans son cœur, les sentiments qui font naître l'amour du Ciel... et puis, la nuit, quand son fils bien-aimé reposait doucement endormi, ce père chrétien entr'ouvrait le vêtement qui couvrait la poitrine de cet enfant de bénédiction, et, avec respect, il appuyait ses lèvres sur cette poitrine qui ne respirait que l'innocence et l'amour de son Dieu.

« Ce que faisaient les pères, les mères des premiers siècles de l'Église, penchés sur le berceau de leurs enfants, ou assidus à cultiver leur intelligence et à garder leur cœur, la religieuse institutrice le fait aussi : sa vie s'emploie à développer la foi et la vertu dans de jeunes âmes, qui rencontreront peut-être un jour sur le chemin de la vie des épreuves, des combats presque aussi difficiles que le martyre d'autrefois, et qui devront leur force et leur persévérance à leur première éducation.

« Cette humble religieuse, grandie par sa vocation et soutenue par ses vœux, est investie d'un ministère sublime, d'une sorte de glorieux sacerdoce. Elle est destinée à former des âmes pour le Ciel, et ces âmes valent plus que tous les trésors de la terre : elles valent les larmes répandues par Jésus dans la crèche et le sang versé sur le Calvaire. Honneur donc à vous ! nouvelles Religieuses de la Mère de Dieu; la tâche que vous entreprenez, les promesses que vous avez faites sont glorieuses aux yeux des anges et des hommes. Aussi le respect vous entourera sur la terre, vos œuvres vous mériteront chaque jour une immortelle couronne ; et quand votre humble carrière, ignorée du monde mais connue de Dieu, approchera de son terme, on pourra dire de vous ce que l'Évangile a dit de Celui qui est notre Sauveur et votre modèle : *Transiit benefaciendo...* elle a passé en faisant le bien ! »

Après que Mgr Jauffret eut achevé de parler, les chants en l'honneur du Dieu de l'Eucharistie terminèrent la cérémonie. Le vénérable prélat donna lui-même la bénédiction du Très-Saint Sacrement, et chacun quitta le sanctuaire qui venait d'être témoin de cette solennité avec le cœur tout rempli de ces émotions religieuses et profondes qui ne s'oublient plus quand une fois on les a éprouvées.

Les nouvelles Mères de la Congrégation vinrent ensuite chacune à leur tour signer la formule de leur consécration, au bas de laquelle Mgr l'Évêque de Metz apposa aussi sa signature. Quelques heures plus tard, madame de Lézeau présenta à ce vénérable évêque ses nombreuses orphelines ; le bon prélat leur dit de bienveillantes paroles, et fut charmé de leur air de candeur et de simplicité. Puis vint le moment du départ : il n'y a pas sur la terre de jour de fête qui n'arrive rapidement à sa fin. Les joies sans terme, les fêtes sans nuages, et les jours sans déclin, ne se trouvent qu'au Ciel.

Quelques mois après cette première profession, il y en eut une nouvelle qui, cette fois, fut présidée par Mgr Charrier de la Roche, évêque de Versailles, et premier aumônier de l'Empereur; M. l'abbé Feutrier, secrétaire général de la grande aumônerie ; M. de Quélen et M. l'abbé de Sambucy, maître de chapelle des Tuileries, accompagnaient en cette circonstance Mgr l'évêque de Versailles. Cette nouvelle profession porta à trente-six le nombre des Religieuses de la Congrégation de la Mère de Dieu. Ce fut avec ce nombre que madame de Lézeau commença les trois premières maisons de la Légion d'Honneur, comme nous le verrons dans les chapitres suivants.

CHAPITRE XV

Madame de Lézeau visite le couvent des Loges, dans la forêt de Saint-Germain, et l'abbaye de Barbeaux, près de Fontainebleau. — Coup d'œil sur l'histoire du couvent des Loges. — État de la maison au moment où madame de Lézeau la visita. — Après plusieurs voyages, elle va s'y établir. — Les Orphelines de la Légion d'Honneur partent pour le couvent des Loges. — Une première soirée au milieu de la forêt. — Bénédiction de la chapelle. — Le grand chancelier et Mgr l'évêque de Metz aux Loges. — Madame de Lézeau part pour Pont-à-Mousson. — Madame Dagoty supérieure. — Une première année à la maison des Loges. — Mandement du cardinal Fesch.

Le décret de l'Empereur, ordonnant la formation de six établissements d'orphelines confiés à madame de Lézeau, avait été accueilli avec une faveur générale, et avec une toute particulière reconnaissance de la part de l'armée. Aussitôt sa promulgation, de nombreuses demandes avaient été adressées par une foule de familles à la Reine Hortense, au grand chancelier de la Légion d'Honneur, et à madame de Lézeau. On sollicita de tous côtés l'admission, dans les nouveaux établissements, de jeunes filles privées de leurs parents et réunissant toutes les conditions pour y être reçues[1].

Les places étaient donc retenues à l'avance, et la maison qui venait d'être ouverte à Paris fut bientôt au grand complet. Il fallut alors, pour donner satisfaction aux demandes auxquelles on n'avait pu faire droit par une admission immédiate, s'occuper sans retard de la formation des autres établissements.

Le ministre de l'intérieur, comte de Montalivet, chargé par l'Empereur de veiller à l'exécution du décret qu'il avait rendu, écrivait à ce sujet à madame de Lézeau, le 30 janvier 1811 : « Madame, « l'intention de l'Empereur est que votre maison « chef-lieu (c'était la maison de Paris récemment « établie, que le ministre désignait ainsi) celle de « Barbeaux et celle des Loges soient promptement « mises en état de recevoir six cents orphelines... « Sa Majesté veut qu'au 1er avril les trois mai- « sons soient organisées et pourvues des trois cents « élèves du gouvernement. Veuillez donc prendre « toutes dispositions nécessaires pour vous conformer « à ces intentions. Vous aurez à vous occuper de la

---

[1] La Reine Hortense avait été nommée par le décret de 1810, protectrice de l'Institution des Orphelines, comme elle l'était déjà des Maisons d'Écouen et de Saint-Denis; souvent les demandes d'entrée lui étaient adressées et elle prononçait directement elle-même sur l'admission des enfants pour qui on réclamait sa protection.

« formation du mobilier, qui doit être modeste et éco-
« nomique et ne pas dépasser quarante mille francs
« pour chaque maison. Je désire, madame, conférer
« avec vous sur cet important sujet et je vous prie
« d'apporter avec vous tous les documents qui vous
« paraîtront propres à rendre cette conférence le plus
« utile possible. »

Les maisons que le ministre de l'intérieur désignait sous le nom de maisons des Loges et de Barbeaux étaient situées l'une non loin de Paris et
l'autre entre Fontainebleau et Melun. La première
était un ancien couvent, occupé avant la Révolution
par des Religieux Augustins. Il s'élevait solitairement,
au milieu de la vaste forêt qui entoure Saint-Germain, sur l'emplacement d'un antique château bâti
au dixième siècle par le roi Robert. La seconde, celle
de Barbeaux, située sur les bords de la Seine, était
une ancienne abbaye dont le roi Louis VII, connu
dans l'histoire sous le nom de Louis le Jeune, avait
été le fondateur.

Madame de Lézeau n'avait pas besoin d'être solli-
citée pour hâter l'exécution de l'œuvre que l'Empereur lui avait mise entre les mains. Son activité habituelle et son ardeur pour le soulagement de toute
infortune la pressaient assez : des orphelines demandaient à la nommer leur mère ; de nombreuses familles désiraient lui confier leurs enfants... que fal-

lait-il de plus? Aussi, dès qu'il lui fut possible, elle se transporta aux Loges et à Barbeaux.

Ce ne fut pas sans une vive émotion que madame de Lézeau vit ces deux maisons, où elle devait bientôt établir sa congrégation et ses enfants. La désolation qui y régnait lui rappelait tristement son ancien monastère de la Visitation, où s'étaient écoulées les plus belles années de sa jeunesse, et qui était, lui aussi, abandonné, ruiné, déshonoré! Cependant, faisant violence à ses souvenirs et dominant sa tristesse, elle dressa un état détaillé des réparations de première urgence à faire à ces maisons pour recevoir les enfants de la Légion d'Honneur.

Ces réparations de première urgence et tout à fait indispensables étaient plus nombreuses et plus importantes à l'ancienne abbaye de Barbeaux, qu'au couvent des Loges. L'antique monastère fondé par Louis le Jeune était depuis vingt ans resté désert. Les religieux en avaient été chassés dans les premières années de la Révolution; les vieilles toitures, depuis lors sans entretien, laissaient s'infiltrer la pluie dans les solides murailles qui avaient mieux résisté aux siècles écoulés depuis leur fondation qu'à ces vingt dernières années d'abandon. Le vent des ouragans d'été et des tempêtes d'hiver, moins violent pourtant que les orages qui avaient renversé le trône séculaire des successeurs de Louis VII et bouleversé de fond en comble la société française pour la remplacer par un monde nouveau, avait pénétré dans les vastes cloîtres et longtemps gémi sous ces antiques voûtes qui retentissaient autrefois des échos de la prière. Portes et fenêtres, tout avait été plus ou moins endommagé et brisé. Dans les cours, les ronces, les épines, de jeunes arbres même, avaient grandi et donnaient à l'ancien monastère un aspect désolé et sauvage. La main de l'homme, ce grand démolisseur, qui détruit plus vite encore que le temps et l'abandon, s'était abattue, elle aussi, sur ces vieux restes des siècles passés, et tout ce qui avait pu être emporté et pillé l'avait été.

Aux Loges il n'en était pas ainsi : le couvent des Religieux Augustins, mieux conservé, pouvait, sans autant de difficultés et de réparations, recevoir les jeunes pensionnaires qu'on lui destinait et les Religieuses de la Congrégation de la Mère de Dieu.

Nous allons donner ici un rapide aperçu de l'histoire de l'antique demeure qu'occupe encore aujourd'hui la seconde succursale de la Légion d'Honneur. Il n'est pas sans charme de retrouver dans le passé l'origine des lieux que l'on habite ou auxquels s'attache quelque intérêt : on aime à en suivre les modifications diverses au travers des siècles : ces vieux murs qui ont vu tant de générations ont, eux aussi, leur histoire comme ces générations elles-mêmes.

Les Loges furent primitivement, selon d'anciennes chroniques, un château royal. De vieux auteurs attribuent la construction de ce château, au milieu de la forêt de Saint-Germain, au roi Robert. Ce monarque, porté à la mélancolie, aimait à se réfugier là, loin du bruit de la cour et des affaires, pour y trouver le calme et pour se mettre à l'abri des invectives et des persécutions de sa femme, Constance d'Arles, qui le rendait extrêmement malheureux. Deux fois cette épouse détestable avait excité ses fils à la révolte et les avait armés contre leur père. La forêt était, à cette époque reculée, une vaste et profonde solitude, des sentiers seuls la traversaient. La première route qui y fut tracée, le fut deux siècles plus tard par les ordres de Blanche de Castille, mère de saint Louis, pour conduire de Poissy à Saint-Germain.

D'autres auteurs assurent que, dans un temps plus reculé même que celui où vivait le roi Robert, et antérieurement au château royal dont nous venons de parler, il existait sur l'emplacement actuel de la maison des Loges une chapelle, que le roi Robert visitait souvent. Auprès de cette chapelle s'élevait un modeste prieuré, où habitait le prêtre chargé d'y célébrer les saints mystères et d'y recevoir les pèlerins, qui y venaient fort nombreux, surtout à l'approche de la fête du saint patron. Ce fut non loin de ce prieuré que le pieux Robert aurait fait bâtir son château pour servir de rendez-vous de chasse, et en même temps pour être à portée de faire ses dévotions à la solitaire chapelle qu'il aimait.

Quoi qu'il en soit de l'origine d'une habitation au milieu de la forêt de Saint-Germain, elle est, on le voit, d'une haute antiquité puisqu'elle remonte au moins au roi Robert, peut-être même aux siècles précédents. Dès ces anciennes époques, cette habitation étant devenue château royal, était connue sous le nom de château des Loges. Plusieurs actes royaux remontant à ces siècles, depuis si longtemps écoulés, le désignent sous le nom de *Domus nostra de Logiis* : notre demeure, ou notre hôtel des Loges.

Il est à présumer que ce nom lui a été donné parce que le château, presque toujours inhabité, servait surtout de rendez-vous de chasse. Là étaient établies des loges, où étaient entretenus et élevés les faucons et les autres oiseaux de proie employés aux chasses royales. Là aussi étaient nourris les chiens et les grands lévriers, dont se servaient au moyen âge, les seigneurs et les princes de la cour quand, armés de leurs épieux et accompagnés de leurs chevaliers, se reposant des fatigues de la guerre dont ils aimaient à retrouver les bruits et les clameurs au milieu même de leurs plaisirs, ils poursuivaient à cor et à cri, dans la vaste forêt, le loup, le cerf ou le sanglier[1].

---

[1] Cette étymologie du nom des Loges que nous trouvons dans un manuscrit daté de 1727, écrit par les Religieux Augustins et conservé

CHAPITRE XV

En 1346, à cette époque malheureuse de notre histoire où l'Anglais vainqueur dominait sur une partie de la France, Édouard III dirigea ses armées sur Paris et en saccagea les environs. Le château des Loges ne fut pas épargné ; il n'en resta qu'un monceau de ruines et de débris qui apprirent aux générations suivantes que cette maison royale avait été considérable.

Plusieurs siècles plus tard, il s'y établit un bon ermite, qui, avant d'embrasser la vie solitaire, avait été attaché à la maison de Henri IV. Désirant finir ses jours dans la pénitence et l'obscurité, il avait obtenu du roi la permission de se bâtir un ermitage parmi les débris du château des Loges. La chapelle autrefois en grande vénération réédifiée au milieu des ruines après la destruction du château par les Anglais n'était plus qu'un pauvre oratoire. Elle fut remise en crédit par la vie simple et religieuse du pénitent qui en était voisin. Louis XIII aima le bon ermite, que l'on connaissait sous le nom de frère René et

---

à la bibliothèque de Saint-Germain-en-Laye est généralement adoptée par les chroniqueurs, et nous semble infiniment plus probable que l'opinion qui fait dériver le nom du château royal des Loges, de l'existence de cabanes de bûcherons établies dans la clairière de la forêt où fut bâti ce château. Le mot latin *Logia*, employé dans cette désignation *Domus nostra de Logiis*, qu'employaient les anciens rois de France dans leurs chartes et leurs contrats, ne signifie pas cabane, mais bien loge ou compartiment d'une ménagerie où sont conservés des animaux.

même le visita quelquefois, se recommandant à ses prières [1].

Cependant l'ermite des Loges étant parvenu à une grande vieillesse, la vie solitaire lui devint impossible. Il ne pouvait plus subvenir aux nécessités de son existence et réunir ce qui lui était indispensable pour vivre. Louis XIII lui permit alors d'appeler auprès de lui quelques religieux, qui bâtirent un petit couvent dans la forêt royale, et prirent avec eux le vieil ermite.

Anne d'Autriche visita souvent la pauvre chapelle solitaire des Loges, y adressant à Dieu de ferventes prières pour obtenir, selon les vœux de toute la France, un héritier à la couronne. Louis XIV vint au monde; les armes de la France triomphèrent à Rocroi et à Thionville. En reconnaissance de ces bienfaits, la Reine voulut être la fondatrice de l'église

---

[1] La chapelle des Loges était dédiée à saint Fiacre, le nom de ce saint est célèbre à cause de la charité qu'il a exercée envers les pauvres et de son hospitalité pour les pèlerins. Né en Irlande vers l'an 600, c'est dans la Brie que saint Fiacre a passé la plus grande partie de sa vie et exercé ses saintes œuvres. Une confrérie en son honneur, érigée aux Loges par un bref du pape Innocent X en 1652, était enrichie de nombreuses indulgences. La paroisse de Saint-Germain, conduite par son clergé, se rendait chaque année processionnellement à la chapelle du saint à l'époque de sa fête, le 30 août. C'est de là qu'est venu ce que l'on appelle aujourd'hui la *fête des Loges*; c'est une des plus nombreuses assemblées des environs de Paris. Cette fête se tient au milieu de la forêt, sur la vaste pelouse qui s'étend devant la porte de l'ancien couvent; elle remplit pendant huit jours de mouvement et de bruit ces lieux d'ordinaire paisibles et silencieux.

du nouveau couvent, qui fut agrandi et qu'elle dota généreusement. Cette église fut dédiée à Notre-Dame de Grâces, et la première pierre en fut posée solennellement au nom de la reine, le 6 juillet 1644. Cette pierre était en marbre noir, et portait en lettres d'or une inscription latine, destinée à apprendre aux âges futurs que ce sanctuaire avait été fondé par la piété religieuse d'Anne d'Autriche. Dessous furent placées des médailles représentant des sujets allégoriques, témoignant de la reconnaissance de la reine envers le Ciel, et présageant au jeune roi les grandes destinées qui l'attendaient [1].

L'église du couvent des Loges fut souvent visitée par sa fondatrice et par Marie-Thérèse, épouse de Louis XIV. Là aussi souvent vint prier Jacques II roi d'Angleterre, ainsi que la reine compagne de son exil. Ils venaient dans cette solitude offrir leurs vœux au Roi des rois, devant qui les couronnes des princes de la terre ne sont qu'un bien périssable, et lui demander dans leur infortune des consolations qu'ils ne trouvaient pas parmi le bruit et les plaisirs d'une cour florissante.

Pendant un siècle et demi les Religieux Augustins jouirent paisiblement de l'église que leur avait élevée

---

[1] Voy. aux Pièces justificatives l'inscription de cette première pierre ainsi que plusieurs détails intéressants sur les médailles qui l'accompagnaient, d'après l'histoire manuscrite des Religieux Augustins des Loges, conservée à la bibliothèque de Saint-Germain.

la munificence d'Anne d'Autriche. Mais 1792 arriva et ils furent comme tous les autres religieux de France exilés de leur monastère. Le couvent des Loges fut vendu nationalement, en 1794. L'acquéreur y forma une maison d'éducation qui ne prospéra pas, mais qui eut l'avantage de préserver les bâtiments de l'abandon et de la ruine qui en est la conséquence.

Telle était la demeure où devaient bientôt s'établir les Orphelines de la Légion d'Honneur, sous la direction de la Congrégation de la Mère de Dieu. L'ancien séjour de la pénitence et de la prière allait devenir l'habitation de l'innocence et du dévouement. Le gouvernement avait racheté cette propriété et de nombreux ouvriers, sur les indications fournies par madame de Lézeau, et pressés par elle, travaillaient depuis le mois de janvier à tout mettre en état pour une prochaine installation.

Ce qui manquait le plus à cet ancien couvent, c'était des murs d'enclos : ses jardins n'étaient séparés de la forêt que par une légère palissade, qui ne les préservait même pas toujours des ravages causés par les animaux de la forêt. Madame de Lézeau se préoccupait de ce manque de clôture pour une maison placée solitairement au milieu d'une forêt, loin de toute habitation et destinée à des religieuses et à des enfants. Elle craignait les frayeurs que pouvaient causer les rôdeurs nocturnes, et les tentatives de vol que des malfaiteurs plus audacieux pouvaient diriger contre une maison aussi isolée. Plusieurs lettres témoignent des démarches qu'elle fit auprès des autorités militaires et de la police, pour obtenir une surveillance toute particulière sur la forêt et sur ses alentours. Après ces sollicitudes maternelles qu'une légitime prudence lui inspirait, quand on lui faisait observer qu'elle allait habiter une maison qui n'était pas sûre, elle répondait en souriant : « Les gendarmes nous garderont...; et puis, ajoutait-elle, avec le ton de sérieuse gravité que lui inspiraient sa foi et sa confiance en Dieu : j'ai une autre garde qui ne m'a jamais fait défaut; la bonne Providence a jusqu'ici veillé sur la congrégation qui est son œuvre; c'est elle qui protége mes enfants, et avec sa protection on peut dormir tranquille même au milieu des bois! »

Tandis que les ouvriers hâtaient les travaux de réparation dans l'ancien couvent des Loges, madame de Lézeau s'occupait activement de l'acquisition du mobilier qui y était nécessaire. Un crédit de 40,000 francs, nous l'avons vu, lui était ouvert pour cela. Cette somme, qui semble au premier abord assez élevée, était en réalité loin de suffire à un établissement aussi considérable que devait être celui que la Légion d'Honneur préparait à ses orphelines, au milieu de la forêt de Saint-Germain. Cela est assez facile à comprendre quand on se rappelle que le ministre de l'intérieur demandait que la maison pût recevoir deux cents jeunes filles, sur lesquelles cent devaient être gratuitement reçues, élevées, entretenues, et pourvues de tout, jusqu'à l'âge de vingt et un ans. Il fallait donc, avec cette somme de 40,000 francs, acheter non-seulement les meubles, mais encore le linge, les lits, les vêtements, les livres d'étude et cette foule innombrable de choses de toutes sortes nécessaires à une grande maison d'éducation.

Enfin, malgré les difficultés, tout était à peu près organisé, le mobilier acquis, et la maison réparée d'une manière au moins provisoirement suffisante, et, le 29 avril, madame de Lézeau écrivait au grand chancelier comte de Lacépède, les lignes suivantes :

« J'ai l'honneur d'informer Votre Excellence que
« demain je commencerai à organiser la Maison
« impériale des Orphelines de la Légion d'Honneur
« des Loges. Je vais m'établir pour quelque temps
« dans cette maison, afin d'y installer les dames et
« novices de la Congrégation, que j'ai choisies pour
« y donner l'éducation et les soins dus aux jeunes
« orphelines.

« Aussitôt ces premières dispositions prises, je
« placerai dans cette maison un certain nombre
« d'enfants choisies parmi celles dont j'ai commencé
« l'éducation avant la création des maisons impé-
« riales d'orphelines. J'y placerai aussi plusieurs
« enfants de la Légion d'Honneur, particulièrement

« celles dont la santé semble devoir s'améliorer par
« le séjour à la campagne.

« Une partie de la maison des Loges ne peut être
« encore habitée ; il y aurait du danger pour la santé
« des jeunes élèves : il faut nécessairement attendre
« que les plâtres soient secs. Je disposerai donc tous
« les lieux habitables, et j'indiquerai à Votre Excel-
« lence le nombre d'orphelines que l'état de la mai-
« son permettra provisoirement de recevoir.

« Cette maison sera administrée, comme celle de
« Paris, sous ma surveillance immédiate, et j'y
« nommerai une supérieure qui, lorsque je serai
« absente, veillera à sa direction... »

Madame de Lézeau partit donc le 30 avril 1811. Elle avait demandé quelques chariots de l'administration de la guerre pour le transport des meubles et des autres effets destinés à la maison des Loges, et avait fait prendre les devants à quelques bons et fidèles serviteurs, gens honnêtes, qu'elle avait elle-même choisis et que ses bontés lui avaient déjà attachés. Tous l'ont fidèlement servie jusqu'à la fin ; plusieurs sont morts avant elle, et ont été assistés à leur dernière heure par cette charitable Mère, qui nommait ses serviteurs ses enfants. D'autres lui ont survécu, et sont restés jusqu'à leur vieillesse dans cette maison, où madame de Lézeau avait à chacun fixé son rôle et tracé son emploi. Un d'eux, vieux, survivant de toute une génération éteinte, jouissant aujourd'hui, dans une extrême vieillesse, d'une honnête aisance et entouré d'une famille honorée, interrogé par nous sur madame de Lézeau, nous répondait naguère : « Pour elle, je me serais sans hésiter jeté dans les flammes. »

Madame de Lézeau emmena avec elle la future supérieure de la nouvelle maison et son assistante. Elle les avait choisies parmi ses premières compagnes. L'une et l'autre avaient partagé les travaux et la pauvreté de leur Mère, quand, sans autre ressource que la Providence, elle fondait dans sa petite maison de la rue des Saints-Pères son œuvre des orphelines. Elle emmena aussi plusieurs religieuses et novices, presque toutes jeunes et actives, mais surtout dévouées. La Congrégation de la Mère de Dieu a eu pour base et pour pierre angulaire, avec l'humilité et la pauvreté, l'abnégation et le dévouement de ses premières religieuses.

Arrivé aux Loges, on travailla avec empressement, surtout avec contentement. Madame de Lézeau encourageait chacun par ses exhortations ; nous pourrions citer le nom de telle vénérable religieuse qui, courbée, au moment où nous traçons ces lignes, sous le poids de ses quatre-vingts ans, était alors pleine de jeunesse et d'ardeur. Elle se rappelle encore comment elle portait joyeusement sur ses épaules, jusque dans les dortoirs et jusqu'à la lingerie, les matelas ou les ballots de linge que les serviteurs de la maison déchargeaient des chariots qui les avaient amenés. Soixante ans se sont écoulés depuis cette époque, et quand la vénérable sœur raconte ces anciens jours de sa jeunesse religieuse, comme le soldat qui se sent rajeunir au récit de ses campagnes, elle redresse sa tête baissée d'ordinaire sous le poids des ans ; elle parle des orphelines avec transport, et de madame de Lézeau avec cette affection filiale que lui portaient toutes les religieuses qui ont vécu avec elle ; affection qui n'a d'égale que la vénération profonde que celles qui lui ont survécu conservent pour sa mémoire.

Après quelques jours la maison fut prête pour recevoir ses pensionnaires : tout ce qu'il y avait d'habitable était meublé. Les lits étaient dressés dans les dortoirs. La cuisine était pourvue de ses ustensiles. Les tables étaient placées dans les salles d'étude et madame de Lézeau renvoya à Paris la future supérieure de la maison, ainsi que son assistante, pour y préparer le départ des jeunes élèves qui devaient venir habiter les Loges.

Madame Dagoty, cette future supérieure, était, nous l'avons dit, une des premières compagnes de madame de Lézeau. La vénérable fondatrice l'avait vue à l'œuvre dans les jours les plus difficiles, et avait été à même de l'apprécier. Son nom de religion était Marie de la Croix ; mais comme son dévouement l'avait attachée aux orphelines longtemps avant que la profession religieuse lui eût donné ce nom sévère et doux, l'habitude avait prévalu parmi les enfants d'abord, et dans la congrégation ensuite, de la désigner par le nom sous lequel on l'avait précédemment connue et aimée. On l'appelait donc comme autrefois : madame Dagoty. La religieuse choisie pour être son assistante, c'est-à-dire son aide, dans la direction de la maison et sa remplaçante au besoin, était madame Constant ou plutôt Mère Marie des Anges, une des premières compagnes, comme elle, de madame de Lézeau. Madame de Beaufort, en religion Mère Saint-Stanislas, était économe.

A leur arrivée à Paris, madame Dagoty et la Mère Marie des Anges eurent mille choses à faire. C'était des acquisitions encore nécessaires et qui n'avaient pas été d'abord prévues ; c'était l'emballage des effets appartenant aux enfants qui devaient être transférées aux Loges et aux religieuses qui devaient les accompagner ; c'était enfin l'organisation des moyens de transport pour une soixantaine de personnes. Quelques jours furent employés à ces soins, puis le moment du départ arriva.

Ce départ se fit par un beau jour de printemps ; par un de ces premiers beaux soleils de mai où tout est à la joie et à l'espérance. Les prairies sont déjà vertes ; les blés commencent à se courber sous le souffle de la brise ; les arbres fruitiers sont blancs de fleurs ; les oiseaux chantent sous le feuillage : la nature entière semble sourire, en retrouvant ses plus douces voix et sa plus aimable parure, pour chanter les louanges et les bienfaits du Créateur.

Plusieurs voitures avaient été retenues à l'avance. L'omnibus, cette invention moderne, n'existait pas alors ; le chemin de fer était encore plus inconnu. Pour voyager dans les environs de Paris on était obligé d'avoir recours à ces voiturins, qu'en vain l'on rechercherait aujourd'hui, types désormais disparus, mais que ne sauraient oublier ceux qui les ont vus, et surtout ceux qui s'en sont servis.

Les voyages dans ces sortes de voitures étaient presque toujours marqués par quelques aventures. Souvent il arrivait que le cheval refusait d'avancer, ou qu'exténué de fatigue, il s'abattait dans les brancards. Alors on travaillait à relever le pauvre animal, on poussait à la roue, et, en fin de compte, on achevait à pied, sous la chaleur du soleil ou par la pluie, le chemin que l'on s'était promis de faire plus commodément. Bien entendu qu'il fallait toujours payer le conducteur, et bien heureux quand on s'en tirait sans rien de plus fâcheux.

Aujourd'hui ce mode de voyage paraîtrait tout ce qu'il peut y avoir au monde de plus affreux. Cependant il avait ses charmes : tant il est vrai que toute chose a presque toujours son bon côté. On avait le temps d'admirer le paysage ; on s'arrêtait quand on le voulait, soit pour se rafraîchir, soit pour cueillir quelques fleurs le long de la route, ou remplir sa gourde à quelque claire fontaine. On se sentait vivre et voyager, on était maître de soi et maître de son temps.

Ce ne fut pas sans peine que madame Dagoty parvint à caser dans les voiturins arrivés de bon matin à la Maison de la Légion d'Honneur la colonie qu'elle devait emmener. Ces enfants étaient destinées à enseigner aux nouvelles arrivantes le travail, le respect, l'amour de la règle et de l'application aux études. En mère prévoyante, madame de Lézeau avait désigné plusieurs des plus âgées, ses anciennes élèves de la rue du Pot-de-Fer, sur qui elle pouvait compter avec assurance. Elle voulait par le bon exemple, cette muette et puissante prédication, établir promptement sa nouvelle maison des Loges, comme celle de Paris, dans les habitudes régulières et laborieuses qui font les bonnes maisons d'éducation.

Ce départ était pour toutes ces jeunes filles un grand événement : cela se conçoit aisément. Il leur semblait que c'était une vie nouvelle qui les attendait au milieu des grands bois, dans ce calme profond de la vaste forêt où était située la demeure pour elles encore inconnue qu'elles allaient bientôt habiter; calme si différent du bruit et des agitations de la grande ville. On se disait adieu : de jeunes compagnes réunies depuis quelques mois, et qui s'aimaient déjà, se promettaient de ne s'oublier jamais, de s'écrire quelquefois et de s'aimer toujours!

Enfin, madame Dagoty ayant placé tout son monde, on partit. Après avoir roulé plus d'une heure sur le pavé des rues de Paris, on put jouir de toutes les beautés d'une matinée de printemps au milieu de la campagne si belle aux environs de la capitale, et particulièrement sur les bords de la Seine.

Les charmes de la nature, qui impressionnent ceux-là même qui s'en rendent le moins compte, attirèrent promptement toute l'attention des jeunes voyageuses. Dans l'enfance et la jeunesse, quand le cœur possède encore son innocence et l'imagination sa fraîcheur, l'âme s'ouvre naturellement aux impressions suaves et bonnes, et il ne fut pas difficile aux maîtresses pour compléter la prière du matin, qui s'était faite un peu à la hâte, d'amener leurs enfants, sans qu'elles s'en doutassent à faire une pieuse méditation sur les œuvres de la Providence. Elles leur développèrent quelques-unes des magnifiques pensées qui remplissent nos saints livres. Comme un grand poëte parlant de la bonté de Dieu, elles leur dirent en un simple langage que c'est Lui

> Qui donne aux fleurs leur aimable peinture,
> Qui fait naître et mûrir les fruits :
> Qui leur dispense avec mesure
> Et la chaleur des jours et la fraîcheur des nuits

La route se fit lentement, mais on arriva sans encombres. Prévenue, dès le moment où l'on avait vu de la maison des Loges les voitures s'avancer dans la longue allée qui conduit à Saint-Germain, madame de Lézeau était à la porte de l'ancien couvent pour recevoir ses enfants. A chacune elle donna une maternelle caresse, que les plus grandes vinrent lui demander les premières, puis on entra.

Inutile de dire avec quel empressement on visita la maison, les jardins. On se hasarda même à une promenade sous les grands arbres de la forêt, et, quand le soir arriva, la journée finit, comme elle avait commencé, par la prière. Bientôt après cette prière du soir, dans leurs dortoirs silencieux toutes les jeunes pensionnaires dormaient de ce doux et profond sommeil qui est un des trésors de l'enfance.

Tandis que tout reposait dans le couvent de nouveau habité après ses longues années de tristesse et d'abandon, le chant harmonieux et cadencé des rossignols, se mêlant au cri monotone et plaintif de la hulotte, aux bramements lointains des cerfs, aux vagues bruissements de la forêt, formait aux alentours un concert à la fois suave et mélancolique. On eût dit la voix de cette antique solitude, qui se faisait entendre dans le calme de la nuit, pour bénir l'Auteur de toutes choses de lui avoir rendu des hôtes qui sussent croire, adorer et prier. On eût dit un chant mystérieux de reconnaissance et d'amour, célébrant l'approche de l'aurore du lendemain qui devait, après vingt ans de deuil, voir de nouveau en ces lieux, autrefois sanctifiés par la piété des rois et les vertus monastiques, s'offrir sur l'autel de l'amour éternel la victime sainte, qui est Jésus lui-même, Jésus l'espérance de la terre et la gloire des élus.

Le lendemain, la cloche sonna le réveil à l'heure habituelle dans la Congrégation de la Mère de Dieu, et les exercices de travail et d'étude commencèrent pour se continuer désormais avec une régularité qui, depuis soixante ans, ne s'est pas un seul moment interrompue. Pour la première fois, depuis que les Religieux Augustins avaient été chassés, les saints mystères furent célébrés dans l'ancien couvent qu'Anne d'Autriche et Marie-Thérèse, l'épouse et la mère de Louise XIV, avaient si souvent visité. Ce fut dans la salle de communauté que M. l'abbé Duvey offrit le saint sacrifice. La chapelle n'était pas encore complétement réparée. Elle avait eu plus que le reste de la maison à souffrir des injures de la révolution.

M. Duvey, en récompense de l'infatigable dévouement avec lequel il avait soutenu toutes les œuvres de madame de Lézeau, s'était vu nommer par le cardinal Fesch, premier aumônier de la maison des orphelines de Paris, c'était une récompense digne de lui : après avoir fait beaucoup de bien il trouvait une position où il pouvait en faire davantage encore, rien ne pouvait mieux satisfaire son zèle apostolique.

M. Duvey continuait donc dans la maison de la Légion d'Honneur son ministère sacerdotal, à la grande édification des religieuses et au grand avantage spirituel des pensionnaires de la Mère de Dieu. Il avait accompagné aux Loges la colonie qui s'y était rendue la veille, mais il devait promptement y être remplacé par un prêtre désigné par madame de Lézeau au cardinal grand aumônier. M. l'abbé du Peyroux, tel était le nom de cet ecclésiastique recommandable, qui allait être chargé de la maison des Loges et qui devait y passer de longues années dans un consolant mais laborieux ministère[1].

---

[1] M. l'abbé du Peyroux appartenait à une des anciennes et nobles familles d'Auvergne. Quand il fut appelé aux Loges, il habitait Saint-Germain, où l'avaient conduit les agitations de la révolution. Une foule d'anciennes familles furent à cette époque déplantées du vieux sol qui avait été leur berceau et les avait pendant des siècles vues fleurir.

M. du Peyroux, une fois entré au couvent des Loges, s'attacha bien vite à l'œuvre que la Providence lui confiait. Pendant plus de trente ans, content de son humble ministère et sans une pensée d'ambition, il fit le bien dans la Congrégation de la Mère de Dieu. Ce ne fut que lorsque pour lui vint la vieillesse qu'il songea à se retirer. On eût voulu le retenir, mais il craignait que son âge l'empêchât désormais de répondre à son zèle. Il se retira donc et il alla finir sa pieuse carrière vraiment digne d'un bon prêtre et saintement remplie jusqu'à la fin, au château de Salmagne appartenant à sa famille et situé auprès de la petite ville de Pontaumur, dans une des pittoresques vallées que forment les premiers contre-forts du Puy-de-Dôme et des Monts-Dore sur les confins de la Marche et de l'Auvergne : contrée agreste et sauvage, mais chère à ceux qui y sont nés. On la désignait autrefois, avant la division de la France en départements, sous le nom de pays de Combrailles.

Madame de Lézeau aurait vivement désiré pouvoir immédiatement réclamer l'admission des deux cents orphelines destinées à l'établissement des Loges, mais les pensionnaires qu'elle avait fait venir de Paris suffisaient pour occuper, à peu de choses près, tout ce qui était habitable. Pour le reste de la maison il fallait attendre que les chaleurs de l'été eussent séché les plâtres et les peintures. Ce ne fut donc qu'après plusieurs semaines que le nombre des pensionnaires commença à s'accroître. Vers le mois d'août cependant la maison était à peu près au complet, et madame de Lézeau jouissait du bonheur, toujours cher à son cœur, de voir une nouvelle et grande famille réunie autour d'elle. Ses enfants, facilement habituées à la règle de la maison, avaient déjà cette physionomie ouverte et joyeuse, ces manières franches et pourtant polies et de bon ton, qui indiquent que la paix et la régularité règnent non-seulement au dehors mais surtout dans les âmes, les cœurs et les consciences.

Madame de Lézeau désira présenter cette nouvelle famille au grand chancelier, qui s'en était souvent occupé, et toujours avec une bienveillance toute particulière. Elle l'invita donc à venir visiter la maison et les orphelines qui l'habitaient. Le bon chancelier avait l'habitude de nommer ces enfants de la Légion d'Honneur ses filles, et madame de Lézeau savait d'avance que son invitation serait bien accueillie. Le comte de Lacépède accepta en effet, sachant bien que sa visite serait une récompense et un encouragement pour les maîtresses, ainsi qu'une preuve d'intérêt pour les nouvelles pensionnaires et leurs nombreuses familles.

Le 24 août fut le jour fixé. Mais un contre-temps vint mettre obstacle à tous les projets que l'on avait formés. La visite n'eut pas lieu, et le comte de Lacépède exprimait en ces termes la contrariété qu'il en avait éprouvée.

« Madame la Supérieure générale, combien j'ai de
« regrets à vous exprimer! voudrez-vous les agréer?
« Lorsque j'aurai l'honneur de vous voir, je vous ex-
« poserai toutes les causes de la grande contrariété
« que j'ai éprouvée. Ayez la bonté, madame la Supé-
« rieure générale de faire connaître à vos dames et à
« mes filles de la maison impériale des Loges com-
« bien j'ai été affligé de ne pouvoir aller les voir, et
« combien je désire d'être bientôt plus heureux[1]! »

Une occasion se présenta bientôt à madame de Lézeau pour renouveler son invitation. Elle ne manqua pas d'en profiter, et le grand chancelier, que rien cette fois ne devait arrêter, lui répondit aussitôt...
« J'éprouverai mardi prochain une grande satisfaction

---

[1] Cette lettre du comte de Lacépède était entièrement écrite de sa main. Il faisait rédiger dans ses bureaux les lettres purement administratives et se contentait de les signer en y ajoutant assez souvent quelques mots. Mais lorsqu'il avait à dire à madame de Lézeau quelque chose qui fût un peu intime ou confidentiel, il écrivait toujours lui-même, et cela arriva très-souvent de 1811 à 1814.

à visiter enfin la maison des Loges, à assister à la cérémonie religieuse qui doit y avoir lieu, et à vous y voir au milieu des élèves, qui ont le bonheur de vous être confiées. »

Cette cérémonie religieuse devait être la bénédiction de la chapelle enfin réparée, et prête pour la célébration des saints mystères. Madame de Lézeau comptait donner à cette cérémonie tout l'éclat et toute la pompe possible. C'était pour elle comme un besoin, nous le verrons encore, de marquer chacune de ses fondations par une grande solennité. Il lui semblait que c'était une consécration nécessaire, et que la religion devait ainsi prendre possession de chacune de ses œuvres, qui n'avaient que Dieu pour but et qui ne désiraient que Dieu pour récompense.

Ce fut le 10 septembre qu'eut lieu la solennelle bénédiction de la chapelle des Loges. Le cardinal Fesch avait délégué pour cette solennité Mgr Jauffret, évêque de Metz et archevêque nommé d'Aix, qui avait en outre le titre de premier aumônier de l'Empereur.

Mgr Jauffret n'était pas un inconnu pour la Congrégation. La profession religieuse qu'il avait présidée au commencement de l'année à la maison de Paris, était présente à tous les souvenirs. On se rappelait avec combien de cœur et d'éloquence il avait alors parlé de l'Œuvre de la Mère de Dieu, de son dévouement aux orphelines, et de la grandeur des vœux religieux.

Mgr Jauffret arriva à la maison des Loges, comme à celle de Paris, avec plusieurs prêtres attachés à la grande aumônerie. Le comte de Lacépède l'avait précédé de quelques moments et avait trouvé déjà réuni tout le clergé de la ville de Saint-Germain et des alentours, invité par madame de Lézeau à venir adresser à Dieu leurs prières, dans la chapelle sortie de son deuil et de ses ruines, pour attirer les bénédictions du ciel sur ses orphelines et sur la France. Il y avait dans tout cela une grande pensée d'expiation et de réparation. La chapelle des Loges avait été, comme toutes les églises de France, outragée, profanée pendant la Révolution. Ce jour était pour elle un jour de résurrection.

Sa première pierre avait été posée en 1644 en un grand jour de fête, au milieu des chants joyeux et des prières consacrées par l'Église; il fallait que son retour à sa destination première, sa nouvelle consécration au culte du Seigneur, fussent accompagnés des bénédictions et des cérémonies augustes de la religion qui élève et sanctifie tout ce qui l'approche et tout ce qu'elle touche.

La fête fut telle que l'avait souhaitée madame de Lézeau. Mgr Jauffret y retrouva cette parole éloquente et sympathique, qui avait une première fois charmé tous ses auditeurs à la maison impériale de

Paris. Le comte de Lacépède fut plein de bienveillance, visita le nouvel établissement avec le plus grand intérêt, et se montra animé du plus sincère désir d'aider madame de Lézeau dans tous ses plans d'amélioration pour l'avenir. Le soir vint trop tôt au gré de tous. Mais les jours de fête et de joie ont toujours un terme, qui semble au contraire plus rapidement venir que celui des jours de deuil et de tristesse.

Aussitôt après la bénédiction de la chapelle des Loges, madame de Lézeau songea à retourner à Paris et à s'occuper plus activement qu'elle n'avait pu le faire pendant les mois qui venaient de s'écouler, des autres fondations que l'Empereur lui demandait. Le comte de Montalivet, ministre de l'intérieur, lui écrivait à ce sujet le 25 septembre : « J'ai reçu la « lettre que vous m'avez fait l'honneur de m'écrire « le 17 du courant. Sans doute je désire que vous « puissiez vous rendre le plus tôt possible à Pont-à-« Mousson, où vos lumières et votre expérience se« ront d'un grand secours pour l'appropriation à sa « destination nouvelle de la maison que le gouver« nement y a acquise... »

Ce départ de madame de Lézeau était une grande peine pour les religieuses de la maison des Loges et pour les pensionnaires : elle était la mère, la directrice de chacune, elle était comme l'âme de toutes. Cependant son devoir l'appelait, et elle partit.

Madame de Lézeau en nommant la vénérable Mère Dagoty, déjà âgée et pleine d'expérience, pour la remplacer près de ses religieuses et de ses enfants, avait fait le meilleur choix. Nulle ne pouvait en son absence mieux continuer son œuvre, et tout diriger dans l'ordre, la paix et l'amour de Dieu. Rigoureuse pour elle-même, la nouvelle supérieure des Loges était de la plus grande indulgence pour les autres, sans toutefois rien relâcher du devoir, dont elle donnait partout l'exemple et dont elle savait obtenir le ponctuel accomplissement. Le temps de sa supériorité fut pour elle celui d'une abondante moisson de mérites, et pour la communauté une ère de paix et de bonheur que les religieuses de son temps, qui vivent encore, se rappellent avec attendrissement. L'esquisse d'une de ses journées, tandis qu'elle était supérieure, nous dira comment fut dirigée par elle la maison dont elle venait d'être chargée.

D'après une permission particulière, que sa ferveur avait obtenue de la vénérable fondatrice de la Congrégation, chaque jour, à quatre heures du matin, madame Dagoty était sur pied et allait, jusqu'au moment du lever des élèves, passer une heure ou une heure et demie devant le Très-Saint-Sacrement. Plus d'une fois, ses religieuses la surprirent tellement absorbée en présence de son Dieu, les bras en croix ou prosternée contre terre, qu'elle n'entendait pas le bruit de celles qui s'approchaient.

Cet amour de la prière, aux pieds du Dieu de l'Eucharistie, ne lui fit pourtant jamais négliger ses devoirs de surveillance; elle y était au contraire d'une ponctuelle et rigoureuse exactitude. Elle s'interrompait chaque matin pour aller parcourir les dortoirs des élèves et veiller elle-même aux moindres détails pouvant intéresser leur santé ou leur bien-être.

Madame de Lézeau était partie à la fin de septembre; l'hiver après cette époque fut bientôt venu. Aucun dortoir, en ces premiers temps, n'était chauffé. Mais au moment des plus grands froids, avant de se rendre à la chapelle, le matin, tandis que tout dormait encore, madame Dagoty allumait un bon feu à la salle de communauté, puis à l'heure du lever allait chercher les enfants les plus jeunes, et celles qui étaient souffrantes, elle hâtait les soins de leur habillement, les conduisait ensuite auprès du feu, d'où elle ne les laissait partir pour la chapelle et la prière du matin que lorsqu'elle s'était assurée que toutes, surtout les plus petites, avaient chaud, étaient bien couvertes et contentes.

S'il y avait quelque malade qui donnât de l'inquiétude, dès cinq heures du matin, elle faisait sa première visite à l'infirmerie, et ne se retirait qu'après avoir donné aux religieuses infirmières et à la malade, si elle ne reposait pas, quelqu'une de ces bonnes paroles qui consolent et qui encouragent.

Après tous ces soins, elle retournait à la chapelle, qu'elle quittait la dernière, lorsque la seconde messe était dite.

Ainsi se passaient les premières heures de la matinée ; venaient ensuite, lorsque les enfants étaient à leurs études ou dans les classes, le travail du bureau, les occupations de correspondance. Madame Dagoty rendait compte de tout à madame de Lézeau, prenait ses conseils et, malgré son expérience, ne décidait rien, même de peu d'importance, sans l'approbation de sa supérieure.

Elle donnait une attention toute particulière aux récréations des élèves. Elle voulait que ce temps de délassement fût toujours égayé de jeux, de chants et de distractions proportionnées à l'âge des pensionnaires. Elle n'y supportait ni l'ennui, ni le désœuvrement. L'oisiveté devait en être bannie aussi bien que des études et des classes : son expérience lui avait prouvé que la bonne direction des récréations est d'une grande importance dans l'éducation de la jeunesse.

Pendant l'après-midi, lorsque les vêpres avaient été dites par la communauté, la vénérable Mère Dagoty remontait dans sa cellule, et consacrait à la direction spirituelle de ses religieuses tout le temps nécessaire. Elle recevait toutes celles qui réclamaient ses conseils et qui avaient besoin de ses avis. A chacune elle parlait avec une bonté affectueuse et persuasive, qui rendait le travail et le zèle plus faciles ; qui adoucissait le devoir et rendait son accomplissement aimable, même dans ce qu'il pouvait avoir de pénible et de rigoureux.

Enfin, lorsque la journée s'achevait, de même qu'elle avait été la première sur pied, de même la Mère Dagoty était la dernière à prendre son repos. Elle ne sortait de la chapelle que lorsque les élèves étaient au dortoir, et les religieuses qui n'étaient pas employées auprès des enfants retirées dans leurs cellules. Mais, en rentrant chez elle, un nouveau soin maternel l'attendait ; plusieurs grandes cafetières étaient rangées autour du feu sous la garde d'une sœur infirmière. Alors la bonne supérieure parcourait les dortoirs, distribuant selon le besoin de la santé de chacune aux petites, aux enrhumées, aux délicates déjà couchées dans leurs lits blancs, une chaude infusion destinée à assurer une bonne nuit. Souvent il lui arrivait de s'approcher d'un lit où déjà l'on dormait profondément ; alors elle réveillait doucement la jeune enfant qui s'était endormie sans se croire indisposée, et qui ouvrait de grands yeux étonnés en voyant sa supérieure lui présenter le bol de tisane destiné aux malades. Mais il fallait prendre et boire bien vite : madame Dagoty ne se trompait pas ; sa vigilance maternelle avait remarqué dans la journée quelque pâleur, quelque signe de fatigue, et la jeune enfant se rendormait ensuite, heureuse et bénissant Dieu d'avoir retrouvé, loin de la famille, les soins les plus attentifs et les plus affectueux de la mère la plus aimante.

Une telle supérieure, qui réunissait à une bonté sans égale la droiture du jugement, la fermeté de la volonté, devait nécessairement être aimée et en même temps respectée. Aussi, profitant de tout l'ascendant que lui donnaient ses vertus, la vénérable Mère Dagoty sut faire régner sans peine à la maison des Loges l'ordre, le bon esprit, la paix, et cette joie du cœur, que procure l'accomplissement du devoir bien rempli sans contrainte et pour Dieu.

Ainsi se passa ce premier hiver de 1811 à 1812. Puis vint le printemps qui ramena avec lui cette époque de l'année que l'Eglise consacre spécialement à la pénitence : le carême. Le cardinal Fesch écrivit à cette occasion au premier aumônier de la maison de Paris et à celui des Loges une lettre qui terminera ce chapitre d'une manière aussi utile qu'intéressante. Elle expose avec clarté la doctrine de l'Église sur la pénitence et donne un aperçu de l'estime que le cardinal faisait de la Congrégation de la Mère de Dieu. Il accordait des adoucissements aux saintes rigueurs de l'abstinence pour les jeunes filles de la Légion d'Honneur, mais non pour les religieuses, qui devaient, disait-il, retracer dans le relâchement et la corruption du siècle les vertus de la primitive Église.

Ainsi s'exprimait le cardinal :

« Monsieur le premier aumônier,

« L'Église, par une sagesse que nous ne pouvons assez admirer, sait accommoder ses lois aux circonstances des temps, de l'âge et de la condition. Elle use d'une miséricordieuse indulgence à l'égard de ceux de ses enfants qui ne pourraient les accomplir dans leur étendue, et relâche en leur faveur quelque chose de leur sévérité. C'est pour entrer dans ses vues que nous avons décidé de modérer la loi de l'abstinence, pour l'établissement dont le soin spirituel vous est confié.

« Mais si l'Église compatit à l'infirmité humaine, elle ne saurait altérer la pureté de ses préceptes, ni de la sainteté de ses usages. Elle exige toujours que le saint temps du carême soit distingué des autres temps; que les fidèles observent de la loi tout ce qui est en leur pouvoir, et qu'ils suppléent par des satisfactions volontaires à ce qu'ils ne sauraient accomplir. Elle ne prétend pas soustraire les chrétiens à l'obligation de faire pénitence; précepte que notre divin Législateur lui-même a imposé à tous les âges et à toutes les conditions dans les termes les plus formels et les plus effrayants : *Sed si pœnitentiam non egeritis, omnes similiter peribitis.*

« C'est cette obligation de faire pénitence que vous devez surtout retracer dans vos instructions aux Dames de la maison impériale, que cette obligation regarde plus spécialement : et que de motifs la religion ne vous fournit-elle pas!

« Nos années passées nous laissent des torts nombreux et peut-être bien grands à réparer; notre conduite présente exige de nous des réformes; l'avenir nous offre des penchants à combattre, des vertus à cultiver, une couronne immortelle à acquérir : ce grand ouvrage ne peut se consommer que par la pénitence. La pénitence est donc le partage de l'homme sur la terre. Mais trop faibles, égarés peut-être par les fausses maximes d'un monde trompeur, nous eussions méconnu ce devoir, ou du moins nous eussions négligé de l'accomplir. Il a donc fallu que la religion consacrât plus particulièrement un temps à la pénitence, qu'elle en déterminât plus particulièrement les exercices. De là l'institution sainte du carême; de là le précepte rigoureux de l'abstinence et du jeûne.

« Ouvrons les saintes Écritures : qu'y verrons nous? l'abstinence prescrite au premier homme, le jour même où il est tiré du néant. Le jeûne de Moïse sur le Sinaï pendant les quarante jours de ses entretiens avec Dieu; le jeûne d'Élie pour lui servir de préparation à son voyage sur le mont Horeb; le jeûne de Samuel et du peuple qui sollicitent la protection du Tout-Puissant; le jeûne d'Esdras et des Juifs, se dévouant à une fidélité plus exacte pour tout ce que la loi leur prescrit; le jeûne de David dans son extrême affliction sur la mort de son fils; le jeûne de Josaphat à la vue des dangers qui l'environnent; le jeûne d'Achab sous le bras vengeur d'un Dieu justement irrité; le jeûne de Judith et de la cité de Béthulie, aux approches d'un ennemi qui médite leur perte; les jeûnes d'Esther et de Mardochée, victimes de la jalousie du cruel Aman; le jeûne de Daniel et des trois Hébreux dans la cour de Babylone; le jeûne de Tobie dans son exil; le jeûne de Jean-Baptiste et de ses disciples dans le désert. Quels furent les fruits de ces saintes mortifications? Les plus riches bénédictions du ciel, des *dons préférables à tous les trésors* (Tob. xii).

« Mais portons plus particulièrement nos regards sur Jésus-Christ, notre parfait modèle, notre suprême Législateur : un jeûne de quarante jours et de quarante nuits dans les angoisses de la faim, dans le silence de la retraite, dans le recueillement de la contemplation; voilà son exemple! jeûner non pour être vu des hommes, mais pour plaire à Dieu; ajouter le jeûne à la prière pour éloigner de nous l'ennemi du salut, voilà sa doctrine! Les pharisiens s'offensent de ce que ses disciples ne jeûnent pas; il leur répond : *Les amis de l'époux peuvent-ils être dans la tristesse et dans le deuil, pendant que l'époux est avec eux? Il viendra un temps où l'époux leur sera ôté et alors ils jeûneront :* voilà son intention !

« A peine séparés du Sauveur au jour de son ascension glorieuse, les apôtres se réunissent dans le

Cénacle et commencent cette sainte carrière de jeûne et de mortifications, qu'ils ont tous terminée par le martyre. Les premiers chrétiens reçurent d'eux avec le don de la foi, l'esprit de pénitence : c'est ainsi que l'abstinence et le jeûne prirent naissance dans l'Église catholique avec le christianisme lui-même. Ce précepte pouvait-il avoir une origine plus auguste ? Pouvait-il émaner d'une autorité plus respectable ?

« Ces motifs puissants, ces admirables exemples développés avec tout l'intérêt et l'onction dont ils sont susceptibles, seront bien propres à ranimer dans tous les cœurs le respect le plus profond pour la loi de l'abstinence et du jeûne, et le plus vif désir de sanctifier ces jours de grâce et de salut par la pénitence et les bonnes œuvres. Vous préviendrez aussi par là les inconvénients que pourrait avoir l'adoucissement de la loi d'abstinence aux yeux des jeunes élèves, qui confondraient peut-être avec un ordre habituel et constant ce qui n'est qu'une dérogation spéciale, et qui prend sa source dans des raisons particulières de lieux, d'âge. Vous leur ferez ainsi comprendre d'avance, l'importance de la loi du jeûne, dont leur âge les dispense dans ce moment, mais qu'elles devront accomplir un jour.

« A ces causes, nous accordons dispense de l'abstinence les dimanche, lundi, mardi et jeudi de chaque semaine pendant le saint temps du carême, mais nous ne prétendons pas comprendre dans cette indulgence les dames composant la congrégation de la Mère de Dieu, qui, par la sainteté de leur état sont obligées à une perfection particulière, et doivent dans le relâchement des siècles retracer la ferveur de la primitive Église.

« Agréez, monsieur le premier aumônier, l'assurance de notre considération distinguée.

« J. CARDINAL FESCH. »

Comme évêque et supérieur de la congrégation, le cardinal Fesch, on le voit, inspiré d'une austérité tout apostolique, voulait que les religieuses de la Mère de Dieu, peu nombreuses et chargées dans leurs grandes maisons de lourdes occupations, de travaux manuels multipliés et des travaux de l'enseignement plus pénibles encore, observassent sans adoucissement les saintes lois de la pénitence. On trouverait peut-être aujourd'hui un peu rigoureuse cette décision épiscopale, mais celles à qui il s'adressait avaient presque toutes traversé ces temps affreux où les autels avaient été renversés, et où la France s'était trouvée sans prêtres, sans sacrifices, et presque sans Dieu. Plusieurs avaient été victimes de ces jours de malheur; quelques-unes avaient perdu leurs parents sur l'échafaud, et toutes, loin de se plaindre, comprenaient combien, après tant de crimes et tant d'impiétés, l'Église, la France et le Monde avaient besoin de pénitence, de prière et de réparation.

NOTICE

SUR

MADAME CAMPAN

NOTICE

SUR

MADAME CAMPAN

SURINTENDANTE DE LA MAISON IMPÉRIALE D'ÉCOUEN

DEPUIS SA FONDATION JUSQU'EN 1814.

Naissance de madame Campan. — Son éducation. — Elle est nommée, à seize ans, lectrice de Mesdames, filles de Louis XV. — La dauphine Marie-Antoinette conçoit de l'affection pour elle et l'attache à son service. — Mariage de madame Campan. — La journée du 10 août. — Madame Campan parvient à se faire oublier pendant la Terreur. — Accablée de charges de famille, elle fonde à Saint-Germain un pensionnat qui devient promptement célèbre. — Madame de Beauharnais et sa fille Hortense. — Le général Bonaparte au pensionnat de Saint-Germain. — Mariage de mademoiselle Émilie de Beauharnais, pensionnaire de madame Campan, avec M. de Lavalette. — Fondation de la maison d'Écouen. — Madame Campan est nommée surintendante de cet établissement. — Reproches adressés à l'éducation donnée à Écouen par madame Campan. — Ce qu'il faut en penser. — Souvenir et vénération que lui conservent ses anciennes élèves. — Leurs visites au château d'Écouen. — Madame Campan tombe en défaveur en 1814. — De pénibles accusations répandent l'amertume sur sa vieillesse. — Elle meurt chrétienne et résignée.

Jeanne-Louise-Henriette Genêt, devenue plus tard madame Campan, naquit le 6 octobre 1752. Son père avait peu de fortune, et occupait aux affaires étrangères un place de premier commis. Il fit donner à sa fille une brillante éducation, avec l'intention, dès lors, de la produire à la cour. La jeune enfant profita avec une remarquable aptitude des leçons qu'elle reçut. Ses progrès étonnèrent tous ses maîtres, parmi lesquels on regrette de trouver les noms trop connus de plusieurs philosophes du dix-huitième siècle, qui s'intéressaient à elle parce qu'ils étaient les amis de son père.

A quinze ans, Henriette Genêt parlait avec facilité l'italien et l'anglais, elle était bonne musicienne, surtout elle déclamait et lisait d'une manière fort remarquable. Ces avantages personnels et les protections que lui obtint son père, la firent nommer lectrice de Mesdames, filles de Louis XV. Elle n'avait pas encore seize ans, et sa jeunesse s'écoula à la cour; mais elle ne se trouva en rien mêlée aux déplorables désordres qui s'y passaient. Mesdames, filles du Roi, menaient une vie retirée, presque austère. Leur appartement était un asile inaccessible, où ne pénétraient point les scandales du dehors. Mademoiselle Genêt, tout à son devoir, faisait encore la lecture à Madame Louise, le matin même du jour où cette noble fille de France, qui déjà vivait en sainte à la cour, quitta Versailles pour aller s'ensevelir au Carmel.

En 1770, le mariage du dauphin avec la jeune archiduchesse d'Autriche, Marie-Antoinette, apporta un changement considérable à la position de mademoiselle Genêt. La nouvelle dauphine n'eut guère à la cour de société intime que celle de ses tantes, qu'elle visitait souvent. Elle rencontrait presque toujours la jeune lectrice chez Madame Victoire, qui ne se lassait jamais de travailler à l'aiguille, et d'entendre lire pendant son travail. Mademoiselle Genêt avait alors dix-huit ans; ses talents, joints à la conformité d'âge, attirèrent l'attention de Marie-Antoinette. Souvent mademoiselle Genêt, qui était bonne musicienne, l'accompagnait sur la harpe ou le piano. Souvent aussi la dauphine assistait aux lectures qu'elle faisait chez ses tantes, et commença dès lors à avoir pour elle une affection marquée.

En 1772, mademoiselle Genêt épousa M. Campan, dont le père était secrétaire du cabinet de la reine, et dont la famille était originaire du Béarn. Pour faciliter ce mariage, Louis XV dota la mariée de cinq mille livres de rentes; et Marie-Antoinette, en lui donnant une place de femme de chambre, voulut bien lui permettre de continuer ses fonctions de lectrice auprès de Mesdames.

Quelques années plus tard, madame Campan devint première femme de chambre de la reine, poste d'un revenu considérable, et dont les prérogatives étaient plus considérables encore. La première femme de chambre avait la garde des diamants; elle était chargée de la cassette de la reine, du payement des pensions et des gratifications qu'elle accordait; et se trouvait ainsi initiée à toute sa vie intime et à toutes ses œuvres de bienfaisance. Madame Campan conserva cette position jusqu'en 1792. Elle y fut honorée de la confiance de Marie-Antoinette. Cette confiance fut, il est vrai, traversée de quelques nuages, mais seulement à la fin, vers l'approche des mauvais jours, à un moment où il y avait des nuages partout, et sans que l'on puisse formuler aucun reproche qui paraisse certain contre madame Campan, qui resta jusqu'à la fin à son poste auprès de la reine.

Elle était encore aux Tuileries, quand le château fut attaqué le 10 août, et faillit être mise à mort. La famille royale venait de se réfugier auprès de l'Assemblée nationale. Le combat s'était, contre la volonté du roi, engagé entre les Suisses et le peuple. L'émeute s'était précipitée dans les appartements où les dames de la cour, qui n'avaient pu suivre la reine, se trouvaient réunies. Madame Campan, menacée par les sabres et les piques levées au-dessus de sa tête, tomba à genoux et allait être frappée, quand une voix cria dans la foule : On ne tue pas les femmes ! cette parole la sauva.

Le lendemain, elle revit encore la reine, ce fut pour la dernière fois. La prison du Temple se ferma sur la famille royale, et la Terreur commença son règne néfaste.

Pendant les mauvais jours de cette époque sinistre, madame Campan vécut retirée et cachée, autant qu'il lui fut possible, dans un petit village de la paisible vallée de Chevreuse. Se faire oublier était alors ce qu'on désirait le plus, et souvent l'on n'y parvenait pas. Les hameaux les plus ignorés, les pays les plus tranquilles, avaient leurs persécutions. Le bouleversement, la terreur, la mort étaient partout, et l'ancienne première femme de chambre de l'auguste et infortunée Marie-Antoinette eut sa part d'épreuves et de souffrances.

Quand la Terreur fut passée, madame Campan se trouva sans ressources et accablée de charges de famille : son mari était ruiné et malade; sa mère était âgée de soixante et dix ans; sa sœur, sur le point d'être saisie par les émissaires de la Révolution, s'était précipitée par une fenêtre, et avait trouvé la mort; son beau-frère était mort aussi, ses deux nièces orphelines n'avaient plus qu'elle; son fils était âgé de neuf ans. Ce fut pour subvenir à tant de nécessités, qu'aussitôt après la chute de Robespierre elle ouvrit un pensionnat, malgré mille difficultés que lui causait son extrême pénurie. Saint-Germain fut le lieu qu'elle choisit : « Cette ville, dit madame Campan
« dans ses Mémoires, ne me rappelait pas, comme
« Versailles, les temps heureux et les premiers mal-
« heurs de la France, et m'éloignait de Paris où s'é-
« taient passés nos horribles désastres, et où rési-
« daient des gens que je ne voulais pas connaître.
« Je n'avais pas le moyen de faire imprimer mon
« prospectus, j'en écrivis cent, et je les envoyai aux

« personnes de ma connaissance, qui avaient survécu
« à nos affreuses crises. »

Le moment était favorable à l'entreprise de madame Campan. La Révolution avait renversé presque toutes les maisons d'éducation, les couvents étaient fermés, les religieuses appartenant aux ordres enseignants étaient dispersées; aussi, la société parisienne qui commençait à renaître, en s'étonnant d'exister encore, accueillit-elle avec faveur l'établissement qui s'ouvrait à Saint-Germain.

Le pensionnat de madame Campan eut, dès son origine, un caractère chrétien qui était tout à son honneur. Une religieuse de l'ordre de l'Enfant-Jésus, autrefois vouée à l'enseignement, y donnait des leçons aux jeunes pensionnaires, et la maison posséda un oratoire à une époque où cela n'était pas encore sans danger. Le bon ton, les manières polies et les bons principes régnaient dans l'établissement; aussi, dès la première année, la réputation de madame Campan commença-t-elle à se répandre, et les familles les plus distinguées lui confièrent leurs enfants.

Dans le cours de 1795, madame de Beauharnais plaça sa fille Hortense à la maison d'éducation de Saint-Germain. Ce fut là le commencement de la nouvelle fortune de madame Campan. On trouve à ce sujet dans ses mémoires les lignes suivantes : « Un
« homme de lettres, ami de madame de Beauharnais
« lui parla de ma maison. Elle m'amena sa fille Hor-

« tense de Beauharnais, et sa nièce Émilie de Beau-
« harnais. Six mois après, elle vint me faire part de
« son mariage avec un gentilhomme corse, élève de
« l'École militaire, et général. Je fus chargée d'ap-
« prendre cette nouvelle à sa fille, qui s'affligea long-
« temps de voir sa mère changer de nom. J'étais
« aussi chargée de surveiller l'éducation du jeune
« Eugène de Beauharnais, placé à Saint-Germain,
« dans la pension où était mon fils. Mes nièces,
« mesdemoiselles Auguié, étaient avec moi, logées
« dans la même chambre que mesdemoiselles de
« Beauharnais. Il s'établit une grande intimité entre
« ces jeunes personnes. Madame de Beauharnais
« partit pour l'Italie en me laissant ses enfants. A son
« retour, après ses conquêtes, le général fut très-
« content des progrès de sa belle-fille ; il m'invita à
« dîner à la Malmaison, et vint à deux représentations
« d'*Esther* à ma maison d'éducation. »

Ce gentilhomme corse, élève de l'École militaire et
général, que madame de Beauharnais avait épousé,
et qui, revenant d'Italie assistait chez madame Campan aux représentations d'*Esther*, ce chef-d'œuvre
que Racine avait composé pour la maison de Saint-
Cyr au temps de madame de Maintenon et de
Louis XIV, se nommait Napoléon Bonaparte ; il commençait à monter de degrés en degrés vers les som-
mets de sa gloire. Peut-être rêvait-il déjà de fonder
quelque jour pour les filles de ses officiers, une mai-

son pareille à Saint-Cyr, où l'une de ses sœurs avait été élevée.

Le général Bonaparte ne resta pas longtemps à Paris, après son retour d'Italie. La jalousie soupçonneuse du Directoire, pressée de se débarrasser de sa présence, l'envoya en Égypte, où de nouvelles gloires l'attendaient. Avant de partir, le général confia à madame Campan ses deux plus jeunes sœurs : Pauline, qui devint plus tard la princesse Borghèse, et Caroline qui épousa Murat, et fut reine de Naples. Ce fut aussi avant de partir pour l'Égypte, que le général Bonaparte décida le mariage de mademoiselle Émilie de Beauharnais, cousine d'Hortense de Beauharnais et pensionnaire encore de madame Campan.

Le récit des circonstances de ce mariage mérite de trouver place dans cette rapide notice sur madame Campan : elles font mieux connaître le pensionnat qu'elle dirigeait. Le capitaine Lavalette était alors aide de camp du général Bonaparte qui, ne pouvant facilement lui obtenir du Directoire un avancement mérité, résolut de l'unir à mademoiselle de Beauharnais. C'était une récompense d'un genre à part, en attendant les épaulettes de commandant ou de colonel. Le général en parla au jeune capitaine qui répondit à cette ouverture par de très-justes objections qu'il trouvait dans son peu de fortune, dans l'incertitude de l'avenir, dans la nécessité de partir, peu de jours plus tard, pour une lointaine expédition, où il pouvait trouver la mort. Le général écouta ces prudentes objections, y répondit en quelques mots; et avec cette volonté qui tranchait les questions, comme il commandait une charge militaire, il fixa à huit jours le mariage de son aide de camp. Dès le lendemain, une entrevue eut lieu dans le parc du pensionnat de Saint-Germain, et mademoiselle de Beauharnais donna son consentement, en y mettant pour seule condition que son mariage serait béni par un prêtre fidèle à l'Église. C'était alors défendu, et les prêtres étaient encore proscrits; mais la pieuse jeune fille y tenait expressément. Huit jours après, les nouveaux époux se rendirent à la municipalité ; et un pauvre prêtre, qui avait traversé les persécutions de la terreur, et refusé le serment révolutionnaire, les maria dans un petit couvent ignoré, dont la chapelle avait échappé au pillage et à la destruction.

Un auteur spirituel et chrétien, après avoir, dans un excellent ouvrage sur l'éducation, et avec l'intérêt que l'on trouve dans tous ses écrits, longuement raconté, d'après les mémoires mêmes de M. de Lavalette le trait que nous venons de citer en quelques mots, y ajoute la réflexion suivante :

« Cette anecdote, dit-il, jette un jour précieux
« sur l'intérieur du pensionnat de madame Campan.
« Non-seulement on y trouvait l'instruction, le goût
« des lettres et des arts, les traditions de l'ancienne

« politesse française, mais une tradition plus pré-
« cieuse s'y conservait, celle de la religion; et si le so-
« leil du catholicisme n'éclairait plus l'horizon public,
« la lampe de l'Évangile brillait encore dans le cœur
« de quelques pieuses jeunes filles qui n'avaient pas
« oublié les exemples et les leçons de leurs mères[1]. »

Mademoiselle Émilie de Beauharnais, qui se souvenait en ces temps si troublés et si difficiles, qu'elle était chrétienne, et qui mettait comme condition absolue à son obéissance aux volontés du général Bonaparte, accoutumé déjà à commander partout en maître, que son mariage serait béni par un prêtre fidèle aux lois de l'Église, comme elle voulait être fidèle elle-même aux engagements qu'elle allait contracter devant Dieu, devait donner, dix-huit ans plus tard, un des plus touchants exemples de piété conjugale, que conserve l'histoire des temps modernes. Ce fut elle qui, en 1815, sauva la vie à son mari, condamné à mort comme coupable d'avoir entretenu des intelligences avec l'Empereur à l'île d'Elbe. Elle le fit évader, après lui avoir donné ses vêtements de femme, et resta à sa place en prison. C'est cette même Émilie de Beauharnais que l'on a vue aux réunions du conseil de l'œuvre des orphelines de madame de Lézeau. Les comptes rendus de ces réunions,

---

[1] Alfred Nettement : *Lettres à une mère sur la seconde éducation de sa fille.*

précieusement conservés par la Congrégation de la Mère de Dieu, portent tous sa signature, du mois de mai 1806, au mois de janvier 1809, c'est-à-dire pendant les trois années les plus difficiles du commencement de l'œuvre. M. de Lavalette, qui n'était plus alors le simple capitaine, incertain de son avenir comme au moment de la campagne d'Égypte, assistait aussi à ces réunions où il accompagnait sa femme.

A son retour des sablonneuses et lointaines solitudes des Pyramides, le général Bonaparte devint rapidement premier consul, puis empereur, mais il n'oublia pas madame Campan. Au lendemain de la bataille d'Austerlitz, cette journée fameuse que les soldats français voulaient nommer la bataille des trois Empereurs, quand un décret de lui vint offrir de nouveaux encouragements à la bravoure de ses guerriers de la Légion d'Honneur, en chargeant l'État de pourvoir à l'éducation de leurs filles, il se souvint de la directrice du pensionnat de Saint-Germain, où ses filles adoptives, Hortense et Stéphanie avaient été élevées ainsi que ses sœurs, et les nièces de l'Impératrice.

Madame de Lézeau, à cette époque, commençait laborieusement son œuvre de charité, réunissant autour d'elle ses nombreuses enfants, toutes pauvres et abandonnées, qui n'avaient d'autres ressources que l'intrépide générosité de leur mère adoptive. Dieu la tenait en réserve pour une autre fondation plus vaste encore qu'Écouen, mais plus humble, ayant un caractère plus marqué de bienfaisance, et qui ne devait se faire que quelques années plus tard.

Madame Campan recueillit à Écouen les fruits d'une expérience acquise à Saint-Germain, pendant dix ans.

Cet établissement devint bien vite sous sa direction une maison célèbre. La renommée du pensionnat de Saint-Germain fut promptement, et de beaucoup dépassée, madame Campan se montra en toutes choses à la hauteur de sa position difficile. Les soins les plus divers, que demandent l'éducation de trois cents jeunes filles et une administration compliquée, semblaient, disent ses biographes, être chose simple, facile et naturelle, quand on la voyait diriger et conduire la grande maison que l'Empereur lui avait confiée. A toute heure elle était accessible à tout le monde, écoutant avec une grande égalité de caractère, décidant avec une rare présence d'esprit toutes les questions qu'on lui soumettait, adressant, toujours à propos, un conseil, un reproche, un encouragement. Quand Napoléon vint à Écouen pour la première fois, lui qui descendait facilement des plus hautes pensées politiques à l'examen des moindres détails, et qui inspectait un pensionnat de jeunes filles comme il passait une revue des grenadiers de sa garde, voyant tout, et ne laissant rien échapper, il dit en se retirant : « Tout est bien ! »

Cependant, il faut le dire, on a souvent et beaucoup reproché à madame Campan d'avoir donné aux enfants de la Légion d'Honneur une éducation trop mondaine, et manquant de cette piété douce et simple qui doit être le précieux apanage et la gloire la plus pure de la femme chrétienne et de la mère de famille.

Peut-être se pourrait-il que la surintendante d'Écouen, qui avait, dans sa jeunesse, senti le souffle du philosophisme du dix-huitième siècle passer sur elle, eût gardé quelque chose de ces premières impressions, et que la religion fût restée pour elle à l'état spéculatif, comme une poésie sublime, dont les dogmes divins doivent ajouter à la vie un charme mystérieux, plutôt que régir toute l'existence. Peut-être ne traduisait-elle pas assez en pratique ce qu'elle croyait et ce qu'elle enseignait. Une phrase de son biographe le plus autorisé, parce qu'il l'avait particulièrement connue, donne à le penser. « Sa religion, dit-il, penchait vers l'indulgence et la « douceur, comme il arrive à tous ceux dont la « piété est encore plus de croyance et de sentiment « que de pratique[1]. »

Or l'exemple est le premier et le plus fort des enseignements ; et pour que la religion ait sur la jeu-

---

[1] *Notice sur madame Campan*, placée en tête de ses *Mémoires*, par M. Barrière, l'un des amis intimes de sa vieillesse.

nesse une influence profonde et salutaire, qui réagisse sur toute l'existence, il faut que l'enfant l'apprenne autant de l'exemple que des leçons de ceux qui l'instruisent et qu'il doit imiter. Mais il faut reconnaître que le reproche adressé à madame Campan, et souvent répété, semble exagéré. Elle vivait à une époque difficile, au milieu des ruines dont la Révolution avait couvert la France, et des bruits de guerre dont l'Empire faisait retentir le monde. Elle n'avait pas non plus les mêmes ressources que madame de Lézeau. Elle n'était pas, comme la mère des orphelines, entourée d'une congrégation religieuse. Madame Campan donna aux jeunes filles d'Écouen des maîtresses pleines de savoir, femmes distinguées par leurs manières autant que par leur connaissance du monde. Madame de Lézeau, elle, donna à ses enfants des mères. A Écouen, l'éducation avait un cachet de grandeur et de distinction que l'on ne trouvait pas ailleurs; chez les orphelines, elle était beaucoup plus simple, mais aussi plus pieuse, plus maternelle et plus pratique.

Un autre grand obstacle, le plus grand peut-être, que rencontra madame Campan, dans l'éducation qu'elle donna à Écouen, lui vint des éléments mêmes qui composaient sa maison et de l'esprit du temps. Ses jeunes élèves se trouvaient, par la force des choses, placées dans une atmosphère de grandeur qui devait leur nuire. On était à une époque où, par son mérite et par la chance heureuse des combats ou de la faveur, on parvenait quelquefois, et cela très-rapidement, des rangs inférieurs aux premières places de la société.

Les jeunes filles de la Légion d'Honneur se redisaient l'histoire de ces femmes alors célèbres, sorties du pensionnat de Saint-Germain et d'Écouen. C'était la reine Hortense, ou bien Émilie et Stéphanie de Beauharnais, ses cousines, devenues, l'une dame d'honneur de l'impératrice, l'autre grande-duchesse de Bade; c'était la sœur de l'Empereur, reine de Naples; les nièces de madame Campan, l'une mariée au maréchal Ney, l'autre, l'amie de la reine Hortense, qui pleura amèrement sa mort, quelques années plus tard, quand, par un fatal accident, arrivé aux eaux d'Aix en Savoie, elle périt malheureusement en tombant dans un précipice. C'était mademoiselle Cochelet, lectrice de la reine Hortense; c'étaient enfin les filles des maréchaux et des généraux de l'Empire, et beaucoup d'autres encore, que l'Empereur avait mariées à de brillants officiers, dont il se chargeait ensuite de faire promptement la fortune.

De telles perspectives faisaient, on le conçoit, travailler plus d'une imagination, à qui il devenait par suite difficile de goûter les leçons de simplicité, d'amour du travail et de vie laborieuse, que pouvait leur donner madame Campan.

Il ne faut donc pas trop facilement blâmer la surintendante d'Écouen, mais reconnaître qu'elle fut, dans la haute position que lui confia l'Empereur, ce qu'elle avait été à Saint-Germain : une femme supérieure. Madame Campan faisait passer ses grandes qualités dans l'éducation qu'elle donnait à ses élèves, et on peut dire, sans crainte de se tromper, qu'elle a mérité d'inscrire son nom dans les annales de la bonne éducation en France.

Les anciennes élèves de madame Campan sont peu nombreuses aujourd'hui. Cependant au moment où ces lignes tracent l'abrégé de son histoire, plusieurs vivent encore ; et il ne se passe pas d'année que quelques-unes ne viennent, et cela souvent de fort loin, revoir le vieux château où se passèrent les plus beaux jours de leur jeunesse. Écouen est depuis dix-huit ans occupé par les religieuses de madame de Lézeau ; et quand la supérieure de la maison introduit ces premières élèves de la Légion d'Honneur, aujourd'hui sur le déclin de l'âge, dans l'imposante cour de la demeure des Montmorency, qui fut témoin des jeux de leur enfance ; quand elle parcourt avec elles les allées du beau parc, ou qu'elle leur montre les anciennes salles du château, ces élèves de madame Campan ont mille récits à faire, récits auxquels viennent toujours se mêler des paroles d'attachement, de respect et d'admiration. Rajeunies par leurs souvenirs, elles redisent avec émotion comment leur ancienne maîtresse, dont elles vénèrent la mémoire, les réunissait autour d'elle dans son salon ; et là, leur racontait les antiques légendes des Montmorency, ou leur parlait de la reine Marie-Antoinette, ou leur citait des traits d'histoire, toujours accompagnés d'enseignements et de conseils. Dans le parc, elles cherchent les arbres qu'elles plantèrent autrefois, car c'était un usage de la surintendante d'Écouen d'accorder comme récompense, à celles qui s'étaient longtemps distinguées par leur bonne conduite, l'honneur de planter, en un jour de fête, un arbre dans le parc du château. Toutes ces anciennes élèves sont unanimes dans leurs sentiments pour madame Campan ; leur respect égale leur admiration. Touchante unanimité, qui est la meilleure louange que l'on puisse faire.

L'œuvre de madame Campan ne devait se continuer que peu d'années à Écouen. Cet établissement fut supprimé en 1814; et le château des Montmorency fut rendu au prince de Condé. La surintendante de la première maison de la Légion d'Honneur rentra alors forcément dans la vie privée. Le gouvernement de la Restauration se montra sévère pour elle, et ne lui rendit aucun emploi en retour de celui qui lui était enlevé.

On avait souvent accusé madame Campan d'avoir trahi la confiance de la reine. Cette accusation, qui s'était formulée contre elle, dès l'époque où elle était encore attachée au service de Marie-Antoinette, se renouvela à plusieurs reprises, pendant les années de sa prospérité sous l'Empire. On disait qu'elle avait mal parlé de la reine, qu'elle avait découvert ses secrets, et, qu'après la journée du 10 août, elle avait livré des papiers importants que Louis XVI lui avait confiés. Quelques-uns même allaient jusqu'à accuser la première femme de chambre de Marie-Antoinette de la disparition de diamants restés en sa possession, après que la famille royale avait été enfermée au Temple.

Madame Campan repoussa toujours ces accusations comme autant de calomnies. Elle témoignait en toute occasion, pour la mémoire de l'auguste Marie-Antoinette, un véritable culte de respect, d'attachement et de reconnaissance. Elle en parlait avec vénération à ses élèves d'Écouen, et conservait précieusement quelques objets qui lui avaient appartenu. Plus tard, elle prit soin d'expliquer dans ses Mémoires, sa conduite à l'égard de la reine et pendant la Révolution. Elle le fit sans amertume, mais avec un accent de profonde tristesse.

« Par un concours de circonstances fatales à moi
« seule, dit-elle en terminant, le retour du Roi a ramené sur moi des doutes injurieux. On a interprété
« la réforme de la maison d'éducation que je dirigeais, et que j'avais organisée ; on s'est plu à trouver dans ce témoignage de défaveur, la confirma-

« tion tacite de torts antécédents ; et, dans le doute
« funeste, que laissait et que laisse encore planer
« sur moi le silence des personnes les plus augustes,
« la calomnie a eu le champ libre, et les libelles et
« les discours calomnieux sont venus troubler mes
« dernières années. »

Madame Campan assure, dans ses Mémoires, avoir fait des démarches au lendemain du 10 août, pour obtenir de Pétion, alors tout-puissant maire de Paris, d'être enfermée au Temple avec la famille royale ; cette faveur lui fut, dit-elle, refusée, et elle dut se retirer devant la menace d'être envoyée à la Force, si elle insistait davantage.

Aussi est-il probable que le gouvernement de la Restauration, sans la croire assurément coupable de ce dont on l'accusait, voulut surtout ne pas lui pardonner ses rapports intimes avec la famille impériale, après la position qu'elle avait occupée pendant plus de vingt ans à la cour de Versailles. Quoi qu'il en soit, madame Campan finit ses jours dans l'isolement, sans voir les grandeurs revenir à elle, malgré les démarches, qu'au dire de quelques-uns de ses biographes, elle fit pour sortir de sa disgrâce.

La fin de sa vie fut abreuvée d'amertume. Elle eut la douleur de perdre successivement tous ses proches ; et, en dernier lieu, son fils qu'elle aimait tendrement. Au milieu de ces tristesses, elle fit un voyage en Suisse, où elle revit avec la plus vive émotion la Reine Hortense, son ancienne élève, qui y vivait retirée, sous le nom de duchesse de Saint-Leu.

En 1822, madame Campan mourut dans sa soixante-dixième année. Une maladie redoutable, causée probablement par ses chagrins, avait nécessité une cruelle opération, dont elle ne se remit pas, et des suites de laquelle elle succomba. Sa vieillesse, si éprouvée, fut consolée par la résignation, et sa mort fut chrétienne.

Son souvenir se conservera, et son œuvre, modifiée par le temps, se continue dans la maison de Saint-Denis, qui fut d'abord succursale d'Écouen, mais qui devint en 1814 premier établissement d'éducation de la Légion d'Honneur, après qu'Écouen eut été supprimé. A cette même époque les Maisons d'Orphelines, elles aussi, faillirent disparaître pour toujours. Elles furent un moment même supprimées, et ne durent leur conservation qu'aux énergiques sollicitations et au dévouement sans bornes de madame de Lézeau, que rien ne put rebuter.

FIN DU PREMIER VOLUME

PIÈCES JUSTIFICATIVES

NOTES ET DOCUMENTS

PIÈCES JUSTIFICATIVES
NOTES ET DOCUMENTS

NOTE A

Nom patronymique de la famille de Lézeau. — Le bienheureux Herluin. — Les Ango aux xie, xiie, xiiie, xive siècles. — Saint François de Paule. — André d'Alesso, neveu de saint François de Paule, appelé en France par Louis XI, y est retenu par les faveurs de Charles VIII; il se fixe en Normandie. — Olivier Le Fèvre d'Ormesson. — Le marquis de Lézeau. — Sa nombreuse famille. — Deux de ses fils quittent le service militaire et se font chartreux. — Plusieurs de ses filles sont religieuses. — L'une d'elles se retire au monastère de la Visitation de Rouen, en devient la bienfaitrice et y meurt saintement. — La famille Ango de Flers. — Le cardinal de Pellevé. — Le général de Flers.

Le nom patronymique de la famille de Marie-Marguerite de Lézeau était Ango, primitivement Ansgo, auxquels vinrent s'ajouter dans la suite, le nom de la Motte et le titre de marquis de Lézeau. Le nom d'Ansgo paraît dans l'histoire de la Normandie dès la fin du neuvième siècle, à l'époque où Rollon, venu de la Norwége avec ses hommes du Nord, ravageait les côtes de la France, s'emparait de la ville de Rouen, et forçait Charles le Simple, faible héritier de Charlemagne, à faire avec lui la paix, à lui donner la main de sa fille Gisèle et à lui céder la Neustrie, l'une des plus belles provinces de son royaume. Rollon, devenu duc de Normandie, distribua en 913 à ses compagnons d'armes, les plus belles terres des provinces qu'il avait conquises. Il donna celle de Beaunay à Ansgo, l'un de ses lieutenants, qui, étant mort sans enfants, en fit don à l'abbaye de Fécamp[1].

Au commencement du onzième siècle, il vivait un autre Ansgo, qualifié par les écrits du temps, comme étant de la première noblesse parmi les conquérants de la Neustrie. Il eut pour fils Herluin, à qui d'anciens martyrologes donnent le titre de bienheureux et qui fut le fondateur de la célèbre abbaye du Bec.

Herluin avait eu pour mère Héloys, sœur des comtes de Flandre. Il était chevalier, et l'un des principaux lieutenants de Gislebert, comte de Brionne. Ayant été vaincu avec son suzerain dans un combat livré, croit-on, contre le comte de Ponthieu, il courut le plus grand danger d'être tué, et fit vœu, s'il échappait à la mort, de se consacrer à Dieu et de fonder un monastère. Le danger passé, il ne put accomplir sa promesse : le comte Gislebert s'y opposa. Cependant la pensée de son vœu, du ciel, et de son salut poursuivait Herluin. Il se sentait pressé intérieurement de déposer les armes pour vivre dans la solitude. Il se brouilla à ce sujet deux fois avec Gislebert, qui, vaincu enfin par sa persistance, lui permit, les larmes aux yeux, de le quitter pour aller où Dieu l'appelait.

Alors Herluin convertit en monastère la demeure qu'il tenait de son père. Il construisit auprès une belle église, qui fut consacrée le 25 mars, jour de l'Annonciation, sous l'invocation de la très-sainte Vierge Marie, par Herbert, évêque de Lisieux. Puis ayant déposé l'habit séculier, et s'étant coupé les cheveux, il reçut des mains de ce même évêque l'habit monastique, qu'il devait porter saintement jusqu'à la fin de sa carrière.

Pendant toute sa jeunesse, Herluin, qui avait alors quarante-deux ans, avait vécu au milieu des guerriers, et s'était occupé de combats et de guerre plus que de science et d'étude. Mais, après avoir reçu la tonsure et l'habit religieux, il se mit à l'œuvre avec tant d'ardeur et de succès, qu'il fit de rapides progrès et put

---

[1] Nobiliaire de Normandie, par M. de Magny, tome I, page 135.

être bientôt élevé à la dignité du sacerdoce, il devint, en 1034, abbé du monastère qu'il avait fondé.

Quelques années plus tard, Herluin résolut de transporter son couvent au confluent du Bec et de la Rille, et d'y faire construire une nouvelle église. C'est alors que s'éleva la célèbre abbaye du Bec, dont il dirigea les travaux, s'employant souvent lui-même à ce qu'il y avait de plus pénible. Il roulait les pierres, construisait les murs ; et les heures que les autres donnaient au repos, il les employait à la prière. Herluin, fils d'Ansgo, mourut saintement en 1077, et fut inhumé par Gislebert, évêque d'Évreux, dans l'église de son abbaye. Il avait eu avant de mourir pour disciples le célèbre Lanfranc et saint Anselme de Cantorbéry, dont le nom est inscrit parmi ceux des docteurs de l'Église [1].

Vers cette même époque, Guillaume le Conquérant partait des rives de la Seine, après avoir vaincu le roi de France, pour aller s'emparer de l'Angleterre. C'était en 1066, et un Ansgo figurait encore parmi les chefs de l'armée normande, dans cette guerre de conquête, comme un siècle et demi avant, à l'époque de l'invasion de la Neustrie par Rollon.

A partir de ces dates anciennes, le nom de la famille des Ango se trouve aux siècles suivants, c'est-à-dire aux XIe, XIIe, XIIIe et XIVe, dans les Archives des villes de Rouen, Caen, Alençon et Paris, toujours désigné comme appartenant à l'ancienne noblesse de Normandie. Mais il est bien difficile, pour ces époques reculées, de pouvoir dresser une généalogie certaine. Ce

---

[1] Dom Mabillon, *Gallia christiana*, Provincia Rothomagensis, à partir de la colonne 216 :

Herluinus, primæ inter Neustrasios nobilitatis patre Ansgoto, qui a Danis ortus erat, matre Heloyde, Flandriæ comitum consanguinea, natus est in pago Brionensi, unde, in Gisleberti Brionensis comitis domo educatus. . . . . paternas domos in servorum Dei habitacula convertit perfecta ecclesia dedicata VIII calendas aprilis in honorem sanctæ Mariæ ab Herberto Lexoviensi Episcopo, vice Rothomagensis archiepiscopi. Ipse vero resectis capillis atque habitu sæculari deposito, sacræ religionis habitu ab eodem præsule induitur. Nec multo post ab eodem Herberto sacerdos consecratus, abbas præficitur, anno 1034.

n'est qu'à partir de 1540 que l'on peut aujourd'hui établir d'une manière positive la filiation de la famille des anciens Ango, qui devait plus tard recevoir de Louis XIV le titre de marquis de Lézeau.

Ce fut Jean Ango, seigneur de la Motte, qui reçut du grand roi cette faveur pour lui et ses descendants Il était conseiller au parlement de Rouen, et avait épousé, en 1655, Marie Le Fèvre, dame de Lézeau, fille de messire Nicolas Le Fèvre, seigneur de Lézeau, conseiller d'État et directeur des finances.

Mademoiselle de Lézeau était petite-fille d'Olivier Le Fèvre, seigneur d'Ormesson, contrôleur général des finances sous Charles IX et Henri III; elle avait l'honneur de compter parmi ses ancêtres saint François de Paule, canonisé en 1519.

L'illustre fondateur des Religieux Minimes naquit vers l'an 1416. Paule, petite ville de la Calabre, au royaume de Naples, fut sa patrie; de là le surnom de François de Paule, car c'était l'usage chez les religieux italiens d'ajouter à leur nom de baptême celui du lieu de leur naissance.

Ses parents avaient été longtemps sans enfants. C'était pour eux une grande peine. Dans leur tristesse, ils s'étaient adressés à Dieu par les mérites de saint François d'Assise, pour obtenir cette joie de leur union conjugale. Ils firent vœu, s'ils avaient un fils, de lui faire porter le nom de ce glorieux patriarche qu'ils prenaient pour leur intercesseur. Ils ajoutèrent à ce vœu beaucoup de larmes, de mortifications et d'aumônes qui fléchirent aisément le cœur de Celui qui n'avait différé de leur accorder cette faveur, qu'afin que le fils de bénédiction qu'il voulait leur accorder parût, dès sa naissance, un enfant de miracle, destiné à de grandes choses, comme Isaac, Samson, Samuel et Jean-Baptiste, tous quatre nés miraculeusement de mères privées longtemps de postérité.

Dès sa jeunesse, François de Paule donna des preuves d'une éminente sainteté. A quinze ans, déjà célèbre par ses miracles, il se retira sur les bords de la mer, dans un désert âpre et sauvage, où il vivait dans une étroite caverne creusée sous un rocher, et d'un accès très-difficile. Il pratiqua dans ce lieu d'incroyables austérités, qui furent comme le noviciat de la vie qu'il devait mener jusqu'à la fin de ses jours.

Le désert où l'humilité de saint François de Paule avait voulu se cacher ne fut pas un abri pour lui. De nombreux disciples vinrent le trouver dans sa solitude, où se forma sous sa conduite, l'ordre célèbre des Religieux Minimes, et Dieu multiplia les prodiges qu'il se plaisait à opérer par son humble serviteur. Le nouveau Thaumaturge guérissait tous les malades qui venaient l'implorer. Il ressuscita même des morts ; aussi sa réputation se répandit-elle au loin, et l'Europe entière retentit du récit des merveilles de sa sainteté.

Louis XI, dangereusement malade d'une langueur mortelle qui semblait devoir le conduire rapidement au tombeau, fit prier François de Paule de se rendre en France, espérant obtenir sa guérison par ses prières. Le saint se rendit aux instances du roi de France. Son voyage fut marqué par de nombreux miracles. Louis XI envoya son fils à sa rencontre, et le reçut lui-même avec les plus grands honneurs au château de Plessis-les-Tours, où il se tenait enfermé.

Au lieu de la guérison qui lui était demandée, François de Paule annonça au roi une fin prochaine, ce qui ne l'empêcha pas de jouir de toute la confiance du soupçonneux monarque. Louis XI, touché de ses exhortations, finit par accepter la mort avec résignation, et termina par une fin chrétienne une vie qui, à bien des égards, ne l'avait pas toujours été. Le Roi de France reçut ainsi de l'austère et saint religieux qu'il avait appelé près de lui, du fond de la Calabre, un service infiniment plus grand que la prolongation de son existence.

Louis XI, et après lui, Charles VIII, son fils et son successeur, comblèrent saint François de Paule d'honneurs et de bienfaits. Le saint n'accepta rien pour lui ; il resta humble, pauvre et austère au milieu des grandeurs de la cour, dont il fit l'admiration par sa douceur, son aménité et sa sagesse.

André d'Alesso, fils de Brigilde, sœur de François de Paule, fut appelé en France par Louis XI ; Charles VIII l'y retint par ses faveurs. André d'Alesso se fixa en Normandie, où il devint conseiller au parlement de Rouen et seigneur de la terre de Lézeau. Olivier Le Fèvre d'Ormesson avait épousé Marie d'Alesso, fille d'André, et était devenu par cette alliance, neveu de saint François de Paule, et héritier de la terre de Lézeau. Sa fille, Marie Le Fèvre d'Ormesson, dame de Lézeau, apportait le même avantage à Jean Ango, seigneur de La Motte qui, par son mariage, devenait propriétaire de la terre de Lézeau et arrière-neveu par alliance, de saint François de Paule : ses descendants ne l'ont jamais oublié et s'en font encore honneur[1].

Louis XIV, en récompense des services rendus à l'État par son ministre des finances, messire Nicolas Le Fèvre de Lézeau et par la famille Ango, érigea la terre de La Motte, acquise de la maison des Montgomery en 1641, par Nicolas Ango, en marquisat de la Motte Lézeau, titre et nom qui appartinrent désormais à cette ancienne famille. Les lettres patentes du Roi décrétant cette érection sont en date du mois de juillet 1693.

Le marquis de Lézeau eut treize enfants, qui reçurent tous de leur père et de leur vertueuse mère les principes de la religion la plus solide et de la piété la plus éclairée; plusieurs voulurent imiter la vie de saint François de Paule, leur

---

[1] La famille Le Fèvre d'Ormesson a donné plusieurs magistrats célèbres à la France, savoir : 1° Olivier Le Fèvre d'Ormesson, né en 1525, dont il est ici parlé, et qui épousa Marie d'Alesso; 2° son fils Nicolas Le Fèvre, seigneur de Lézeau, conseiller d'État et directeur des finances, comme il a été dit; 3° Olivier II. Le Fèvre d'Ormesson, rapporteur dans ce célèbre procès du surintendant Fouquet; 4° Henri-François-de-Paule Le Fèvre d'Ormesson membre du conseil de régence lors de la minorité de Louis XV; 5° Louis-François-de-Paule d'Ormesson, mort en janvier 1789, neveu de d'Aguesseau, et premier président du parlement de Paris; 6° Anne-Louis-François de Paule Le Fèvre d'Ormesson de Noyseau, député de la noblesse aux états-généraux et condamné à mort pendant la Terreur, le 20 avril 1794; 7° Louis-François-de-Paule d'Ormesson d'Amboise, mort en 1807, conseiller au parlement, contrôleur général, conseiller d'État. En 1792, il avait été élu maire de Paris, mais il refusa. Nous verrons Marguerite de Lézeau, devenue Supérieure des Orphelines de l'Impératrice Joséphine, trouver dans le commencement de ses grandes œuvres un appui dans l'amitié de la marquise d'Ormesson, qui la nommait sa cousine, quoique l'alliance des deux familles Ango de Lézeau et Le Fèvre d'Ormesson datât de 1655, un siècle juste avant la naissance de Marie-Marguerite de Lézeau. Les d'Ormesson ont été longtemps les protecteurs des Religieux Minimes en France.

illustre ancêtre, et quittèrent le monde pour embrasser l'état religieux. Deux d'entre eux, Joseph et Bruno, après avoir brillamment débuté dans la carrière des armes, et étant déjà l'un et l'autre capitaines, déposèrent leur épée pour se faire Chartreux. Un autre, du nom de Louis, fut prêtre, chanoine de la cathédrale de Rouen, et conseiller au parlement de Normandie. Deux de ses filles furent religieuses Bénédictines, une autre Carmélite, et une quatrième enfin, ayant refusé de s'établir dans le monde, se retira, sans avoir cependant fait aucun vœu, au couvent de la Visitation de Rouen. Elle y donna les exemples d'une grande piété, et mourut en 1749, après avoir été la bienfaitrice du monastère, où elle avait longtemps vécu dans la solitude et la prière. L'archevêque du diocèse permit après sa mort, aux religieuses de la Visitation du premier monastère de Rouen, de célébrer à perpétuité un salut solennel du très-saint sacrement dans leur chapelle, à la date de sa mort, afin de conserver le souvenir de leur bienfaitrice et de prier pour elle[1].

La branche aînée de la famille de Lézeau fut continuée par Jean-Baptiste de la Motte Ango, marquis de Lézeau, baron d'Écouché, conseiller au parlement de Rouen. Tandis que Philippe-René, son frère, enseigne de vaisseau au combat de la Hogue, devenait l'auteur d'une branche collatérale par son alliance avec Antoinette-Jourdaine de Pellevé, comtesse de Flers, unique héritière de l'illustre maison de Pellevé[2].

---

[1] La requête sollicitant cette faveur fut présentée à l'archevêque de Rouen par la mère Julienne-Angélique Bélard, supérieure du monastère, et se trouve encore parmi les anciens titres et parchemins qui furent enlevés du couvent de la Visitation en 1792, et qui sont conservés aux Archives municipales de la ville de Rouen.

[2] Nicolas de Pellevé, né au château de Jouy, fut évêque d'Amiens en 1553. Il alla en Écosse en 1559 avec plusieurs docteurs de Sorbonne, pour essayer de ramener les hérétiques, mais la reine Élisabeth s'étant opposée à leur pieux dessein, Nicolas de Pellevé fut obligé de revenir en France. Il quitta peu après son évêché d'Amiens pour l'archevêché de Sens et suivit le cardinal de Lorraine au concile de Trente, où il parut avec tant d'éclat, que le pape Pie V l'honora de la pourpre en 1570. Après la mort du cardinal de Lorraine, Nicolas de Pellevé devint archevêque de Reims et mourut en 1594.

La seigneurie de Flers existait déjà du temps de Guillaume le Conquérant, sous le titre de baronnie. Elle entra par Antoinette de Pellevé, qui en était la dame châtelaine et l'unique héritière, dans la famille de la Motte Ango. Le roi Louis XV l'érigea en comté par lettres patentes, en date du mois de juillet 1757, et l'ancien nom de Flers qui, sans cela, se serait éteint en madame de Pellevé, fut désormais porté par cette branche de la famille de la Motte Ango. Le général de Flers, commandant en chef de l'armée des Pyrénées orientales sous la République, et décapité pendant la Terreur, était issu de cette branche collatérale de l'ancienne famille de la Motte Ango qui encore de nombreux représentants.

La branche aînée qui conserva le nom de Lézeau et le titre qui y était attaché, s'est éteinte en la personne de Jean-Baptiste de la Motte Ango, marquis de Lézeau, mort en émigration à Aix-la-Chapelle, en l'année 1803.

Louis-Charles-Joseph Ango de la Motte Lézeau, baron d'Écouché, n'eut qu'un fils mort en bas âge. Marie-Marguerite était la seconde de ses filles. Elle avait trois sœurs, toutes les trois moururent sans postérité.

M. de Lézeau avait un frère prêtre, chanoine de la cathédrale de Rouen, conseiller au parlement et archidiacre de Lisieux. La famille Ango de Lézeau, après son alliance avec la petite-nièce de saint François de Paule, a, pendant plus d'un siècle, constamment eu plusieurs de ses membres dans le sacerdoce et dans la vie religieuse. C'était une bénédiction que semblait lui valoir la protection du grand saint. Le dernier prêtre de la descendance du premier marquis de Lézeau a été Ange-Joseph de la Motte Ango, abbé de Flers, destiné avant la Révolution à être chanoine du chapitre noble de Lyon. Il mourut en 1834 dans un âge avancé, et fut visité, la veille de sa mort, par Marie-Marguerite de Lézeau, sa cousine, alors Supérieure générale, depuis vingt-quatre ans, des Orphelines de la Légion d'Honneur.

Après la gloire que l'on acquiert par son propre mérite, et qui est, par cela même, essentiellement personnelle et la plus honorable de toutes, il n'en est pas de plus précieuse que celle qui vient d'une longue suite d'ancêtres en tout temps fidèles au devoir, à la patrie, à l'honneur et à Dieu. Rien ne saurait donc davantage recommander une noble et sainte existence à l'estime de ses contemporains et à celle des générations à venir, que de voir s'y confondre dans un même rayonnement la double gloire de la naissance et des grandes actions, surtout quand ces actions ont pour principe un dévouement héroïque et constant à Dieu, à la religion et à l'humanité souffrante et délaissée. Telle fut la longue et belle vie de Marie-Marguerite de Lézeau, toute remplie de saintes œuvres et riche en mérite pour le ciel [1].

[1] On peut consulter, sur la famille de la Motte Ango de Lézeau et de Flers, l'*Histoire des grands officiers de la couronne*, par le père Anselme, le Dictionnaire de la Chesnay-des-Bois, le Calendrier des Princes de 1762, l'Armorial des familles de France par Dubuisson, presque tous les Nobiliaires de Normandie, le Dictionnaire de Moréri, etc... Les armes de sa famille de la Motte Ango de Lézeau sont, en termes de blason : partie d'azur à trois annelets d'or, qui est Ango, et partie d'azur à trois lys naturels d'argent, tigés et feuillés de sinople et à bordure de gueules, chargée de huit besans d'or, qui est de Lézeau. Les armes de la Motte Ango de Flers sont, aux premier et quatrième, de gueules à la tête humaine d'argent, les cheveux hérissés d'or, qui est de Pellevé ; aux deuxième et troisième, de gueules à neuf macles d'or, qui est de Rohan. Sur le tout d'Ango de Lézeau.

NOTE B

Le cardinal de la Rochefoucauld, député du clergé de Rouen aux états généraux.

Le jour des élections (23 avril 1789) fut un jour de beau triomphe pour le cardinal de la Rochefoucauld. Lorsque les scrutateurs le proclamèrent élu par sept cent quatre-vingt-trois voix sur sept cent quatre-vingt-dix-neuf, la joie du clergé éclata en longs applaudissements : il était heureux de ce magnifique hommage rendu à la bonté paternelle et aux vertus de son vénérable chef. L'archevêque, ému jusqu'aux larmes, ne put dire que ces mots : « Je suis moins sensible, messieurs, à l'honneur de ma députation qu'à l'amitié qui vous l'inspire ; je ne pourrai vous convaincre de ma reconnaissance qu'en remplissant exactement vos ordres. » A ces mots, l'assemblée entière l'interrompant, s'écria que, dans sa confiance sans bornes, elle ne voulait le charger que de ses vœux et de ses prières, et la séance se termina dans ce généreux débat de respect et d'amour.

NOTE C

Extrait des Archives de la Seine-Inférieure. — Les Religieuses de la Visitation subissent un premier interrogatoire le deuxième jour de septembre 1790. — Leurs déclarations.

L'an 1790, le deuxième jour du mois de septembre ...., Nous, administrateurs du directoire du district de Rouen, commissaires nommés à l'effet de procéder à l'inventaire du mobilier, titres et papiers, appartenant au premier monastère des Dames de la Visitation de Sainte-Marie, en exécution de l'article douze, des lettres patentes du Roi du 22 avril dernier, sur un décret de l'Assemblée nationale en date des 14 et 20 du même mois; nous étant transportés audit monastère, avec Pierre-Clément Leprêtre, notre secrétaire, où étant en présence des dames de Belloy supérieure, d'Esmalleville assistante, de la Haye économe, les avons engagées à être présentes au procès-verbal d'inventaire que nous allons rédiger, et pour constater la situation de ladite communauté, avons demandé le registre journal dont il est en usage de se servir pour la recette et la dépense... Suit l'inventaire du mobilier de la maison, après lequel le procès-verbal continue ainsi : Avons pareillement arrêté le registre des émissions de vœux, conformément aux lettres patentes du Roi du 19 février dernier sur un décret de l'Assemblée nationale du 13 du même mois, et d'après l'inspection que nous avons faite de ladite maison, avons reconnu qu'elle pouvait contenir un nombre plus considérable de religieuses. Après quoi nous étant transportés au chapitre pour procéder aux déclarations, il s'en est suivi que :

S'est présentée madame Madeleine-Anastasie de Belloy,

supérieure, âgée de 46 ans, de profession 17 ans, laquelle a déclaré ne vouloir profiter de la liberté que les décrets lui accordent que pour se dévouer plus particulièrement à la vie religieuse qu'elle a embrassée et dans laquelle elle désire vivre et mourir. Ce qu'elle a signé : *Sœur Madeleine-Anastasie de Belloy, supérieure.*

S'est présentée madame Catherine-Cécile d'Esmalleville, âgée de 71 ans, de profession 52 ans, laquelle a déclaré vouloir vivre et mourir dans la communauté. Ce qu'elle a signé : *Sœur Catherine-Cécile d'Esmalleville, assistante.*

S'est présentée madame Marie-Victoire France, âgée de 67 ans, de profession 48 ans, laquelle a déclaré vouloir rester dans l'état qu'elle a embrassé. Ce qu'elle a signé : *Sœur Marie-Victoire France.*

S'est présentée madame Catherine-Angélique de la Haye, âgée de 66 ans, de profession 44 ans, laquelle a déclaré vouloir continuer dans la vie monastique les vœux qu'elle a formés, parce qu'elle n'en trouve pas de plus heureux, et qu'elle souhaite y vivre et y mourir, et que toutes celles qui pensent de même puissent avoir la même facilité. Ce qu'elle a signé : *Sœur Catherine-Angélique de la Haye.*

S'est présentée madame Catherine de Sales des Portes, âgée de 59 ans et demi, de profession 38 ans, laquelle a déclaré vouloir persister dans son état. Ce qu'elle a signé : *Sœur Catherine de Sales des Portes.*

S'est présentée madame Marie-Anne Rouxel de Goderville, âgée de 56 ans et demi, de profession 36 ans, laquelle a déclaré vouloir rester et mourir dans sa maison. Ce qu'elle a signé : *Sœur Marie-Arsène Rouxel de Goderville.*

S'est présentée madame Marie-Euphrasie Grandin de la Gaillonnière, âgée de 55 ans et demi, de profession 32 ans, laquelle a déclaré vouloir vivre et mourir dans sa communauté. Ce qu'elle a signé : *Sœur Marie Euphrasie-Grandin de la Gaillonnière.*

S'est présentée madame Thérèse-Henriette Le Moyne, âgée de 50 ans et demi, de profession 30 ans, laquelle a déclaré être contente de son état et vouloir vivre et mourir dans sa communauté. Ce qu'elle a signé : *Sœur Thérèse-Henriette Le Moyne.*

S'est présentée madame Marguerite-Séraphine Vallet, âgée de 50 ans et demi, de profession 28 ans, laquelle a déclaré ne pas vouloir profiter des décrets, et rester dans sa communauté. Ce qu'elle a signé : *Sœur Marguerite-Séraphine Vallet.*

S'est présentée madame Jeanne-Charlotte Lesueur, âgée de 54 ans, de profession 27 ans, laquelle a déclaré vouloir rester dans l'état qu'elle a embrassé. Ce qu'elle a signé : *Sœur Jeanne-Charlotte Lesueur.*

S'est présentée madame Madeleine-Angélique Maillard, âgée de 49 ans, de profession 20 ans, laquelle a déclaré être contente de son état et vouloir y persévérer. Ce qu'elle a signé : *Sœur Madeleine-Angélique Maillard.*

S'est présentée madame Marie-Félicité Satis, âgée de 45 ans et demi, de profession 22 ans, laquelle a déclaré ce qui suit, et dit, qu'étant très-persuadée qu'on n'avait pas le pouvoir de rompre les liens qu'elle a contractés avec le Seigneur son Dieu, à la face du ciel et de la terre, mais quand elle serait assurée du contraire, voici sa réponse :

« Je n'ai pris cet engagement qu'après cinq ans de délai dans le monde, et deux ans d'épreuves dans la religion. Je l'ai donc fait avec connaissance de cause, dans toute la joie de mon cœur; présentement que j'ai éprouvé en toute manière, la fidélité, l'amour, la magnificence même de mon époux Jésus, au delà de ce que je pouvais penser et espérer, je voudrais avoir dix mille vies pour les lui sacrifier de nouveau et consacrer à son service; et comme j'ai reçu toutes ces grâces, comme membre de l'Église catholique, apostolique et romaine, j'ai aussi toute sorte de reconnaissance et de vénération pour elle, et je veux lui être attachée jusqu'au dernier soupir de ma vie. Ce que j'ai signé : *Sœur Marie-Félicité Satis.*

S'est présentée madame Thérèse de Sales de Vausse, âgée de 49 ans et demi, de profession 20 ans, laquelle a déclaré connaître toute la perfection de son état et qu'elle désire de s'y consacrer de nouveau pour sa vie entière. Ce qu'elle a signé : *Sœur Marie-Thérèse de Sales de Vausse.*

S'est présentée madame Jeanne-Françoise Ancel, âgée de 57 ans et demi, de profession 19 ans, laquelle a déclaré désirer vivre et mourir dans son état. Ce qu'elle a signé : *Sœur-Marie-Françoise Ancel.*

S'est présentée madame Marie-Madeleine de la Croix, âgée de 38 ans, de profession 20 ans, laquelle a déclaré vouloir vivre et mourir dans son état. Ce qu'elle a signé : *Sœur Marie-Madeleine de la Croix.*

S'est présentée madame Luce-Aimée Cavelier, âgée de 57 ans, de profession 17 ans, laquelle a déclaré vouloir rester dans sa communauté jusqu'à la fin de ses jours. Ce qu'elle a signé : *Sœur Luce-Aimée Cavelier.*

S'est présentée madame Héloïse-Reine-Perpétue du Saussay, âgée de 38 ans, de profession 16 ans, laquelle a déclaré vouloir resserrer de plus en plus les liens qui l'attachent à Dieu. Ce qu'elle a signé : *Sœur Héloïse-Reine-Perpétue du Saussay.*

S'est présentée madame Marguerite-Angélique Satrain, âgée de 35 ans et demi, de profession 16 ans, laquelle a déclaré vouloir vivre et mourir dans sa communauté. Ce qu'elle a signé : *Sœur Marguerite-Angélique Satrain.*

S'est présentée madame Madeleine-Victoire Thieullen, âgée de 38 ans, de profession 15 ans, laquelle a déclaré vouloir vivre et mourir dans l'état qu'elle a embrassé. Ce qu'elle a signé : *Sœur Madeleine-Victoire Thieullen.*

S'est présentée madame Marie-Xavier de Lestendart, âgée de 38 ans et demi, de profession 15 ans, laquelle a déclaré vouloir vivre et mourir dans sa maison. Ce qu'elle a signé : *Sœur Marie-Xavier de Lestendart.*

S'est présentée madame Charlotte-Emmanuel Guérard, âgée de 57 ans, de profession 16 ans, laquelle a déclaré vouloir rester dans l'état qu'elle a embrassé. Ce qu'elle a signé : *Sœur Charlotte-Emmanuel Guérard.*

S'est présentée madame Louise-Thérèse Grandin de Mausigny,

âgée de 42 ans, de profession 15 ans, laquelle a déclaré vouloir persévérer dans son état. Ce qu'elle a signé : *Sœur Louise-Thérèse Grandin de Mausigny*.

S'est présentée madame Arsène-Angélique Ango de Lézeau, âgée de 34 ans et demi, de profession 14 ans, laquelle a déclaré ne pas vouloir de la liberté que lui accordent les décrets. Ce qu'elle a signé : *Sœur Arsène-Angélique Ango de Lézeau*.

S'est présentée madame Marie de Chantal Toustain, âgée de 57 ans et demi, de profession 9 ans, laquelle a déclaré vouloir rester dans l'état qu'elle a embrassé. Ce qu'elle a signé : *Marie de Chantal Toustain*.

S'est présentée madame Louise-Françoise Adam, âgée de 30 ans et demi, de profession 8 ans, laquelle a déclaré vouloir vivre et mourir dans sa communauté. Ce qu'elle a signé : *Sœur Louise-Françoise Adam*.

S'est présentée madame Marie-Anne-Adélaïde Bellenger, âgée de 35 ans, de profession 8 ans, laquelle a déclaré vouloir vivre et mourir dans son état. Ce qu'elle a signé : *Sœur Marie-Anne Adélaïde Bellenger*.

S'est présentée madame Marie-Emmanuel Heurtant, âgée de 25 ans, de profession 6 ans, laquelle a déclaré vouloir vivre et mourir dans sa communauté. Ce qu'elle a signé : *Sœur Marie Emmanuel Heurtant*.

S'est présentée madame Marie-Anne-Dominique Wollaston, âgée de 58 ans, de profession 6 ans, laquelle a déclaré vouloir persister dans son état jusqu'à son dernier soupir. Ce qu'elle a signé : *Sœur Marie-Anne-Dominique Wollaston*.

S'est présentée madame Françoise-Rosalie Joly, âgée de 28 ans et demi, de profession 5 ans et demi, laquelle a déclaré vouloir persévérer dans l'état qu'elle a embrassé : *Sœur Françoise-Rosalie Joly*.

S'est présentée madame Hélène-Angélique-Charles de la Blandinière, âgée de 36 ans, de profession 5 ans, laquelle a déclaré vouloir vivre et mourir dans sa maison. Ce qu'elle a signé : *Sœur Hélène-Angélique-Charles de la Blandinière*.

S'est présentée madame Constance Élisabeth de Lalande,

âgée de 41 ans, de profession 4 ans, laquelle a déclaré vouloir vivre et mourir dans sa communauté. Ce qu'elle a signé : *Sœur Constance-Élisabeth de Lalande.*

S'est présentée madame Joseph-Anastasie Hasembergue, âgée de 32 ans, de profession 4 ans, laquelle a déclaré vouloir rester dans sa communauté. Ce qu'elle a signé : *Sœur Joseph-Anastasie Hasembergue.*

S'est présentée madame Constance-Angélique Desmares de Trébons, âgée de 24 ans, de profession 1 an et demi, laquelle a déclaré vouloir persister dans l'état qu'elle a embrassé. Ce qu'elle a signé : *Sœur Constance-Angélique Desmares de Trébons.*

S'est présentée madame Reine-Julie Rasse, âgée de 20 ans et quatre mois, de profession 1 an et quatre mois, laquelle a déclaré vouloir vivre et mourir dans l'état qu'elle a embrassé. Ce qu'elle a signé : *Sœur Reine-Julie Rasse.*

S'est présentée madame Thérèse-Augustine Revel, âgée de 26 ans et demi, de profession 1 an et deux mois, laquelle a déclaré vouloir persister dans son état. Ce qu'elle a signé : *Sœur Thérèse-Augustine Revel.*

S'est présentée madame Marie-Michel Jouet, âgée de 20 ans, de profession quatorze mois, laquelle a déclaré vouloir vivre et mourir dans son état. Ce qu'elle a signé : *Sœur Marie-Michel Jouet.*

S'est présentée madame Marie-Gabriel Letellier, âgée de 26 ans, de profession dix mois, laquelle a déclaré vouloir rester dans sa communauté. Ce qu'elle a signé : *Sœur Marie-Gabriel Letellier.*

S'est présentée madame Marthe Laurent, âgée de 65 ans, laquelle a déclaré être dans la communauté depuis 19 ans, sous titre d'agrégée, ayant apporté audit monastère tout ce qu'elle avait, et qu'elle entendait y rester et y vivre jusqu'à sa mort. Ce qu'elle a signé : *Sœur Marthe Laurent.*

(Les sœurs converses et les sœurs tourières furent interrogées ensuite, et répondirent toutes avec une égale fermeté.)

Et, après ladite déclaration, la communauté rentrée, madame la supérieure a déclaré que la sœur Marie Thérèse Chalmette, âgée de 46 ans et demi, étant à toute extrémité, et même dans un état agonisant, n'avait pu être présentée, ni entendue, pour passer sa déclaration, et toute la communauté ayant confirmé cette assertion, nous avons remis à l'entendre, dans le cas où elle reviendrait en santé, et par suite avons donné lecture du présent arrêté, ainsi que la déclaration par nous faite que nous laissions à la garde desdites dames supérieures, officières et religieuses, les objets mentionnés au présent inventaire, à l'effet de quoi toutes lesdites dames ont signé et conjointement avec nous.

Fait audit monastère, les jour, mois et an que dessus.

Suivent les signatures des religieuses.

. . . .

et des administrateurs du district,

Soube et Debonne.

NOTE D

Procès-verbal, conservé aux Archives de l'hôtel de ville de Rouen, dressé le 3 janvier 1791, par les officiers municipaux, contenant les déclarations faites par les religieuses du premier monastère de la Visitation, sur la demande qui leur fut adressée pour savoir si elles voulaient sortir de leur maison, ou si elles préféraient rester dans la vie commune.

L'an mil sept cent quatre-vingt-onze, ce jourd'hui troisième jour de janvier, nous Pierre-Étienne Dechamps et Pierre-Nicolas Bettroste, officiers municipaux de ladite commune de Rouen, parvenus dans la maison des Dames religieuses du premier monastère de la Visitation de Sainte-Marie de cette ville, pour l'exécution de la loi proclamée, le 14 octobre dernier, à nous adressée le 16 décembre dernier par messieurs les administrateurs du Directoire du district de Rouen, et notamment des articles 14 et 15 du titre II, qui nous imposent l'obligation de dresser un état des religieuses, et de prendre la déclaration de chacune d'elles en particulier, si elle entend sortir de la maison, ou si elle préfère de continuer la vie commune, avons invité madame la Supérieure de nous présenter le registre destiné jusqu'à ce jour à inscrire les actes de profession, et le registre mortuaire de la communauté, par l'examen et la comparaison desquels nous avons vérifié que cette communauté est réellement composée des religieuses professes et sœurs converses actuellement existantes, qui ont prononcé leurs vœux avant le 3 novembre 1789, époque de la publication du décret du 28 octobre. Après quoi nous avons fait le dénombrement, et rédigé l'état suivant dans l'ordre des dates de profession, avec les déclarations de chacune d'elles séparément.

1° Dame Marie-Anne-Françoise-Geneviève d'Esmalleville,

dite en religion Catherine-Cécile, religieuse professe de ladite communauté, y ayant fait profession le 1er mars 1738, alors âgée de 19 ans, laquelle nous a déclaré que son intention est de vivre et de mourir dans la règle qu'elle a embrassée, et la maison qu'elle a choisie, ce qu'elle a signé après la lecture faite : *Sœur Catherine-Cécile d'Esmalleville.*

Suit l'interrogatoire des autres religieuses dont les réponses furent conformes à celle qui précède. Madame de Lézeau fut interrogée la vingt-troisième ; l'article qui la concerne est conçu ainsi qu'il suit :

Madame Marie-Marguerite Ango de Lézeau, dite en religion Arsène-Angélique, religieuse de ladite communauté, où elle a fait profession le 27 décembre 1776, alors âgée de 21 ans, laquelle a déclaré que son intention est de vivre et de mourir dans la règle qu'elle a embrassée et la maison qu'elle a choisie, et a signé, lecture faite : *Sœur Arsène-Angélique Ango de Lézeau.*

Ce fait, et après avoir aussi satisfait au vœu des articles 14 et 15 du titre de la loi du 14 octobre dernier, nous avons clos et arrêté le premier procès-verbal pour être remis à messieurs les administrateurs du district de Rouen, et avons renvoyé la séance à demain pour procéder à l'élection des dames supérieure et économe, lesdits jour et an que dessus, et ont signé avec nous lecture faite : suivent les signatures des religieuses au nombre de 46. . . . .
et des administrateurs du district.

DESCHAMPS et BETTROSTE.

NOTE E

Extrait des Archives de l'hôtel de ville de Rouen. — Élection d'une supérieure et d'une économe, le 4 janvier 1791, pour les Religieuses du premier monastère de la Visitation, sous la présidence de Pierre-Étienne Deschamps et Pierre-Nicolas Bettroste, officiers municipaux de la commune de Rouen.

L'an mil sept cent quatre-vingt-onze, cejourd'hui, quatrième jour de janvier, nous Pierre-Étienne Deschamps et Pierre-Nicolas Bettroste, officiers municipaux de la commune de Rouen, pour l'exécution de l'article 26, du titre II de la loi du 14 octobre dernier, qui nous confère le droit de présider l'assemblée des religieuses qui ont préféré la vie commune, à l'effet d'élire au scrutin et à la pluralité absolue des suffrages, une supérieure et une économe dont les fonctions doivent durer deux années. Parvenus dans la maison des Dames religieuses du premier monastère de la Visitation Sainte-Marie, dans cette ville, avons invité madame la Supérieure actuelle de convoquer les religieuses professes de sa communauté qui ont déclaré préférer de continuer la vie commune ; suivent les noms des religieuses au nombre de 46. . . . .
. . . . . Lesquelles réunies ont, en notre présence, et chacune en particulier, apporté le bulletin portant le nom de celle qu'elles ont été libres de choisir pour supérieure, et après avoir recueilli lesdits bulletins par l'appel nominal et les avoir recensés, il résulte du dépouillement que nous en avons fait, que madame de Belloy, ayant réuni quarante-quatre voix sur quarante-six votantes, est élue supérieure de ladite communauté à la majorité absolue des voix.

Procédant ensuite à l'élection d'une économe dans la même

forme, il est résulté du dépouillement que nous avons fait des bulletins que madame de la Haye, ayant réuni quarante-quatre voix sur quarante-six votantes, a été élue économe.

Dont acte, lesdits jour, mois et an que dessus.

Signé :

DESCHAMPS et BETTROSTE.

NOTE F

Extrait des Archives de la Seine-Inférieure. — Arrêté de la commune de Rouen, ordonnant aux Religieuses de la Visitation de fermer la porte extérieure de leur église. — Elles s'y refusent. — Le délégué de la commune fait exécuter l'arrêt.

Le dix-sept juin mil sept cent quatre-vingt-onze, cinq heures et demie de relevée,

Nous, officier municipal et substitut du procureur de la commune de Rouen, soussignés,

Pour l'exécution de l'arrêté du Directoire du département de la Seine-Inférieure, en date du trois de ce mois, portant que les officiers municipaux de Rouen se transporteront sans délai dans les communautés religieuses de cette ville à l'effet de faire procéder en leur présence à la fermeture de toutes les portes de leurs églises, autres que celles de l'intérieur desdites communautés, nous nous sommes transportés en la communauté de Sainte-Marie, sise en cette ville, rue Beauvoisine, où, étant parvenus dans un parloir, nous avons trouvé madame la supérieure et madame l'économe de la communauté auxquelles, après lecture faite dudit arrêté, nous avons proposé de passer la soumission d'interdire l'entrée de leur église au public et de n'y admettre que leur chapelain, faute de quoi nous serions dans la nécessité de faire fermer les portes extérieures de leur église pour l'exécution dudit arrêté.

Lesdites dames ayant refusé de passer cette soumission, nous leur avons déclaré que nous allions faire procéder à la clôture des portes, et du tout avons dressé le présent procès-verbal, auquel lesdites dames ont refusé de signer, de ce interpellées, et avons signé après lecture faite.

Signé :

DUVAL et J. DESCHAMPS.

Vu le refus fait par lesdites dames supérieure et économe de se conformer à l'arrêté énoncé en notre procès-verbal des autres parts, nous avons envoyé chercher le sieur Duhamel, serrurier en cette ville, rue du Beffroy, pour parvenir à la fermeture de la porte extérieure de ladite église donnant sur ladite rue Beauvoisine, lequel étant malade, nous a envoyé le nommé Picard son garçon, qui a, en notre présence, placé deux chaînes de fer sur le milieu des deux battants de ladite porte, l'une en haut et l'autre en bas, lesquelles il a attachées avec chacune un crampon au bout, et deux clous au milieu.

Ce fait, nous nous sommes retirés après avoir dressé le présent procès-verbal que nous avons signé desdits jour et an.

Signé :

DUVAL et J. DESCHAMPS.

NOTE G

Départ des prêtres chassés de Rouen au mois de septembre 1792. — Dangers auxquels ils sont exposés. — Tristes détails. — Fermeté et dévouement des autorités de la ville de Rouen.

Les prêtres qui quittèrent Rouen au commencement du mois de septembre 1792 s'embarquèrent sur trois navires en partance pour la Hollande. Ces navires devaient descendre la Seine en se suivant à un jour de distance. Le temps était mal choisi : beaucoup de têtes bouillonnaient au récit des massacres de Paris, dépeint comme une grande victoire sur les ennemis de la Patrie. Une proclamation signée de Marat circulait parmi le peuple égaré et invitait les *patriotes* à égorger les *traîtres*, avant de marcher à la défense des frontières. Tous les villages de la basse Seine étaient dans la plus grande effervescence, sept prêtres y avaient péri les uns assommés, les autres noyés dans la Risle. Tel était l'état des esprits dans ces contrées, d'ordinaire paisibles, quand le premier navire, chargé de cinquante-six prêtres, se résignant courageusement aux douleurs de l'exil pour éviter le serment révolutionnaire, qu'il fallait faire sous peine de mort, arriva en vue de Quillebeuf. Un peu au delà, il entrait dans l'Océan, mais il fallait attendre la marée, et ce jour-là même, dix-sept communes étaient réunies à Quillebeuf pour l'enrôlement des volontaires. Les prêtres étaient cachés dans la cale ; mais le secret de leur présence à bord est trahi par les pilotes, et aussitôt, les jeunes gens persuadés que ces fugitifs vont se réunir aux ennemis de la patrie, se jettent armés dans les chaloupes et se précipitent dans le navire, qui menace de couler sous leur poids. Enfermés dans leur cale, où ils manquent d'air, et préférant la mort au malheur de trahir leur foi, les prêtres se préparaient à mourir, quand les officiers municipaux parvinrent à calmer les volontaires en leur promettant que les passagers vont être aussitôt débarqués et mis en prison, jusqu'à ce que la Convention ait prononcé sur leur sort.

Le débarquement, en effet, eut lieu immédiatement, au milieu des insultes et des mauvais traitements. Un vieillard à cheveux blancs tomba dans la vase, et s'y serait noyé au milieu des rires et des huées, si quelques prêtres n'eussent exposé leur vie pour le sauver. Aussitôt débarqués, les prisonniers sont jetés dans de misérables réduits, manquant de nourriture, de paille, et même d'espace pour étendre sur la terre nue leurs membres fatigués. Le lendemain 8 septembre, arrive le second navire avec cent fugitifs; ils éprouvent le même sort que leurs confrères, et restent à la garde d'une populace furieuse qui délibère tout haut sur le massacre des prisonniers.

Le Directoire du département, qui avait tout fait pour hâter la fuite de ces courageux proscrits, et pour prévenir l'effusion du sang, apprit avec douleur l'événement de Quillebeuf. Par ses ordres et à ses frais, cent hommes de la garde nationale, avec deux pièces de canon, furent embarqués sur le coche descendant la Seine; d'autres partirent volontairement à pied et s'adjoignirent deux cents hommes que leur accorda la municipalité de Pont-Audemer. A l'approche de cette force imposante, les bandes stupides de Quillebeuf se dispersèrent, les prisons s'ouvrirent comme d'elles-mêmes, et les prêtres, la veille du jour fixée pour leur massacre, s'acheminèrent vers Rouen sous l'escorte de leurs libérateurs.

Mais comment les ramener dans une ville où l'exaltation du peuple pouvait s'accroître de leur retour et déborder l'autorité des magistrats? Le district envoya sagement au-devant d'eux un de ses membres, avec ordre d'arrêter leur marche, de changer la destination de leurs passe-ports, et de les diriger sur un des ports du département. Ce fut le 16 au matin que l'envoyé du district rencontra les confesseurs de la foi, la plupart malades des fatigues et des mauvais traitements qu'ils avaient essuyés à Quillebeuf, et incapables de faire un pas de plus. Il changea à la hâte les passe-ports des plus valides, qui s'acheminèrent, comme ils purent, vers la côte à travers les campagnes et les bois. Quant aux malades, l'envoyé du district eut la générosité de prendre sur lui de leur accorder quinze jours pour leur embarquement, et ils furent ramenés à Rouen.

Durant ces jours néfastes, les autorités, la garde nationale, les habitants de Rouen, avaient bien mérité, non-seulement des prêtres de Normandie, mais encore du clergé de la France entière. Parmi cette multitude d'ecclésiastiques qu'ils avaient accueillis, et dont le nombre monta jusqu'à plusieurs milliers, ainsi que parmi ceux qu'ils sauvèrent d'une mort certaine à Quillebeuf, et dont ils facilitèrent l'évasion par les ports du département, il y en avait d'un grand nombre de diocèses de France.

NOTE H

Les prisons de Rouen pendant la Révolution[1].

Toutes les prisons que la Révolution avait ouvertes à Rouen étaient établies dans des couvents ou dans des églises. C'était là un des caractères du temps : on supprimait les couvents, on fermait les églises et on les transformait en prisons. Encore ces prisons étaient-elles si remplies, que le scorbut, les fièvres épidémiques et tous les maux y habitaient à la fois.

Les autorités révolutionnaires furent-elles même effrayées de l'état lamentable des malheureux détenus. Des commissaires du district furent chargés d'inspecter les prisons ; leur rapport montre d'une manière saisissante, tout ce qu'il y avait de douleurs et de souffrances de toutes sortes sous les verrous de la Convention. Ils s'exprimaient ainsi qu'il suit, en hommes compatissants qui ne craignent pas de dire toute leur pensée :

« Citoyens,

« Nos commissaires chargés des prisons viennent de nous faire un rapport véritablement alarmant sur le sort des malheureux qui y sont enfermés. Nous nous empressons de vous en faire part. L'hiver se fait sentir d'une manière rigoureuse, et les prisonniers n'ont pas de couvertures; pas une tourbe pour se chauffer, pas une chemise pour se couvrir. L'infirmerie est une glacière, où le malade trouvera plutôt la mort que le soulage-

---

[1] Extrait de la brochure intitulée : *Recherches sur les prisons de Rouen*, pas Ch. de Robillard de Beaurepaire, archiviste du département de la Seine-Inférieure.

ment de ses maux. Pas un drap pour mettre aux lits, pas une méchante couverture pour mettre à l'abri du froid... Jadis les charités particulières fournissaient à ces dépenses ; on leur distribuait des chemises, des tourbes, des couvertures. Cette source de revenu est absolument tarie... »

Cette situation tenait à l'augmentation considérable dans le nombre des prisonniers ; à la diminution non moins notable dans la quantité des secours fournis par la charité des particuliers. Ce fut encore pis en l'an II : la ration des prisonniers fut diminuée. On ne leur donna plus qu'une livre de pain par jour, au lieu d'une livre et demie. Toute communication avec leurs parents, sous quelque prétexte que ce fût, leur fut interdite. On alla jusqu'à leur retrancher la botte de paille qu'on leur distribuait auparavant chaque mois.

La maison d'arrêt, dite prison de Lô, désignation ridicule, mais il n'était plus permis, sous peine d'incivisme, d'employer le mot *saint*, même pour désigner une maison d'arrêt; la prison de Lô, disons-nous, ne suffit pas longtemps à loger les prisonniers. Il y avait trop d'autorités à s'attribuer le droit d'attenter à la liberté des citoyens, sous prétexte de sauver la République. Une nouvelle prison fut ouverte, celle de Saint-Yon ; on y déposait les personnes arrêtées en vertu des ordres du comité de surveillance, du bureau permanent de sûreté générale, du comité révolutionnaire de la commune ; en vertu d'ordonnances de l'accusateur public, des citoyens Sautereau et Siblot, représentants du peuple, délégués par la Convention, et autres de même renom. On appelait cette prison, maison de sûreté générale.

NOTE I

Les Religieuses de la Visitation emprisonnées pendant la Terreur. — Nombre des détenus enfermés dans les diverses prisons de Rouen.

M. de Beaurepaire, dans ses *Recherches sur les prisons de Rouen*, donne le relevé suivant :

Le 6 frimaire, an III, il y avait à la prison Saint-Yon, vingt-huit prisonniers, à la maison de justice, cent quarante-six détenus ; quatre-vingt-un prévenus de délits, plus cent cinquante-quatre suspects à la maison d'arrêt de Saint-Lô ; trente-deux prisonniers à la maison des fers ; cent soixante-deux à la maison de correction et au dépôt de mendicité, appelé dès lors Bicêtre, sans compter cinquante-huit personnes renfermées pour folie et autres motifs ; dix femmes aux Gravelines ; quatre cent vingt-sept religieuses insermentées à Sainte-Marie ; quatre cent vingt-quatre prêtres à Saint-François. Ces chiffres officiels, dit M. de Beaurepaire, ont leur éloquence : ils montrent de quelles mesures arbitraires et tyranniques la liberté peut devenir le prétexte.

Voici les noms des Religieuses du premier monastère de la Visitation de Rouen, emprisonnées en 1794, d'après les listes des détenues conservées aux Archives de l'hôtel de ville de Rouen :

    Catherine-Marguerite DE LA HAYE ;
    Catherine DES PORTES ;
    Marguerite-Suzanne GRANDIN ;
    Marie-Madeleine-Marguerite VALLET ;
    Marguerite-Victoire MAILLARD ;
    Marie-Anne DE VAUSSE ;

Marie-Madeleine Thieullen ;
Marie-Marguerite de Lestendart ;
Marguerite-Charlotte Guérard ;
Louise-Catherine Adam ;
Anne-Christine Bellenger ;
Anne Wollaston Jonsthon ;
Victoire-Élisabeth de Lalande ;
Marie-Louise Rasse ;
Marie-Madeleine Hébert, sœur converse ;
Marie-Charlotte Sellier, sœur converse ;
Marie-Catherine-Élisabeth Godefroy, sœur converse ;
Marie-Françoise Osmont, sœur converse.

NOTE J

Condamnation à mort du général de Flers par le tribunal révolutionnaire. Séance du 4 thermidor an II.

Ce fut le 22 juillet 1794 (4 thermidor an II), que fut condamné le général de Flers, en même temps que la maréchale de Noailles, âgée de soixante et dix ans, sa fille, duchesse d'Ayen, et sa petite-fille, la vicomtesse de Noailles, accusées comme lui, ainsi que beaucoup d'autres, du crime de conspiration.

L'historien de madame la marquise de Montagu, laquelle perdit en ce jour néfaste, sa sœur, sa mère et sa grand'mère, rapporte quelques circonstances du jugement prononcé en cette occasion par le tribunal révolutionnaire. Ce tribunal était présidé ce jour-là par l'horrible Dumas, et le groupe traduit devant lui formait une quarantaine d'accusés, tous inconnus les uns aux autres, qui comparurent ensemble et furent jugés en masse par un seul arrêt.

Un témoin oculaire, membre de la Convention, M. Harmand (de la Meuse), qui assistait à l'audience, raconte que le président Dumas, adressant la parole à la duchesse d'Ayen, et l'accusant d'avoir fait partie de la conspiration du Luxembourg, celle-ci, qui avait l'oreille un peu dure, le pria de parler plus haut, parce qu'elle était un peu sourde; et que le président, d'une voix grossièrement et ironiquement élevée, avait répliqué : « Eh bien! citoyenne, tu conspirais donc alors sourdement. » Rire affreux de tous les autres juges et des jurés, continue M. Harmand; puis il ajoute que Dumas, ayant reproduit d'un ton plus haut la même accusation, madame d'Ayen avait voulu répondre.

Quelques mots de sa part suffirent pour prouver l'absurdité de l'accusation, mais le président lui imposa silence, et le tribunal condamna à l'unanimité.

Les autres dames ne furent point interrogées. L'accusé, qui l'avait été avant madame d'Ayen, était un domestique nommé Duval, de la maison Molé. Celui qui le fut après était un pauvre commissionnaire du coin de Luxembourg, nommé Patolot, qui (toujours selon le récit de M. Harmand), avait été chargé, par un individu inconnu à lui, de porter, moyennant un assignat de 15 sols, une lettre faisant partie, selon le président qui ne la lut point, de la correspondance des conspirateurs ; et le pauvre homme, malgré ses protestations et ses pleurs, fut compris dans la condamnation commune[1].

Le tour du général vint ensuite, et de même que la duchesse d'Ayen, de même que la maréchale de Noailles, de même que le domestique Duval et le portefaix Patolot, il fut condamné à la peine de mort. Les prisons étaient pleines, il fallait les vider en toute hâte, et on les vidait par l'échafaud. C'est ainsi que chaque jour, de même que le 4 thermidor, le régime de la Terreur envoyait pêle-mêle à la mort des personnes de tout rang, de toute condition, des domestiques, des portefaix, des grandes dames, des hommes de la première noblesse; ce qu'il y avait de plus inconnu parmi le peuple, et de plus distingué dans la noblesse française, sans même une accusation vraisemblable. C'était le délire du crime et la soif du sang portés à leurs derniers excès. Rien de pareil ne s'était jamais vu en aucun temps, ni en aucun pays.

Les exécutions se faisaient à Paris de plusieurs manières : on fusillait au champ de Mars, on guillotinait à la barrière du Trône et sur la place Louis XV. Ce fut à la barrière du Trône que le général de Flers monta sur l'échafaud ; son nom figure le quatorzième sur la liste des condamnés immolés, le 4 thermidor, en cet endroit de Paris.

---

[1] Vie de Anne-Paule-Dominique de Noailles, marquise de Montagu.

NOTE K

Lettres patentes de Louis XIV concernant l'établissement de la maison de charité dite *de la Mère de Dieu*, pour les pauvres orphelins de la paroisse de Saint-Sulpice, à Paris.

Du mois de may 1678. Louis, par la grâce de Dieu, Roy de France et de Navarre, à tous présens et à venir : salut. Notre bien amé Antoine Ragnier de Poussé, prêtre, docteur en théologie de la Faculté de Paris, curé de la paroisse de Saint-Sulpice de notre bonne ville de Paris, nous a fait remontrer que quelques particuliers de l'un et l'autre sexe, habitans de ladite paroisse, ayant dessein de retirer, secourir et faire instruire les pauvres enfants orphelins de l'un et l'autre sexe, nez en légitime mariage, et baptisez en ladite paroisse, qui se trouvaient orphelins de père et de mère, et délaissez de leurs parents, dès l'année 1648, auraient eu la charité d'en mettre plusieurs en nourrice et les faire instruire jusqu'à un âge propre à entrer en mestier, ou en service, même assemblé en une maison les filles orphelines de ladite qualité, âgez de quatre à cinq ans, sous la conduite de maîtresses charitables ; au moyen de quoi plusieurs enfants orphelins ayant appris métier auraient été pourvûs par mariage et au lieu d'être dans la misère et à charge au public, lui rendent à présent service par leur industrie et leur travail. Et comme plusieurs personnes ayant fait des aumônes auxdits enfans orphelins, il reste encore un fonds de dix-huit mille livres provenant desdites aumônes, lequel consiste en rentes constituées par les prévôts des marchands et échevins de notre bonne ville de Paris et des particuliers, et ce nonobstant toutes les dépenses faites depuis ladite année 1648, pour la nourriture, entretien, instruction et autres nécessités desdits enfants orphelins, ledit exposant qui souhaite qu'une œuvre si charitable et si utile dans une paroisse d'aussi grande étendue ne soit pas délaissée, qu'au contraire lesdits pauvres enfants orphelins, puissent être plus pleinement assistez dans leurs besoins spirituels et temporels, et qui espère que ses paroissiens feront encore de plus grandes aumônes quand ils verront qu'une entreprise si charitable a un titre et un établissement certain et si appuyé de notre autorité, il Nous a fait très-humblement supplier qu'il nous plût lui accorder nos lettres à ce nécessaires. *A ces causes*, désirant faire connaître à nos sujets que nous n'avons rien en plus grande recommandation que de contribuer à la gloire de Dieu, au secours des pauvres, et bonne éducation de leurs enfants, de l'avis de notre conseil qui a vu l'ordonnance de notre très-cher et très-amé cousin, l'archevêque de Paris, par laquelle il approuve et autorise ledit établissement, ensemble le consentement de nos très-chers et bien amez les prévôts des marchans et échevins de notre bonne ville de Paris ; et de notre certaine science, pleine puissance et autorité royale, nous avons agréé et confirmé, agréons et confirmons par ces présentes, signées de notre main, l'établissement fait en ladite paroisse de Saint-Sulpice, pour la nourriture et éducation des enfants orphelins ; voulons et ordonnons que le lit de Poussé et ses successeurs en ladite cure à perpétuité puissent continuer à l'avenir de prendre soin desdits pauvres enfants orphelins de père et de mère, de l'un et l'autre sexe, nez en légitime mariage, et baptisez en ladite paroisse, qui se trouveront abandonnez de leurs parens, tout ainsi que par le passé, et ce en qualité de supérieur et administrateur des pauvres enfants orphelins et conjointement avec nos amez et féaux Charles Loyseau, ci-devant notre conseiller en la cour des aydes, et directeur de l'hôpital général, et René de Fromont, aussi notre conseiller et correcteur en notre chambre des comptes de Paris, Henri de Montault, ci-devant conseiller et maistre d'hôtel de feuë notre chère tante, la duchesse doüairière d'Orléans, François le Moine, avocat en parlement, secrétaire de la direction de l'hôpital général, notre très-chère et bien-amée cousine, la duchesse d'Usez, la dame de Vassan, Magdeleine Helin, veuve le Brun, et la damoiselle Leschassier, lesquelles personnes, nous avons aussi commis pour administrateurs desdits pauvres enfants orphelins ; lesquels curé et administrateurs pourront recevoir et accepter toutes donations, legs ou aumônes, et autres bienfaits, tant en deniers, que fonds de rentes et héritages, même acquérir et posséder audit nom de supérieur et administrateurs desdits pauvres enfants orphelins, tous immeubles, faire bâtir et construire une maison, et logemens propres et couvenables, pour retirer lesdits pauvres enfans orphelins ; laquelle maison qui aura pour titre, *Maison de la Mère de Dieu*, Nous avons amorti ensemble le jardin et enclos d'icelle, comme *dédiée à Dieu*, sans que pour raison de ce, Nous, ni nos successeurs Roys, puissions prétendre aucune finance. ..... *Ici diverses autorisations sont données au curé de Saint-Sulpice, comme supérieur, ainsi qu'aux administrateurs ; et l'âge d'admission est fixé. Ce passage se termine ainsi* ..... Quant aux filles de ladite qualité (c'est-à-dire orphelines) seront pareillement admises, dès le plus bas âge jusqu'à quatorze ans, et mises en nourrice, quand il sera nécessaire, et à l'âge de quatre ou cinq ans reçues en ladite *Maison de la Mère de Dieu*, pour y être nourries, entretenuës, instruites et élevées par les maîtresses choisies à cet effet et y demeurer autant qu'il sera jugé à propos par ladite assemblée ... . pourront lesdits administrateurs poursuivre en jugement et ailleurs le payement des dettes actives duës auxdits enfants orphelins, qui auraient quelques biens ou revenus, recevoir les fruits de leurs immeubles sous les quittances du trésorier, ou trésorière, donner à loyer les héritages et maisons, y faire faire les réparations nécessaires, et en employer les revenus à l'entretien et nécessitez de ladite *Maison de la Mère de Dieu* et communauté desdits pauvres enfants orphelins, tant et si longuement que les enfants orphelins ausquels lesdits biens appartiennent seront nourris et entretenus aux dépens de ladite assemblée ; le tout sans que lesdits administrateurs puissent être obligez de rendre compte desdits meubles, fruits et revenus ailleurs, ni à d'autres qu'à ladite assemblée, ni autrement que des choses appartenantes à ladite maison et communauté desdits pauvres enfans orphelins, pourvu toutefois que le revenu des biens desdits enfans orphelins n'excède la somme de cent-cinquante livres par an, auquel cas ne seront reçus par ladite assemblée, mais laissez aux soins de leurs parens; et quand ils sortiront de ladite *Maison de la Mère de Dieu*, les titres et papiers concernans leurs biens seront rendus aux tuteurs, qui seront nommez par les parens en la manière accoutumée, gens solvables. *Si donnons en mandement* à nos amez et féaux conseillers les gens tenant notre cour de parlement et chambre des comptes à Paris, que ces présentes ils fassent registrer et du contenu en icelles jouir et user ladite *Maison de Charité* sous le titre de *Maison de la Mère de Dieu*, supérieur et administrateurs desdits pauvres enfans orphelins, pleinement, paisiblement et perpétuellement, cessant et faisant cesser tous les troubles et empêchemens contraires :

Et afin que ce soit choses fermes et stables à toujours, Nous avons fait mettre notre scel à ces présentes, sauf en autres choses, notre droit, et d'autrui en toutes. *Donné* à Saint-Germain-en-Laye, au mois de may, l'an de grâce mil six cent soixante-dix-huit, et de notre règne, le trente-unième, *signé :* Louis, et sur le replis, Par le Roy, Colbert. *Visa* Le Tellier, pour servir aux lettres d'établissement d'une maison dite de *La Mère de Dieu*, dans la paroisse de Saint-Sulpice, et scellé du grand sceau de cire verte, sur lacs de soye, rouge et verte.

Contrat par lequel MM. de Baussancourt donnèrent aux Orphelines de la Mère de Dieu la première maison qu'elles occupèrent à l'entrée de la rue de Grenelle.

Ce contrat fut passé le deuxième jour de mai 1655, par maître Marreau, notaire à Paris, en présence de :

« Messire Alexandre de Sène, chevalier, seigneur de Chas-

« tignonville et autres lieux, conseiller ordinaire du roi en ses
« conseils d'État et privé, et direction de ses finances, prévôt
« des marchands de la ville de Paris.

« De noble homme, messire Pierre Brigallier, conseiller du
« roi et son premier avocat au Châtelet de Paris. Et des sieurs
« Antoine Ruffin et Simon Poirier, bourgeois de Paris, marguil-
« liers de l'église paroissiale de Saint-Sulpice, qui acceptaient
« la donation conjointement à M. Le Ragois de Bretonvilliers,
« prêtre, bachelier en théologie, curé de l'église paroissiale de
« Saint-Sulpice, à Saint-Germain-des-Prés-lès-Paris. »

M. de Bretonvilliers avait alors succédé à M. Olier dans la cure de Saint-Sulpice, et continuait ses œuvres. Le contrat de donation des rères de Baussancourt porte « que c'est pour té-
« moigner à Dieu quelques marques de leur reconnaissance
« des bienfaits qu'ils ont reçus ensemble de la divine bonté,
« qu'ils ont cru devoir faire présent à Dieu dans la personne de
« ses pauvres, d'une maison pour y loger les orphelines de la
« paroisse de Saint-Sulpice ..... que cette maison sera em-
« ployée à loger et retirer les pauvres orphelines du faubourg
« Saint-Germain, sous la conduite des dames qui en prennent
« soin. Et qu'au cas où cet établissement viendrait à ne pas
« s'effectuer, le revenu de cette maison appartiendrait à
« l'œuvre des filles orphelines, sous la direction du curé de la
« paroisse. Il devait aussi être établi une école gratuite pour les
« filles pauvres du faubourg sous la direction d'une maîtresse
« charitable. »

Ce contrat existe encore en l'étude de Me Simon, notaire à Paris, 85, rue Richelieu. Ce fut par lui que l'Œuvre des Orphelines de la Mère de Dieu entra en possession du premier immeuble qui lui fut offert par la piété des fidèles. Beaucoup d'autres dons devaient suivre cette première offrande de la charité chrétienne.

NOTE L

Lettres patentes de Louis XVI approuvant l'Œuvre de la Mère de Dieu.

Les lettres patentes de Louis XVI, d'un siècle, postérieures à celles qui précèdent, eurent pour objet de modifier ce qui avait été statué par Louis XIV, pour l'âge d'admission des enfants orphelins. Elles permirent aussi d'admettre les enfants privés seulement de père ou de mère, ainsi que les enfants ayant un petit revenu jusqu'à la somme de trois cents livres. Ces lettres, qui reproduisent en grande partie celles de 1678, attribuent clairement la fondation de l'œuvre de *la Mère de Dieu* à M. Olier, et rendent hommage au bien fait pendant un siècle par cette œuvre. Nous ne citons que ces deux passages..... « Nos « bien amés Jean-Joseph Faidit de Tersac, curé de la paroisse « de Saint-Sulpice de notre bonne ville de Paris et les admi- « nistrateurs des pauvres orphelins de la même paroisse, Nous « ont fait exposer qu'il existe dans ladite paroisse de Saint- « Sulpice une maison de charité établie sous le titre de *Mai-* « *son de la Mère de Dieu*, dont la destination est d'y élever, « nourrir et entretenir de pauvres enfants orphelins de père et « de mère, de l'un et l'autre sexe, nés en légitime mariage, et « baptisés en ladite paroisse ; que l'origine de cet établissement « est due aux soins du sieur Olier, l'un des prédécesseurs du « sieur de Tersac et à la charité de plusieurs particuliers de la « paroisse, et qu'il a été approuvé et confirmé par lettres pa- « tentes du mois de mai 1678. »

Plus loin, on lit ..... « qu'en conséquence de ces lettres, « lesdits enfants orphelins ont été placés dans une maison si-

« tuée, rue du Vieux-Colombier, faubourg Saint-Germain, sous
« le titre de *Mère de Dieu*, où ils ont continué successivement
« jusqu'à ce moment, d'être élevés, instruits et entretenus
« dans les principes les plus purs de la religion : que l'avan-
« tage qui est résulté pour la paroisse, et même pour l'État,
« par le grand nombre d'enfants qui ont été élevés depuis un
« siècle que l'établissement subsiste, a déterminé plusieurs
« personnes de piété à soutenir l'œuvre par des bien-
« faits..... etc. »

Ces lettres patentes furent données à Versailles le vingt et unième jour du mois de novembre, l'an de grâce mil sept cent soixante-dix-huit, cinquième année du règne de Louis XVI.

NOTE M

Extrait du *Journal de l'Empire*, du vendredi 30 mai 1806, sur l'établissement d'Orphelines de madame de Lézeau.

Parmi les établissements de charité que la religion seule peut former et soutenir, on doit distinguer celui de madame de Lézeau. M. Duquesnoy, maire du dixième arrondissement, avait établi une filature où l'on occupait cinquante jeunes filles. Cette institution bienfaisante venait, par de malheureuses circonstances, d'être supprimée, et les jeunes personnes qu'elle occupait et qu'elle soutenait allaient être livrées, sans moyen de subsistance, à tous les dangers de leur âge. Madame de Lézeau a prévenu ces dangers; elle s'est constituée la mère de ces jeunes filles, et en multipliant leurs moyens de subsister, par la variété des ouvrages auxquels elle les forme, en leur donnant une éducation chrétienne, elle leur fournit tous les moyens de vivre honnêtement dans le monde. Son intention est que cet établissement se perpétue, et comme le travail de ces jeunes filles ne suffit pas pour leur nourriture et leur entretien, des personnes bienfaisantes ont fourni, et fourniront encore ce qui est nécessaire pour subvenir aux frais de cette œuvre de charité. Les conditions de ces souscriptions, les droits qu'elles donnent à la nomination des jeunes filles qui composent l'établissement sont détaillés dans un prospectus; et le sage emploi de ces fonds est assuré par les soins que veulent bien y donner MM. les curés de Saint-Thomas d'Aquin et de Saint-Sulpice, et quelques autres personnes respectables, associées à leur zèle et à leur charité. (*Journal de l'Empire*, 30 mai 1806.)

Prospectus relatif à cet établissement, par lequel madame de Lézeau sollicite le concours des personnes charitables pour l'œuvre qu'elle a entreprise.

Pour rendre plus sensible l'intérêt que doit inspirer cet établissement, il est bon d'exposer les motifs qui le font entreprendre.

Depuis plusieurs années, il avait été établi, par les soins charitables de M. Duquesnoy, maire du dixième arrondissement, une filature où l'on occupait cinquante jeunes filles. Cette filature, par de malheureuses circonstances, vient d'être supprimée. Madame de Lézeau, directrice de ces jeunes personnes, a vu avec beaucoup de douleur arriver le moment où l'on allait mettre dehors ses jeunes élèves, et les exposer, à l'âge le plus dangereux, à tous les dangers qu'offre la capitale. La plus grande partie de ces jeunes filles sont orphelines, et ne trouvent aucune ressource du côté de leur famille; elles ne savent que filer du coton par le moyen des mécaniques. Cette occupation, leur étant ôtée, elles n'ont aucune ressource pour gagner leur vie dans ce moment-ci.

Madame de Lézeau se propose de les mettre en état de subsister par elles-mêmes en leur apprenant à lire, écrire, calculer, coudre, broder et autres sortes d'ouvrages; elles seront instruites de leur religion; on les formera aux soins du ménage; et elles seront soignées, tant en santé qu'en maladie.

Les dimanches, elles assisteront à la messe, et à l'office qui se fait dans la chapelle de la maison. Quand le temps le permettra, elles seront conduites à la promenade, sous la surveillance d'une maîtresse, qu'elles ne pourront quitter sous aucun prétexte.

Les jeunes filles ne sortiront jamais seules, etc..... (après cet exposé, venait celui du détail de l'œuvre et des soins donnés aux orphelines ; puis les lignes suivantes):

Mais il est impossible d'espérer que le produit du travail de ces jeunes filles, avant qu'elles soient entièrement instruites, puisse suffire pour leur nourriture et pour leur entretien.

Madame de Lézeau propose donc aux personnes bienfaisantes de souscrire pour une certaine somme par mois..... On a l'intention de perpétuer cet établissement, et de remplacer les jeunes filles qu'on trouverait à établir, par d'autres orphelines dont le choix serait déféré à chacun des souscripteurs, alternativement, et proportionnellement à la somme pour laquelle on aura souscrit.....

(Le reste du prospectus était consacré à la formation du conseil.)

FORMATION D'UN CONSEIL.

ARTICLE PREMIER.

Il sera établi un conseil, composé de MM. les curés de Saint-Sulpice et de Saint-Thomas d'Aquin, de l'aumônier de l'établissement, d'un représentant du principal souscripteur, de deux messieurs, déjà connus par leur caractère charitable : en outre, d'une dame nommée par une des dames qui aura pris le plus de souscriptions, de madame du Gravier, dame vouée aux œuvres de charité, de madame Carré, dame de charité de la paroisse de Saint-Thomas d'Aquin, et de madame de Lézeau, directrice des jeunes filles.

SOUSCRIPTION.

Je soussigné......... m'engage à prendre souscription annuelle pour le soutien de l'établissement de bienfaisance établi au petit hôtel de Pont, rue des Saints-Pères, n° 52, dirigé par madame de Lézeau.

Paris, ce ..... 1806.

NOTE N

Extrait du compte rendu de la séance du Conseil d'administration des orphelines protégées par l'Impératrice, en date du lundi 28 mars 1808.

Les recettes et la dépense de l'établissement des orphelines ayant été examinées dans cette réunion des protecteurs de l'œuvre, il fut constaté que les dépenses avaient considérablement dépassé les recettes, en l'année 1807. « En sorte, dit le compte rendu de cette séance, qu'aujourd'hui l'administration est, et se reconnaît débitrice envers madame de Lézeau sur les comptes des neuf mois 1806 et de 1807, d'une somme totale de quatre mille huit cent seize livres douze sols quatre deniers, formant le débet desdits comptes 4,816 livres 12 sols 4 deniers. »

« Les membres de l'administration délibéraient entre eux de l'embarras de libérer ladite administration de cette dette considérable, surtout eu égard à la position de l'établissement ; et ils cherchaient à aviser aux moyens d'y parvenir, et de couvrir madame de Lézeau des avances qu'elle avait bien voulu faire ; lorsque cette dame elle-même, voulant venir au secours de l'établissement, et ajouter aux preuves sans nombre de zèle et de désintéressement qu'elle ne cesse de lui prodiguer ; et donner aux orphelines qu'elle regarde comme ses enfants, une marque non équivoque de sa sollicitude, vraiment maternelle, et de sa bonté, a manifesté la volonté formelle et généreuse de faire à ladite administration remise pleine et entière de la somme de quatre mille huit cent seize livres douze sols quatre deniers, qu'elle restait lui devoir pour les causes ci-dessus exprimées et la décharger de toutes choses à ce sujet jusqu'au premier janvier dernier que de nouveaux comptes sont ouverts.

Lesdits membres, pénétrés de la plus vive reconnaissance, pour un tel acte de bonté et de générosité de la part de madame de Lézeau, et après lui avoir renouvelé de la manière la plus expressive l'assurance des sentiments distingués qu'ils lui ont toujours voués, ont accepté pour et au nom de l'administration lesdites donation et remise que voulait bien leur faire madame de Lézeau, et ils ont à l'instant arrêté que cet acte de générosité serait consigné dans la présente délibération, pour en perpétuer le souvenir.

Au moyen de tout ce que dessus, l'administration se trouve pleinement libérée et déchargée des débets qui résultaient contre elle des comptes de 1806 et 1807, jusqu'au dit jour premier janvier 1808, que de nouveaux comptes sont ouverts.

Fait, délibéré et arrêté en la maison de ladite administration des orphelines, en la manière accoutumée, les jour, mois et an que dessus, et ont signé :

RAMOND DE LALANDE, curé de Saint-Thomas d'Aquin, prêtre ; — DEPIERRE, curé de Saint-Sulpice ; — A. D. MOLLIEN ; — DUGRAVIER ; — MAURICE DE CARAMAN ; — CHAPELLIER ; — LAVALETTE ; — BEAUHARNAIS DE LAVALETTE ; — LE PELETIER D'ORMESSON ; — H. CARRÉ ; — CADET CHAMBINE ; — VALLEMONT D'AVESNES ; — DE LÉZEAU, supérieure ; — DUVEY, secrétaire.

NOTE O

Notice sur Mgr de Juigné. — Lettre de son aumônier annonçant sa mort.

Antoine-Éléonore-Léon de Juigné, issu d'une illustre famille du Maine, était né à Paris en 1728; il fut, en 1765, sacré évêque de Châlons, et devint, à la mort de Mgr de Beaumont en 1781, archevêque de Paris. Mgr de Juigné apporta dans son nouveau diocèse les sentiments qui, jusque-là, avaient dirigé sa conduite dans ses fonctions pastorales. Tous ses revenus étaient employés en aumônes. Dans le rigoureux hiver de 1788 à 1789, leur produit ne suffisant pas pour subvenir aux besoins des nombreuses familles, dont la misère affligeait son cœur, il vendit sa vaisselle et emprunta jusqu'à cent mille écus, sous la garantie de son frère, le marquis de Juigné, puissamment riche, qui habitait, à quelques lieues de Paris, le noble château de Marolles-en-Hurepoix. Le vénérable évêque reçut, cet hiver, du peuple de Paris le nom de Père des Pauvres. Durant les troubles de la révolution, il se retira d'abord à Chambéry, puis à Constance. Il partagea tout ce qu'il avait avec ses compagnons d'exil; et, quand il eut épuisé toutes ses ressources, il sollicita pour eux les princes d'Allemagne et l'impératrice de Russie. A l'époque du Concordat, Mgr de Juigné refusa l'archevêché de Lyon, que l'Empereur lui fit offrir, avant d'y nommer Mgr Fesch, et il donna sa démission d'archevêque de Paris pour vivre le reste de ses jours au sein de sa famille. Le lendemain de sa mort, c'est-à-dire le 20 mars 1811, M. l'abbé Geoffroy, son secrétaire et son aumônier, annonçait à M. l'abbé Duvey et à madame de Lézeau cette perte regrettable. « Nous avons eu le malheur de perdre

« hier, disait-il, le vénérable et saint prélat à qui j'avais l'hon-
« neur d'être attaché depuis plus de quarante ans ! une fièvre
« bilieuse et catarrhale nous l'a enlevé en huit jours. J'ai été
« jusqu'à la fin témoin des souffrances qu'il a éprouvées, et de
« la patience héroïque qu'il a montrée dans le cours de sa ma-
« ladie, ainsi que de sa résignation constante à la volonté Dieu.
« Je ne doute pas que le Seigneur ne l'ait appelé à Lui, pour
« couronner les vertus, et récompenser les mérites de sa lon-
« gue vie, pleine de bonnes œuvres, et mûre pour le ciel.
« C'est la seule consolation qui puisse dédommager de parei-
« les pertes ! »

NOTE P

Extrait d'un registre manuscrit, daté de 1727, ayant appartenu aux Religieux Augustins du couvent des Loges, et conservé à la bibliothèque de Saint-Germain-en-Laye. — Construction de l'église des Loges. — Anne d'Autriche en est la fondatrice.

Nos Pères furent pauvrement établis aux Loges, mais leur piété et les services qu'ils rendaient aux officiers de la cour, qui était alors à Saint-Germain, les fit connaître de la reine Anne d'Autriche, qui, dans les tristes temps de sa stérilité, allait souvent dans cette solitude pour se consoler avec Dieu, et y répandre son cœur devant lui, à l'exemple d'Anne, mère de Samuel, pour lui demander un fils, qu'il accorda enfin à ses prières et aux vœux de toute la France. Depuis, nos Pères, ayant acquis par les libéralités du Roi et de la Reine, un plus grand terrain, résolurent de faire bâtir un couvent et une église, car auparavant ce n'était qu'un simple hermitage. La reine, ayant appris ce dessein, pour marquer sa reconnaissance à Dieu de ce qu'il avait exaucé ses prières dans ce lieu, et en action de grâces de la victoire de Rocroy et de la prise de Thionville, voulut en être la fondatrice ; et, à cet effet, donna ordre à Mgr Claude, duc de Saint-Simon, pair de France, chevalier des ordres du roi, etc., de mettre la première pierre de notre église en son nom. Ce qui fut exécuté au mois de juillet 1644 ; le R. P. Lazarre de Sainte-Madeleine, notre provincial, en ayant fait la cérémonie par commission de Mgr Jean-François de Gondy, archevêque de Paris.

L'église des Loges est dédiée sous le titre de Notre-Dame de Grâce.

La première pierre était de marbre noir, où est gravée en lettres d'or l'inscription suivante:

D. O. M.

Pietatis et religionis voto. Anna ab Austria, totius Imperii Gallici Regina regens, augustissimi et triumphantis Galliarum et Navaræ Regis Ludovici XIV parens piissima, hunc primum lapidem pro Ecclesia Augustiniorum discalceatorum apud S. Germanum in Laya sub titulo Dominæ nostræ Gratiarum tot tantarumque gratiarum desuper receptarum haudquaquam immemor apponere voluit. Mense Julio 1644.

Quatre médailles accompagnent cette pierre, dont la première représente la reine assise sous un dais, tenant le sceptre d'une main, et le caducée de l'autre, avec cette inscription:

Secura quies Regno pia sub Regina Regente.

Et au revers, la reine à genoux, qui rend grâces au ciel, d'où la Sainte Vierge et l'Enfant Jésus lui présentent des couronnes de fleurs, et saint Augustin, un caducée, symbole de la paix, avec ces mots:

Pietate, consilio, viro, partu, Regnoque beata.

La seconde médaille représente l'église des Loges dans la forêt de Saint-Germain, avec une fleur de lis sur la porte, pour marque de sa fondation royale, le feu roi tenant la balance, et le jeune roi son fils des couronnes enfilées dans une épée et le globe au-dessus de la pointe, avec ces mots:

Libram tenuit Genitor, jus repetet genitus.

Au revers la sainte Vierge, couronnant le jeune roi, avec ces mots:

Hoc Duce totum moderabitur orbem.

La troisième médaille représente le roi ayant deux palmes sous ses pieds, tenant d'une main une épée entortillée de branches de laurier, au bout de laquelle est une couronne, et de l'autre main aussi une branche de laurier, une armée à côté de lui, avec ces mots :

Qui pacis votum fuit, pacem firmabit in armis.

Au revers, la reine offrant à Notre-Dame de Grâce, à saint Augustin et à saint Fiacre, qui lui présentent chacun une couronne, la chapelle des Loges avec ces mots :

Augustino, et Fiacrio cælitibus vota solvere justum.

La quatrième médaille représente un petit enfant couché sur des palmes, trois couronnes au-dessus de lui, un globe au-dessus de ces couronnes, et le signe de la Vierge dans un nuage, sous lequel est né le jeune roi Louis XIV, avec ces mots :

Optatus tandem sub signo Virginis ortus.

Au revers, le roi Louis XIII et le jeune roi son fils, tenant d'une main une épée et de l'autre un sceptre ; des trophées d'armes à leurs pieds, avec ces mots :

Victori justo, victor ne desideraretur, successit a Deo Datus.

L'an 1648, la Reine régente fit expédier aux Augustins déchaussés des lettres de fondation par lesquelles, en se déclarant fondatrice de leur église et couvent, elle leur accorde les mêmes grâces et priviléges, dont ont coutume de jouir les autres fondations royales. Ces lettres sont données à Paris au mois de février 1648, signé Anne ; et furent confirmées par celles de Louis XIV, données aussi à Paris, au mois de février de la même année 1648. Les deux reines Anne et Marie-Thérèse d'Autriche ont souvent honoré cette solitude de leur présence, lorsque la cour était à Saint-Germain ; on les a vues assister presque toujours aux dévotions particulières de cette église, et la mémoire de leur piété s'y conservera à jamais. C'était là aussi que le roi d'Angleterre, Jacques II et la reine son épouse, en ces derniers temps, allaient fréquemment offrir au Roi des rois leurs vœux, et lui demander dans leurs disgrâces, les consolations dont ils avaient besoin, et qu'on ne trouve point parmi le bruit tumultueux d'une cour florissante.

(Suivent les lettres patentes de la Reine.)

FIN DES PIÈCES JUSTIFICATIVES DU PREMIER VOLUME.

TABLE

DU PREMIER VOLUME

CHAPITRE PREMIER

Naissance de Marie-Marguerite de Lézeau. — Sa famille. — Sa première enfance. — Mort de son père. — Elle entre comme pensionnaire au premier monastère de la Visitation de Rouen. — Madame Marie-Claude de Flers. — Sa vie édifiante et sa sainte mort. — Lettre de la Mère Catherine-Angélique de la Haye. — Marie-Marguerite de Lézeau atteint sa dix-septième année. — Elle quitte la Visitation et rentre dans sa famille. — Quelques mots sur son caractère et ses rares qualités.. 9

CHAPITRE II

Vocation religieuse. — Esprit de l'ordre de la Visitation. — Quelles furent les intentions de saint François de Sales et de sainte Jeanne de Chantal en le fondant. — Marie-Marguerite de Lézeau le choisit pour s'y consacrer à Dieu. — Fondation du monastère de Rouen. — Noviciat. — Derniers adieux à la famille. — Vœux solennels. — Marie-Marguerite reçoit le nom de Sœur Arsène-Angélique.— Années de paix et de bonheur. 31

CHAPITRE III

Les années de paix sont écoulées. — La Révolution approche. — Convocation des États-Généraux. — Les élections à Rouen. — Impression que ces événements produisent au couvent de la Visitation. — Année 1790. — Les persécutions commencent. — Premier interrogatoire des religieuses. — Leur constance pleine de courage. — Fermeté de Sœur Arsène-Angélique de Lézeau. — Elles refusent toutes de quitter leur monastère.— Les temps deviennent plus sombres. — 1791. — Nouvelles persécutions. — 1792. — Une émeute menace de mort madame de

Lézeau et ses compagnes. — Leur chapelle est fermée. — Les vases sacrés sont portés à la Monnaie. — Les Religieuses de la Visitation sont chassées de leur monastère. — Dispersion. — Sœur Arsène-Angélique de Lézeau rentre dans sa famille........ 51

CHAPITRE IV

Le château de Lézeau est brûlé. — Visites domiciliaires. — Madame de Lézeau sauve sa mère. — Elle préserve de la profanation un ciboire et les hosties consacrées qu'il contient. — Les prisons de Rouen. — Vingt Religieuses de la Visitation sont incarcérées. — Le monastère de Sainte-Marie devient une maison de détention. — Madame de Lézeau est providentiellement sauvée par un soldat républicain. — Elle quitte Rouen et se réfugie à Paris, où elle espère vivre plus facilement cachée. 75

CHAPITRE V

Époque de la Terreur. — Madame de Lézeau se fixe à Paris. — Elle y rencontre le vénérable abbé Duvey. — Le général Ango de Flers, commandant en chef l'armée des Pyrénées-Orientales. — Son arrestation. — Il est mis à mort. — Dévouement de son frère. — M. Lefèvre d'Ormesson est aussi condamné à mort. — Quelques détails sur la dure captivité des Religieuses de la Visitation. — Un confesseur de la foi à Rouen. — Madame de Lézeau passe les mauvais jours à Paris. — La Providence veille sur elle. — Retour de temps meilleurs. — Charité de madame de Lézeau. — Filature de la rue des Saints-Pères........ 95

CHAPITRE VI

Les Orphelins de la Mère de Dieu. — Fondation de cette œuvre par M. Olier en 1648. — Son histoire. — Elle fait le bien pendant un siècle et demi dans la paroisse de Saint-Sulpice. — L'Œuvre de la Mère de Dieu traverse la révolution de 93, et n'est dissoute que sous le Directoire. — Madame de Lézeau est mise en rapport avec la supérieure de cette œuvre. — Elle l'assiste dans sa dernière maladie. — Elle reçoit son dernier soupir. — Elle adopte ses sœurs. — L'Œuvre de la Mère de Dieu va renaître et devenir une congrégation nouvelle, dont madame de Lézeau sera la fondatrice........ 117

CHAPITRE VII

Le Souverain Pontife Pie VII vient à Paris pour le sacre de l'Empereur. — Madame de Lézeau a l'honneur de lui être présentée. — Ses hésitations, ses craintes et ses espérances. — Madame de Lézeau se décide à demander dispense d'une partie de ses vœux. — Départ de Sa Sainteté. — Impression profonde produite sur madame de Lézeau par la vue du Saint-Père. — Souvenir qu'elle en conserve.   139

CHAPITRE VIII

Madame de Lézeau au milieu des orphelines. — Ses aumônes et sa bonté. — Deux événements manifestent la volonté de Dieu. — Les orphelines sans travail et sans pain. — Madame de Lézeau les adopte. — Jour de communion. — Une grande épreuve. — Une confiance en Dieu plus grande encore. — Les Sœurs de la Mère de Dieu. — Les litanies de la Providence. — Madame du Gravier. — L'orphelinat.   151

CHAPITRE IX

Madame de Lézeau organise l'Œuvre des Orphelines. — M. de Lamblardie aumônier du prince Louis. — Protecteurs de l'œuvre. — Première réunion du conseil d'administration. — Le prince Louis Bonaparte. — La reine Hortense. — Lettres de mademoiselle Cochelet, dame d'honneur de la reine. — Voile offert par les orphelines. — Lettre de la reine Hortense à madame de Lézeau. — Bienveillance de l'Impératrice. — Lettre de madame de la Rochefoucauld. — M. Mathieu de Montmorency. — L'établissement de madame de Lézeau reçoit le nom de *Maison d'orphelines protégées par Sa Majesté l'Impératrice*. — Congrégation naissante. — *La Providence a tout fait pour elle!*.   173

CHAPITRE X

Éducation que madame de Lézeau donne à ses orphelines. — Jours de maladie. — Quatre maîtresses dévouées, religieuses sans en avoir fait les vœux. — Récit d'une ancienne orpheline. — Fermeté de madame de Lézeau. — Le printemps de l'année 1807. — Inquiétudes pour l'avenir. — M. Portalis, ministre des cultes. — Ses lettres à madame de Lézeau. — Adresse à l'Empereur. — Écouen. — Une petite fille abandonnée par sa mère. — Madame de la Valette. — Les protecteurs des orphelines se réunissent le 29 mars 1808. — Trait de générosité de madame de Lézeau.   191

CHAPITRE XI

L'Œuvre des Orphelines s'établit rue du Pot-de-Fer, près de Saint-Sulpice. — Plusieurs évêques encouragent madame de Lézeau. — Le roi de Hollande offre une maison à Saint-Leu pour les orphelines. — Mort de M. l'abbé de Lamblardie et de madame du Gravier. — Une première dotation impériale. — Lettre du baron Garnier. — Acheminement vers le but constant de madame de Lézeau. — Visite du comte Regnault de Saint-Jean d'Angely. — Seconde dotation impériale. — La reine des Deux-Siciles. — Lettre de madame de Lézeau. 215

CHAPITRE XII

Madame de Lézeau en 1810. — Ses premières compagnes dans l'Œuvre des Orphelines. — Madame Dagoty. — Mère Marie des Anges. — La bonne Mère Aimée. — En 1808, à la demande de madame de Folard de Boubers, elle brode une garniture de berceau pour le fils de la reine Hortense, qui devait être un jour l'Empereur Napoléon III. — Madame de Lézeau reprend sa croix de religieuse. — Statuts de la Congrégation. — Le cardinal de Belloy. — Sa mort. — Le cardinal Fesch est nommé à l'archevêché de Paris. — Ses lettres à madame de Lézeau. — M. l'abbé de Quélen. — Madame de Lézeau obligée de s'éloigner de ses orphelines. — M. l'abbé Rauzan. — Le cardinal Fesch quitte Paris et rentre dans son diocèse. — Affliction de madame de Lézeau. — Noviciat de la Congrégation de la Mère de Dieu. 235

CHAPITRE XIII

La Légion d'Honneur. — Le décret de Schœnbrunn. — Le château d'Écouen. — Madame Campan. — L'Empereur décide l'établissement de six maisons d'orphelines. — Lettre de Napoléon au comte de Lacépède sur l'éducation des jeunes filles de la Légion d'Honneur. — Madame de Lézeau, mandée par l'Empereur, se rend à Saint-Cloud. — Le général Duroc. — Lettre du maire de Pont-à-Mousson à madame de Lézeau. — Décret du 15 juillet 1810. — Félicitations que reçoit madame de Lézeau. — Lettre d'un aumônier de la maison impériale d'Écouen. — Les soixante-quatre orphelines de madame de Lézeau deviennent les premières pensionnaires des nouvelles maisons de la Légion d'Honneur. — Madame de Lézeau, mandée par l'Impératrice, par la reine de Hollande, et par les ministres de l'intérieur et des finances. — Elle suffit à tout. — Dernière réunion des administrateurs de l'Œuvre des Orphelines. — Madame de Lézeau quitte son établissement de la rue du Pot-de-Fer et va s'établir dans la maison de la Légion d'Honneur. — Lettre du grand chancelier comte de Lacépède. 269

CHAPITRE XIV

Deux cérémonies de profession religieuse. — La première est présidée par M. l'abbé Rauzan. — La seconde, par Mgr Jauffret, évêque de Metz. —

Honneur et Patrie, devise inscrite à l'entrée de la demeure des Orphelines de la Légion d'Honneur. — *Amour de l'Enfance*, devise de leurs Mères. — Une troisième profession religieuse. — Elle est présidée par le premier aumônier de l'Empereur. — La Providence a multiplié le nombre des Religieuses de la Mère de Dieu et madame de Lézeau peut commencer les trois premières maisons de la Légion d'Honneur.   299

CHAPITRE XV

Madame de Lézeau visite le couvent des Loges, dans la forêt de Saint-Germain, et l'abbaye de Barbeaux, près de Fontainebleau. — Coup d'œil sur l'histoire du couvent des Loges. — État de la maison au moment où madame de Lézeau la visita. — Après plusieurs voyages, elle va s'y établir. — Les Orphelines de la Légion d'Honneur partent pour le couvent des Loges. — Une première soirée au milieu de la forêt. — Bénédiction de la chapelle. — Le grand chancelier et Mgr l'évêque de Metz aux Loges. — Madame de Lézeau part pour Pont-à-Mousson. — Madame Dagoty supérieure. — Une première année à la maison des Loges. — Mandement du cardinal Fesch.   313

NOTICE SUR MADAME CAMPAN

Naissance de madame Campan. — Son éducation. — Elle est nommée, à seize ans, lectrice de Mesdames filles de Louis XV. — La dauphine Marie-Antoinette conçoit de l'affection pour elle et l'attache à son service. — Mariage de madame Campan. — La journée du 10 août. — Madame Campan parvient à se faire oublier pendant la Terreur. — Accablée de charges de famille, elle fonde à Saint-Germain un pensionnat qui devient promptement célèbre. — Madame de Beauharnais et sa fille Hortense. — Le général Bonaparte au pensionnat de Saint-Germain. — Mariage de mademoiselle Émilie de Beauharnais, pensionnaire de madame Campan, avec M. de Lavalette. — Fondation de la maison d'Écouen. — Madame Campan est nommée surintendante de cet établissement. — Reproches adressés à l'éducation donnée à Écouen par madame Campan. — Ce qu'il faut en penser. — Souvenir et vénération que lui conservent ses anciennes élèves. — Leurs visites au château d'Écouen. — Madame Campan tombe en défaveur en 1814. — De pénibles accusations répandent l'amertume sur sa vieillesse. — Elle meurt chrétienne et résignée.   353

PIÈCES JUSTIFICATIV S
NOTES ET DOCUMENTS

NOTE A

La famille de Lézeau. — Nom patronymique de la famille de Lézeau. — Le Bienheureux Herluin. — Les Ango aux onzième, douzième, treizième quatorzième siècles. — Saint François de Paule. — André d'Alesso, neveu de saint François de Paule, appelé en France par Louis XI, y est retenu par les faveurs de Charles VIII; il se fixe en Normandie. — Olivier Lefèvre d'Ormesson. — Le marquis de Lézeau. — Sa nombreuse famille. — Deux de ses fils quittent le service militaire et se font chartreux. — Plusieurs de ses filles sont religieuses. — L'une d'elles se retire au monastère de la Visitation de Rouen, en devient la bienfaitrice et y meurt saintement. — La famille Ango de Flers. — Le cardinal de Pellevé. — Le général de Flers.. 375

NOTE B

Le cardinal de la Rochefoucauld, député du clergé de Rouen aux États-Généraux. 384

NOTE C

Extrait des Archives de la Seine-Inférieure. — Les Religieuses de la Visitation subissent un premier interrogatoire le deuxième jour de septembre 1790. — Leurs déclarations. 385

NOTE D

Procès-verbal, conservé aux Archives de l'Hôtel de ville de Rouen, dressé le 3 janvier 1791 par les officiers municipaux, contenant les déclarations faites par les Religieuses du premier monastère de la Visitation, sur la demande qui leur fut adressée pour savoir si elles voulaient sortir de leur maison, ou si elles préféraient rester dans la vie commune. . 392

NOTE E

Extrait des Archives de l'Hôtel de ville de Rouen. — Élection d'une supérieure et d'une économe, le 4 janvier 1791, pour les Religieuses du premier monastère de la Visitation, sous la présidence de Pierre-Étienne Deschamps et Pierre-Nicolas Bettroste, officiers municipaux de la commune de Rouen. 394

NOTE F

Extrait des Archives de la Seine-Inférieure. — Procès-verbal de la fermeture de l'église du monastère de la Visitation, le 17 juin 1791. . 396

NOTE G

Départ des prêtres chassés de Rouen au mois de septembre 1792. — Dangers auxquels ils sont exposés. — Tristes détails. — Fermeté et dévouement des autorités de la ville de Rouen. 398

NOTE H

Les prisons de Rouen pendant la révolution. 401

NOTE I

Les Religieuses de la Visitation emprisonnées pendant la Terreur. — Nombre des détenus enfermés dans les diverses prisons de Rouen. . . 403

NOTE J

Condamnation à mort du général de Flers par le tribunal révolutionnaire. — Séance du 4 thermidor an II. 405

NOTE K

Lettre patentes de Louis XIV concernant l'établissement de la Maison de charité, dite de la Mère de Dieu, pour les pauvres orphelins de la paroisse de Saint-Sulpice à Paris. 407

NOTE L

Lettres patentes de Louis XVI approuvant l'Œuvre de la Mère de Dieu. 412

NOTE M

Extrait du *Journal de l'Empire*, du vendredi 30 mai 1806, sur l'établissement d'orphelines de madame de Lézeau. 414

Prospectus relatif à cet établissement, par lequel madame de Lézeau sollicite le concours des personnes charitables pour l'œuvre qu'elle a entreprise... 415

NOTE N

Extrait du compte rendu de la séance du conseil d'administration des Orphelines protégées par l'Impératrice, en date du lundi 28 mars 1808... 417

NOTE O

Notice sur Mgr de Juigné. — Lettre de son aumônier annonçant sa mort.................................... 419

NOTE P

Extrait d'un registre manuscrit, daté de 1727, ayant appartenu aux Religieux Augustins du couvent des Loges, et conservé à la bibliothèque de Saint-Germain-en-Laye. — Construction de l'église des Loges. — Anne d'Autriche en est la fondatrice................... 421

FIN DE LA TABLE DU PREMIER VOLUME

PARIS. — IMP. SIMON RAÇON ET COMP. RUE D'ERFURTH,